若者は、日本を脱出するしかないのか

島澤 諭
Shimasawa Manabu

ビジネス教育出版社

目次

はじめに

２０１９年10月、消費税率が８％から10％に引き上げられました。政府や専門家は、消費税を、超少子高齢社会の到来で増えゆく一方の社会保障を支えるための安定的な財源として期待しています。しかし、国民の間では消費税の評判が頗る悪いのが実情です。政治家や評論家の中には、消費税を廃止すべきと主張する人々もいます。どうして消費税の評価は、１８０度異なってしまうのでしょうか。

わたしは、こうしたギャップが生じる理由の一つに、学校教育の現場における「政治経済」の軽視があると考えています。言うまでもなく政治や経済はわたしたちの日常生活に密接にかかわっています。知らない土地で迷子にならずに目的地にたどり着こうと思えば、地図の読み方を知っていなければなりません。これと同様、日常生活でよりよい暮らしを送りたければ、政治や経済の基本を押さえておく必要があります。でも、わたしたちの多くは、義務教育の段階はもちろん、高校教育でも、大学においてさえ、政治や経済を本格的に学ぶことのできる機会は限られています。

その結果、世間には「消費増税により日本経済は崩壊する（から消費増税は阻止すべきだし、消費税は廃止すべき）」とか「内国債は国民の負担にならないから財政赤字は問題ない（からどんどん国債を発行して財源確保すべき）」など、特に財政問題に関しては居酒屋談義レベルの経済政策が流布し、思いのほかそれを信じる人々が多くいたりします。

それでは、「内国債は国民の負担にならないから財政赤字は問題ない」ということはどういうことでしょうか。まず、内国債とはその国の国民により消化される国債のことを指します。反対に、外国人により消化される国債を外国債と呼びます。なぜ、内国債は国民の負担にならないのでしょうか。政府が歳出を賄うために増税を行えば、同額だけ民間から政府へ資金が移動します。このとき、税金分だけ民間から資源が無くなりますから、負担が生じてしまいます。今度は、政府は歳出を賄うために増税ではなく財政赤字（国債発行）で対応するものとしましょう。このとき、国債は全額国民が購入するものとします。増税の場合と同じく民間から政府へと資金が移動しますが、その代わりに国債という金融資産が民間の手元に残ります。一方、政府の手元には同額だけの金融債務が発生します。翌年、国債を償還（返済）しなければならないのですが、そのためには増税が必要です。増税されれば、民間から資金が政府に吸収されるので負担が発生するように思えますが、増税によって民間から奪われた資金は、国債という金融資産を保有する国民に手渡されますから、政府と国民との間でのお金のやり取りは相殺されることになります。結局、一国内での資金量には変化がありませんから、負担は発生しないという理屈です。負担が存在しないのですから、財政が破綻することなどあり得ないのです。しかし、外国債の場合には、国債を償還する際に国内から増税により吸い上げた資金を国外の外国人に移動させることになりますから、一国内での資金量がその分だけ減少します。つまり、同額だけ国内で使えるお金の量が減ったわけですから、外国債の場合には負担が発生するのです。国内の民間資金が海外にどんどん流出を続けるのであれば、民間の経済活動に支障をきたして財政は破綻してしまうでしょう。ですから、国内のおカネの総額に変化をもたらさない内国債は、財政破綻とは関係なく、国内からお金の流出を引き起こす外国債だけが問題とされるのです。

しかし、もし、一国内の資金量に変化がない場合には負担が発生しないとするのならば、増税の場合も負担が発生しないと考えなければつじつまが合わなくなります。なぜなら、わたしたちの財布にあったおカネが税金として政府の財布に移っただけなので、増税の前後で、国内のおカネの総額に変化はないからです。

消費増税にも同じ理屈が当てはまります。「消費増税で日本経済が崩壊する」という主張がありますが、確かに消費増税により政府に吸収された民間資金が海外に流出しているのであれば外国債の場合と同じ結果になるかもしれません。しかし、実際には消費税は社会保障目的税とされています[1]。ですから、増税された消費税のほとんどは、国内の社会保障支出に充てられ、また政府債務の返済に回された部分があったとしても、日本の場合、95%が内国債で資金調達されているため、政府が返済した借金は日本国内の誰かの収入となっているので、やはり国内にとどまることになります。したがって、消費増税前後で国内の資金量に変化はないと考えるのが自然です。つまり、内国債で財源を調達する限り財政は破綻しないのであれば、消費増税による負担も発生しないことになるのです。したがって、消費増税による財源調達と内国債による資金調達を区別する意味はないはずです。

また、アンチ消費税派は、消費増税により家計消費が減少することを問題視しますが、先にも述べた通り、消費増税で調達した財政資金は社会保障給付として家計に還付されるため、消費増税が家計消費に与える影響の実態を見るには、家計消費（正確には家計最終消費支出）に医療・介護サービスなど、公的負担（消費税）で賄われる金額も含めた概念である家計現実最終消費の動きを見なければなりません。内閣府経済社会総合研究所『国民経済計算年報』により、家計消費と家計現実最終消費の動きを比べると、家計現実最終消費の方が支出水準も大きく、伸びも高いことが分かります。つまり、消費増税で家計から吸い上げられたお金は政府によって社会保障給付として還流されることで、家計の消費を下支えしているのです。しかし、アンチ消費税派は、消費増税は家計にとっての負担であるので日本経済を崩壊させ、国債は家計にとって負担ではないので問題なしとします。これは実態とは異なります。

穿った見方をすれば、消費増税も国債発行も本質は同じものだと主張すれば、商売になりませんから、あえて消費増税と国債発行が違うものだとミスリードしているのかもしれません。確かに、誰しも自分の負担が増えるのは嫌なものです。ですから、自分の負担を増やすことなく財政問題を解決してくれる魔法の杖があるのなら、それにすがりたくなるのも人情というものでしょう。しかし、冷静になって経済学的に分析すれば、耳あたりのよい議論には必ず大きな落とし穴があります。うっかりそれに乗せられて気がついたら、負担額が雪だるま式に膨れ上がり、破滅的な大惨事となってしまうのです。つまり、政治経済についてしっかり学ぶ機会がないまま大人になってしまう結果、「破綻しないビジネス」のカモとなって損をしてしまうのです。

経済学の大原則に、「ただ飯は存在しない」というものがあります。一見、ノーコストで提供されているサービスにも当然コストがあり、社会の誰かが必ずそのコストを負担していることを表しています。同じように、どんな政策を実行するにしてもタダでは実施できません。必ず誰かがコストを負担しなければならないのです。そうしたコストの負担のあり方は、世代で均一ではありませんから、どうしてもより多くのコスト負担を強いられる世代が出てきてしまい、その世代が損をすることになります。

ある政策変更で特定の世代だけが損をするのであれば、それは不公平と言わざるを得ません。

本書では、世代会計という手法を駆使して、現在の気前のよい年金政策や財政政策のコストを負担するのは、ゼロ票世代を含めた若者世代であることを明らかにしていきます。そしてより多くのツケを負わされる若者世代が損を回避するためには、どのような行動を取ればよいかアドバイスをしたいと思います。

本書の結論を先取りして申し上げますと、**若者が取るべき最終的な選択肢は、現代の「読み書き算盤」としての英語と数学とプログラミングスキルを身につけて、日本から脱出することです。それが嫌なら日本の現状を変えるしかありません。**そのためには、政治参加することで若者が自分たちの声を政治に反映させなければなりません。ただし、政治参加は必ずしも選挙だけに限られるわけではありません。選挙以外にも、デモや陳情、SNSを通じた情報発信など選挙以外での政治への参加を通して若者が自分たちの存在を政治に強くアピールしなければ、シルバーファーストの政治がどんどん進行してしまいます。そしてツケだけが若者に残されるのです。

第一章では、現在の年金制度（「100年安心プラン」）が実質的に崩壊していることを明らかにします。厚生労働省はこの事実を隠ぺいするために様々な改革案を提示していますが、結局、若い世代の犠牲のもとに現在の高齢世代の利益を守る改革案でしかないこともあわせて議論します。

第二章では、世代会計を使って、生涯で見た高齢世代と若者世代の損得勘定を「見える化」します。世代会計によれば、日本では若者ほど損をしています。より正確には、後から生まれる者ほど損をしていることを明らかにします。

第三章では、若者世代の損が発生する人口的・経済的な背景について説明します。さらに、社会保障制度の充実がかえって社会保障制度の存立基盤を切り崩していくことになる「社会保障制度の自己崩壊性」についても解説します。

第四章では、第二章で明らかになった深刻な世代間格差を是正するための政策として、⑴出生数増加、⑵消費税増税、⑶所得税増税、⑷高生産性の実現、⑸ベーシックインカムの導入、⑹年金給付削減、⑺年金保険料削減の7つの政策シナリオを考え、いずれの政策が、高齢者の得と若者の損のリバランスにとって重要な政策であるかを評価します。

第五章では、最近、わが国で指摘されるシルバーデモクラシー仮説について検討します。シルバーデモクラシー仮説では、投票率でも数でも他の世代を圧倒する高齢世代が、その政治力を背景として、政治に直接・間接に圧力をかけることで、高齢者に不利な政策を否定し、その結果、特に社会保障制度において、高齢者が優遇されていると指摘されています。しかし、世代会計の試算結果から明らかになったところによれば、実際には、「現在世代内の世代間格差」と、「現在世代と将来世代の間の世代間格差」という2つの世代間格差が併存する二重構造となっています。つまり、確かに高齢者は若者より得をしている（裏を返せば、高齢者が若者に損を押し付けている）かもしれませんが、若者がまだ見ぬ子や孫に損を押し付けているのが日本の現状なのです。このように、単純なシルバーデモクラシー仮説だけではこうした複雑な現状を十分に説明できない点を明らかにします。

第六章では、若者や将来世代の権利を守る手立てについて提案しています。

しばしば、世代間格差を是正するために、若者世代の投票率向上の必要性が説かれます。しかし、「高齢世代の既得権」という岩盤をぶっ壊すことを主張する政党は皆無なのが現状です。こうした中では、若者世代が投票に行ったとしても、若者世代の意見は何一つ実現しないのにもかかわらず、結果責任を負わされることになってしまうのです。つまり、選挙に行こう！　投票しよう！　そして老人支配を追認しよう！と言っているのに等しいのです。これは、高齢世代には好都合でしょうが、若者世代はたまったものではありません。さらに厄介なのは、投票権を持っていないゼロ票世代の権利はどうあがいても既存の選挙制度によっては守ることができない点です。若者やゼロ票世代の権利を民主主義的な手続きで保護できるのかいなか、検討してみます。

おわりにでは、年長世代が年下世代を搾取する「若者奴隷社会」の仕組みを変革する気がさらさらない現在の日本社会において、若者に残された2つの選択肢を提案します。

多数決民主主義的な政策決定プロセスを経る場合、世代を問わず利己的な個人を前提とすれば、第四章で示した世代間格差是正のために有効な政策オプションのほとんどが却下されることになります。つまり、民意と民意のぶつかり合いの先にはお先真っ暗な日本があるだけです。現時点で政策を決定する権限を行使し得る者たちが、搾取され続ける若者への配慮を取り戻さなければ、若者は好むと好まざるとにかかわらず日本から脱出するしかなくなってしまうでしょう。若者から順に外国へ逃散（流出）し、後に残されるのは高齢者のみ。まさにディストピアが日本に出現するのです。若者は高齢者の奴隷ではありません。自由意志を持っていますから、希望のない社会にいつまでもとどまり続ける保証はありません。**若者が国外に流出し続ける社会が持続的でないのは、若者の流出に苦しむ日本の地方部の持続可能性が大問題になっているのと同様、自明です。極端な世代間格差の是正は、若者の問題というだけではなく、わたしたちの問題でもあるのです。**

本書で展開する主張に対しては、さまざまな異論・反論があるでしょう。抜け落ちている論点もあるでしょう。あくまでも世代間格差を専門とするわたしの視点から見た日本経済が抱える課題とその処方箋であると大目に見ていただければ、幸いです。
最後になりましたが、本書の企画段階から校正作業に至るまで、株式会社ビジネス教育出版社の高山芳英氏に大変お世話になりました。心よりお礼を申し上げます。

令和二年四月

島澤　諭

1……消費税法第一条二項では「消費税の収入については、地方交付税法（昭和二十五年法律第二百十一号）に定めるところによるほか、毎年度、制度として確立された年金、医療及び介護の社会保障給付並びに少子化に対処するための施策に要する経費に充てるものとする」と規定されています。

第一章

若者に老後はない

第一章のまとめ

▼公的年金制度はネズミ講と同じ
若者減少社会では、制度がほころぶのは当たり前
▼4年に1回、言っていることが変わる年金政策
▼100年安心プランは限界が近い
▼高齢者に配慮したシルバーファーストの政治によって
機能しないマクロ経済スライド
▼年金は破綻しない
しかし年金は減り続け
国民年金は月3・8万円しか貰えない
▼若者は死ぬまで働き続けなければならない

◇ほころび始めた公的年金制度

2019年の6月、金融庁が、人生100年時代に公的年金だけでは暮らせず2000万円の資金が必要との報告書をまとめたと報道されると、細る一方の所得から重い保険料負担をしている現役世代、年金を当てにしていた高齢者やその予備軍、政権批判のネタには目がない野党とメディア、そして政権維持のため票が欲しい与党政治家など全方位から批判が相次ぎました。最近では、国民年金の未納問題の表面化など、公的年金にまつわる深刻な問題が噴出してきていますし、みなさんも自分がいざ貰う段階まで公的年金が存続しているのか不安に思われるのも無理はありません。

なぜ、ここにきて公的年金制度はうまくいかなくなったのでしょうか。この問題を解くカギは人口の動きにあります。

◇公的年金の本質はネズミ講

日本の公的年金制度は賦課方式が採用されています。賦課方式とは、現役世代の保険料が現在の高齢者の年金支給に使われるものです。一方、自分が支払った保険料が、利子がついて自分の年金として戻ってくる仕組みを積立方式と言います。

ネズミ講はピラミッド型の組織です。ピラミッドの上位に位置する会員が自分より下位に位置する複数の会員からお金を受け取ることで、加入時に要した金額以上の収入を得ることを目的としています。

ですから、容易に分かるように、ピラミッドの低層に位置する会員が儲かるためには、より低層の会員が増え続けるしかありません。つまり、ネズミ講が永続するためには、常に新しい会員を勧誘して、すそ野に行くほど広くなるピラミッド型の階層を無限に大きくしていく必要があります。しかし、ご承知の通り、人口は有限であるため無限に会員が増えることはあり得ず、必ず破綻し、誰か（通常はより後に参加した会員）が損を被ることになります。そのためネズミ講は、1978年に制定された無限連鎖講の防止に関する法律で禁止されています。

ネズミ講は必ず損をする人が出て、法律で明確に禁止されているにもかかわらず、ネズミ講に類した仕掛けは、日本でも、海外でも後を絶ちません。例えば、健康食品を買えば毎月ボーナスを得られる「年金たまご」と称する会員システムで5万人弱の会員から約110億円を集めて2011年11月に無限連鎖講防止法違反で摘発された年金たまご事件は記憶に新しいところでしょう。また、冷戦終結後、ベリシャ大統領により経済の自由化が推し進められていたアルバニアでは、国民の半数がネズミ講に参加していました。しかし、1997年には、ネズミ講が破綻し、資産を失った国民が暴動を起こします。国連軍が介入する事態にもなり、最終的にはベリシャ大統領は退陣に追い込まれてしまいました。

実は、**賦課方式で営まれる公的年金も、本質は、右肩上がりの参加者を必要とするネズミ講となんら変わるところはありません。**

つまり、現在の公的年金の哲学として、しばしば「世代間の扶け合い」が指摘されるのですが、要は、現役世代が拠出したお金を高齢世代の年金として流用しているネズミ講的な本質を隠ぺいするためのカモフラージュに過ぎません。

◇ピラミッドがひっくり返った

賦課方式では、保険料を拠出してくれる若者が増えている間はうまく回るのですが、若者が減り始めると途端に具合が悪くなります。高齢世代の数が少なくそれを支える若い世代の数が多ければ多いほど、つまり公的年金というネズミ講の会員システムに新規会員である若い世代が多く入ってくる間は、財政状況は安泰であり、その制度も永続するように見えます。しかし、新規会員の数が次第に減少し、より上層の会員が増えてしまって、ピラミッドがひっくり返った逆ピラミッド型の構造になってしまうと、これまで通り、より上位の会員により多くの金額を渡すためには、新規入会員や、既存の下位会員の負担が重くなる一方ですし、新規入会員や、既存の下位会員の負担を軽くしようと思えば、上位会員の収入が激減してしまいますので、うまみが減じてしまい、会員の不平不満が高じてしまいますので、将来的にはその制度の存続は危うくなってしまうのです。

現在わが国では少子化と高齢化が同時に進行しています。これまでのような人口増のピラミッド型の構造から、人口減の逆ピラミッド型の構造に移る過渡期とも言えます。ですから、公的年金制度は次第に存続が危ぶまれる事態になってきているのです。

実は、こうした状況は厚生労働省も認めています。2014年の財政検証では、年齢別の年金収益率が示されていますが、最も重要なのは、年齢が高いほど年金の収益率が高く、年齢が低いほど収益率が低いという見積もりです。

要は、早くに年金制度に参加した世代ほど「支払った保険料以上に年金を受け取れる」という意味で得をし、後から入った世代ほどうまみが少なくなっているというわけです。結局、**現在の日本の公的年金制度は、子ネズミが増えない限り儲からないネズミ講と同じです。**

◇「100年安心プラン」は呪いの言葉

政府も、年金制度を取り巻く環境が厳しさを増していることは重々承知しています。何もせずに手をこまねいていたわけではありません。少子化、高齢化の進行と公的年金制度の持続可能性を調和させるべく、2004年に、大規模な年金改革を行いました。いわゆる「100年安心プラン」です。「この改革によって年金は「100年安心」になった！」というのが、当時与党だった自民党と公明党の国民向けの説明でした。しかし、今となっては、この「100年安心」というキャッチコピーは、厚生労働省の手足を縛る呪いの言葉として機能してしまっているのです。

では、「100年安心プラン」とはどういったものなのでしょうか？

次から、その背景と内容について見てみましょう。

◇100年安心プランの背景

日本の公的年金制度は、5年に1度、定期的に健康診断が行われています。これまでも、国の財政危機や人口の高齢化を受けて、年金支給開始年齢の引き上げ、年金水準の抑制と保険料の急速な引き上げなど大幅な制度改正が、頻繁に行われ、その都度大きな批判にさらされてきました。

その中で2004年に実施された財政再計算[2]で明らかにされた診断結果は、衝撃的なものでした。当時は、急速な高齢化によって年金給付費の増加が続く中で、保険料の引き上げが凍結されていた影響もあって、年金財政収支が赤字に転じると予測されたのです。つまり、赤字財政を、財政再計算の出発点とせざるを得ませんでした。そして、このままの給付水準と保険料水準を維持すれば、赤字幅がさらに拡大してしまいます。しかも、しばらくは、積立金を取り崩すことで赤字を穴埋めしてしのぐことができますが、厚生年金は２０２１年度、国民年金は２０１７年度にはその頼みの綱の積立金も底をつく予想でした。

積立金が底をついた後は、当然積立金で年金財政に空いた穴を埋めることができません。保険料の引き上げで収入の不足分を調達するならば、２０２５年度には、ひと月当たり、厚生年金22・２％、国民年金２２７００円（２００４年度価格）（年額27・４万円）、さらに２０５０年度には厚生年金29・０％、国民年金３２４００円（同）（年額38・９万円）まで保険料を引き上げなければなりません。逆に、積立金が底をついても、保険料を引き上げないで、保険料収入の範囲内で給付を行う場合には、厚生年金の所得代替率は、２０２５年度36％、２０５０年度では28％となり、２００４年の所得代替率59％の半分以下にまで大幅に低下してしまうとの予測だったのです。

厚生年金だけで所得の２割以上取られてしまえば、消費税や所得税、その他の社会保険の負担や教育費もあるので現役世代の生活はいっそう苦しくなりますし、年金収入が現役世代の手取り所得の３割弱となってしまえば、年金に依存していた高齢世代の生活は立ちいかなくなってしまうでしょう。

実際には、当時は、高齢化の進行とともに膨れ上がる一方の年金給付を賄うため、保険料を段階的に引き上げることで、年金財政を安定させる仕組みになっていました。そこで、そのルールに則り、年金財政の穴を埋めるだけではなく、当時、現役世代の平均賃金の59％に相当していた年金水準を維持するために、保険料をどこまで引き上げなければならないのかを計算したのです。その結果、厚生年金の保険料率は、2000年の13・58％から2038年には25・9％（基礎年金の国庫負担割合3分の1）、国民年金の保険料は、同13300円から2031年には29500円（2004年度価格）（基礎年金の国庫負担割合3分の1）まで、倍近くか倍以上引き上げる必要があることが分かったのです。

このような度重なる年金保険料と年金給付水準の見直しは、国民の将来不安を増幅し、消費を抑制させる（裏側では貯蓄が増える）ので景気の停滞を招くと批判されていました。そこで、**2004年の年金改革では、急激に変化する人口や経済動向の変化にも柔軟に対応でき、今後の給付と負担のあり方について、頻繁に見直す必要のない持続可能な年金制度への転換が求められたのです。その答えとして用意されたのが、「100年安心プラン」だったのです。**

2……2004年以前の年金制度では、高齢化の進展などから予想される年金給付額を賄うためには、将来、保険料（率）を、どのようなスケジュールでどの程度の水準まで上げていく必要があるのか、その計画を、5年毎に再計算することで明らかにしていました。これを財政再計算と呼びます。一方、2004年以降の年金制度では、年金の保険料（率）に上限を設け、そこから得られる保険料収入などの収入の範囲内で、給付水準を自動的に調整することにしました。ですから、保険料をその都度計算し直す必要がなくなり、おおむね100年後までの公的年金財政の健全性を検証すればよいだけになりました。これを財政検証と呼びます。

◇保険料に上限を設定し現役世代に配慮

「100年安心プラン」ができた2004年までは、年金給付総額がまず決まって、それに見合った保険料が設定されることになっていました。ですから、財政再計算の度に、少子化、高齢化の進行スピードが前回予測を上回っていましたので、保険料を引き上げざるを得ませんでした[3]。つまり、高齢化が進んで年金支給総額が増えれば、それにあわせて現役世代の保険料を引き上げていくのですから、保険料はまさに青天井です。現役世代が、際限のない保険料負担の増加を懸念したのも、無理のないことだったのです。こうした現役世代の将来不安を払しょくするため、**これまでは実質的に青天井だった保険料（率）に、最終的な上限を法律で明記することにしたのです**[4]。そして、年金給付は、その負担の範囲内で行うことにして、給付水準（所得代替率）が自動的に調整される「保険料水準固定方式」を導入したのです。

3……これは裏を返して言えば、年金の将来を大きく左右する基礎的資料である将来人口推計の見通しが甘かったということに他なりません。
4……2005年から毎年0.354%ずつ年金保険料率を引き上げていき、2017年に18.30%に達したあとは、その水準で固定するとされました。

◇マクロ経済スライドの導入

保険料に上限が設定されたのですから、保険料収入を超過する部分に関しては、年金給付をカットしなければなりません。**そこで、保険料などの収入の範囲内に給付が収まるように自動的に給付水準が削減される「マクロ経済スライド」が導入されました。**具体的には、マクロ経済スライドとは、公的年金全体の被保険者（公的年金に加入し保険料を支払っている人）の過去3年間の平均減少率に、平均余命の伸びを勘案した一定率（0・3％）を加えた「スライド調整率」を、年金額改定の基準となる賃金や物価の変動率から差し引くことで、年金額の伸びを抑える仕組みです[5]。このマクロ経済スライドを発動することで、今後20年程度かけて、給付水準を引き下げ、年金財政を均衡させることにしました。つまり、既裁定年金（既に年金を受給している人の年金）を、物価上昇率で増減する物価スライド、新規裁定年金（新規に年金を受給する人の年金）を、名目賃金上昇率で増減する賃金スライドとともに、今後100年を見通した年金財政収支が均衡するまでの間は、既裁定年金・新規裁定年金ともにマクロ経済スライドにより抑制するのです。このマクロ経済スライドが、「100年安心プラン」の大きな目玉です。

そして、少なくとも5年に一度行う財政検証で、足元の社会・経済情勢などを反映させた年金保険料収入や給付額、積立金などに関する将来の見通しを作成することにして、年金を削減するマクロ経済スライドをいつ終わらせればよいのか、その終了時期を決定することにしました。

足元の社会・経済情勢が上向けば、給付水準の調整が予定より早く終了し、高い年金を貰えることになります。逆に、悪化してしまった場合は、予定より長く給付水準が調整され、予定より低い年金しか貰えないことになってしまいます。

5……賃金・物価の上昇率が、スライド調整率よりも低い場合、年金額の引き下げは行われません（名目下限措置）。しかし、2018年から、この措置によって調整できなかった分を繰り越して、賃金・物価が十分に上昇した年に調整する仕組み（キャリーオーバー制度）が導入されました。2018年度は、年金額が据え置きでしたので、マクロ経済スライドによる年金額の調整は行われませんでした。そのため、2019年は、2019年分のマクロ経済スライド（▲0・2％）に、前年から繰り越された未調整分（▲0・3％）をあわせて調整を行いました。それでも、0・1％のプラス改定でした。2020年度も引き続きマクロ経済スライドが適用されることになっています。2004年の年金改正によりマクロ経済スライドが導入されて以来、2020年度で3回目、初めて2年連続の実施となります。その結果、年金額は、本来の年金改定率は0・3％であるところ、マクロ経済スライドの実施により改定幅が抑制され、2019年度から0・2％のプラス改定となります。

なお、現在は、賃金がマイナスで、かつ物価の伸びより低い場合には、年金額は物価を基準に減額または据え置かれますが、2021年以降は、賃金の変動にあわせて減額されることになっています。

◇所得代替率50％を死守せよ

マクロ経済スライドが実施されますと、物価や賃金より低い伸びでしか年金額が改訂されないわけですから、年金額は実質的に目減りしていきます。老後の生活設計を考える上でも、年金額がどこまで下がっていくのかある程度目安がなければ、よほどの大金持ちでもない限り、不安になるのも当然です。やはり、貰える年金額にも見通しが必要です。

そこで、新規裁定者の「標準的な年金額[6]」は、現役世代の収入に対する年金額の割合として計算される所得代替率が50％を下回ってはならないと決めました。絶対に下回ってはならない最終防衛ラインです。逆に言えば、既裁定者の所得代替率は50％を下回っても構いません。あくまでも、新規裁定者の所得代替率の見通しが50％を下回らないことが重要なのです。なお、もし、50％を維持出来ない場合には、法律で「給付及び費用負担の在り方について検討を行い、所要の措置を講ずるもの」とされています。つまり、保険料が引き上げられることになります。

6……夫が平均賃金で40年間働いたサラリーマン、妻が40年間専業主婦である世帯が貰える年金のことです。モデル年金とも言います。ただし、こうした条件が当てはまる世帯は少ないという批判もあります。実際のデータで見ても、平均的な年金額はモデル年金を下回っています。

◇終わらないマクロ経済スライド

１００年安心プランが策定された２０１４年時点では、所得代替率は59％でした。そして、その水準から自動的に下がっていき、２０２３年に50・２％となったところで、マクロ経済スライドが終了することとされました[7]。その後は、所得代替率50％が維持され、２１００年までの年金財政の安心が保証されるはずでした。しかし実際は、わたしたちは今の年金制度が安心だとは思っていません。逆に、とても不安に思っています。一体、何が起きたのでしょうか。詳細はあとで明らかにしますが、せっかくの年金財政の安定を確保するためのマクロ経済スライドがほとんど適用されず、絵に描いた餅になりました。

具体的には、２００５年と２０１９年、そして２０２０年を除いて、マクロ経済スライドは実施されなかったのです。その結果、高齢者の年金は想定よりも高止まりし、年金財政の安定性を回復するための年金削減期間がドンドン長引いてしまって、現在では、当初の見込みから20年も後退り、２０４３年に終了する見込みとなっています。

7……２０１９年財政検証の標準ケースと想定されているケースⅢでは、２０１９年度の61・７％から、マクロ経済スライドが完了する２０４７年には50・８％へと低下するとされています。

◇積立金を計画的に取り崩す

１００年安心プランのもう一つの特徴は、年金積立金の計画的な取り崩しです。年金制度は、20歳で加入したら、65年近くお世話になる、とても時間軸の長い制度です。ですから、年金制度は長期間の安定性が求められます。１００年安心プランでは、この「長期間の安定性」の考え方を修正することにしました。

それまでは、財政再計算に際して、無限先の将来！までの年金財政の安定を考える永久均衡方式が採用されていました。なぜなら、制度の永続性が保証されないということは、いつか破綻してしまうということですから、そんな破綻リスクのある制度には誰も加入したがりません。そうなれば、あの手この手を使った制度の加入逃れが横行し、結局、制度が破綻してしまいます。永久均衡方式のもとでは、どんなことが起きるか皆目見当もつかない無限先まで、年金制度を安定的に維持しなければならないわけです。国は、無限責任を負っていたのです。となれば、不測の事態に備えて、なるべく多く貯金（積立金）を持っておきたくなります。ですから、かなりの長期にわたって、数年分の給付額に相当するだけの積立金を保有する目標が立てられていました。しかし、２００４年財政再計算のとき、「年金財政が危機に瀕しているのに、未来永劫貯金を積み上げておくのは非合理的だ。」、「貯金を取り崩すことで年金財政が急激に悪化するのを抑えるべきだ。」などの至極まっとうな意見が国民の間から出たのです。

そこで、「100年安心プラン」では、「国が、年金財政に責任を持つのはせいぜい100年先までにします。ただし、5年毎に、その見通しを検証しますから、結果として見れば、年金の安定性が無限に維持されるのと同じです」、としました。無限先の将来よりは、まだ100年先の将来の方が、見通しは立てやすいですし、責任も持てるかもしれません。これを有限均衡方式と言います。100年というのは、財政検証の時にすでに生まれている世代が年金の受給を終える、つまり死ぬまでの期間です。

具体的には、向こう100年にわたって貯金を計画的に取り崩し、給付額が過度に減らないように下支えするのです。ただ、全く貯金を持たないのも、何か不測の緊急事態が起きたら不安です。ですから、100年経って積立金の取り崩しが終わったあとは、念のため一年分の年金給付額に相当する程度の貯金を持つことにしたのです。

このように、積立金を計画的に取り崩して年金財政に補填する仕組みは、現役世代の保険料負担が過重にならないように配慮しつつ、年金給付額の激減も避けられ、しかも年金財政の安定性も維持できる一石二鳥ならぬ一石三鳥のものだったのです。

◇100年安心プランは100年安心なのだろうか？

「100安心プラン」は、少子化、高齢化の進行や、経済低迷に対して、マクロ経済スライドや積立金の計画的な取り崩しという大胆な仕組みを導入して耐久力をもたらしたのは事実です。この点はとても高く評価できます。なぜなら、マクロ経済スライドは、財産権として保護されているはずの年金受給権を表立った反対意見を最小限に抑えつつ巧みに制限しているからです。発動できれば若い世代の年金負担は軽減されますし、年金財政も安定するはずでした。しかも、団塊の世代が年金受給を開始しはじめる2007年までに、マクロ経済スライドを確実に発動させ、それ以降の年金財政を安定化させる算段だったのです。

話は横にそれますが、この点からも、厚生労働省は、政治や国民からの反対意見や批判を極力回避しつつ、年金制度改革をやり遂げるという制約の中で、年金制度の将来を憂慮し、行動している節が伺えます。

◇バラ色の将来予測

「100年安心プラン」は、年金制度の持続性を維持するうえでは、非常に画期的な改革でした。しかし、実際には、国民からあまり信用されていないようです。その理由の一つに、甘い将来予測が挙げられます。マクロ経済スライドの神通力も、人口や経済の先行きについての将来予測が正確に行われている限りにおいてのみ、発揮されます。予測が甘ければ、結局、足元の状況が変わる度に、五年毎にマクロ経済スライド所得代替率などの見通しを改定しなくてはならなくなってしまい、財政検証前の時代と同じで、年金制度が信用されなくなってしまいます。

中長期的な財政運営のもととなるマクロ経済環境を示す内閣府の中期的な経済財政見通しでは、経済成長率は、２０１９年の名目１・８％、実質０・９％から、緩やかに上昇して、２０２０年代前半には実質２％、名目３％以上、消費者物価上昇率は、２０１９年の０・８％から、２０２４年度以降には２％程度に達すると見込まれています。一方で実数を見てみると、２０００年代に入ってからの平均値は、実質経済成長率が０・８％、消費者物価上昇率は０・１％に過ぎません。

２０１９年財政検証におけるマクロ経済変数の想定を見ると、マクロ経済スライド発動の前提となる実質賃金上昇率は０・４％から２・０％、インフレ率は０・５％から２・０％の間と予測されています[8]。しかし、現実のデータを見ますと、２０１５年から足元までは、それぞれ０・２％、０・３％と大幅に下回っているのです。やはり、大幅に甘い予測となっています。

8……賃金上昇率をわたしたちの体感に近い名目賃金上昇率に直すと0・9％から3・6％となり、さらに実績値から乖離してしまいます。

◇年金破綻論と積立金の関係

ところで、年金の将来を悲観する人の中には、「公的年金財政は近々破綻する！」と主張している人たちも多くいます。では、そのような人たちは、何を根拠に公的年金の破綻を主張しているのでしょうか[9]。

根拠の一つとして、公的年金が保有する積立金が枯渇する点が挙げられます。2004年に「100年安心プラン」ができる前の財政再計算でも、年金積立金が枯渇してしまう見通しがありました。この見通しは衝撃的だったのは事実です。

しかし、結論を先取りしつつ、やや大げさに言えば、100年安心プランでは積立金は重要ではありません。積立金を重視する人は、100年安心プラン以前の年金制度の残影に惑わされているだけです。

政府は、「100年安心プラン」のもとでは、公的年金が保有する積立金を、計画的に取り崩していくことで、現役世代の負担が過重にならないように、そしてお年寄りの年金額が少なくなり過ぎないように配慮しています。さらに、計画的に取り崩していっても、積立金は2115年にもしっかり残っていると試算しています。

ではもし、政府の試算とは異なって、積立金がより早い段階で枯渇してしまうとどうなるのでしょうか?

年金には大まかに言えば、「保険料収入」、「税金」、「積立金の取り崩し等」の3つの財源があります。2017年度では、年金給付総額52兆円のうち、「保険料収入」72%、「税金」24%、残りの4%が「積立金の取り崩し等」となっています。ですから、積立金が枯渇すれば、①高齢世代の年金水準を下げる(年金給付総額の圧縮。高齢世代の損)か、②現役世代の保険料を引き上げる(保険料収入の増額。現役世代の損)か、③税負担を増やす(国民負担の増加。高齢世代も現役世代も損)しかなくなります。3つの選択肢のうちどの選択肢を選ぶのかは、政治的にも大きなもめごとになるのは間違いありません。


9……そもそも「破綻」の定義が人によって違いますし、あいまいです。極端な話、年金を1円でも支払っていれば、年金制度が存続しているわけですから、年金制度は「破綻」していないと強弁することが可能です。

◇枯渇する積立金

では、現在の人口・経済情勢が続けば、積立金は枯渇するのでしょうか?

それを明らかにするため、日本の少子化・高齢化の進行や、社会保障制度改革をはじめとする様々な改革が、マクロ経済と財政、社会保障の間の相互作用を通じて、どのような影響を及ぼすのかについて、世代重複シミュレーションモデルを用いて、シミュレーションしてみました。世代重複シミュレーションモデルは、内外の研究者が、人口問題とマクロ経済の間の関係を定量的に評価する際に一般的に使用しているグローバルスタンダードなツールです。

その結果、2019年財政検証では2115年に至っても積立金が残っているという見通しだったのに対して、わたしのシミュレーションでは、積立金は2043年には枯渇してしまう結果になりました。**積立金は、100年**

●図1：年金積立金の将来予測

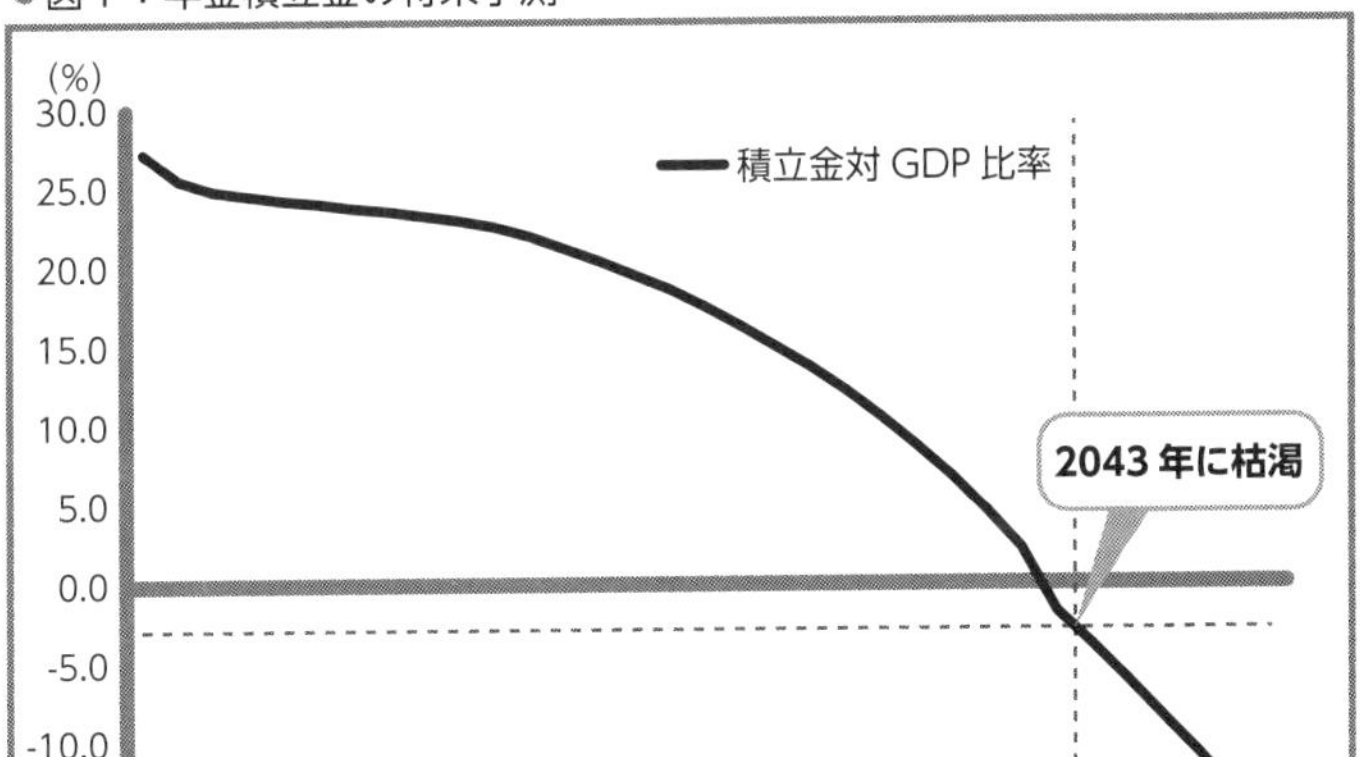

（出典）筆者試算

安心どころではなく、今後25年の安心さえも危ういことが判明したのです。

政府の「100年安心プラン」では、年金積立金は100年間にわたって枯渇しないとしていました。なぜ、ここまで大きな差が出るのでしょうか？

それは、**政府が、年金財政の将来見通しを試算する際に前提とした、物価上昇率や賃金上昇率、積立金の運用利回りなどの経済想定が、実態から大きく乖離し、楽観的過ぎるのが原因です。**ですから、より現実的な経済環境を踏まえ、人口と経済、そして年金制度の相互依存関係を考慮に入れて試算を行うと、積立金の取り崩しペースが速くなってしまうのです。積立金の甘過ぎる見通しも、実態にそぐわない経済前提の弊害と言えるでしょう。

◇年金積立金が枯渇するぐらいでは公的年金財政は破綻しない

積立金の枯渇が年金制度の破綻を連想させるかもしれませんが、そうではありません。前にも述べましたが、年金財政の収入面は、「年金保険料」のほかに、「税金」、「積立金の取り崩し等」の三つの要素から構成されています。極論すれば、100年安心プランの枠組みのもとでは、積立金が枯渇して取り崩せなくなったとしても、**「年金保険料」と「税金」がしっかり確保できるのであれば、「積立金の取り崩し等」に相当する額を、年金水準を減額すればよいだけなのです**[10]。

実際、「100年安心プラン」の下では、積立金が枯渇したとしても、現役世代が負担する保険料と税金投入の範囲内に給付額が抑えられます。ですから、「積立金の取り崩し等」が財源からなくなった分だけ給付額は下がりますが、年金財政の安定性は損なわれることはありません。2004年財政再計算のときに、積立金が枯渇するとの予測が出たことで抜本的な改革が行われたのは、積立金を未来永劫枯渇させない前提で当時の年金制度が組み立てられていたからです。しかし、100年安心プランの要は、積立金ではなく、所得代替率50％の方です。この政策目標を維持するために、積立金は計画的に取り崩されるのです。したがって、年金積立金が枯渇するぐらいでは、年金制度は破綻することはありません。そもそも、財政検証という定期健康診断が5年毎に行われることになっているのです。願望と妥協を一切排した客観性の高い財政検証が行われている限りにおいては、事前に年金制度の破綻懸念リスク（標準的な経済想定において、所得代替率が50％を大きく下回ってしまうこと）を察知することは十分可能なはずです。そして、こうした緊急事態が正確に予測されれば、即座に年金の給付と負担のあり方に関して大々的な改革が行われます。そうして、新たな枠組みの下で公的年金制度が再出発することになるでしょう。

しかし、年金給付額を減額することで年金財政が守られるとしても、年金給付額が減らされ過ぎてしまうと、お年寄りの生活が破綻することになりかねません。厚生労働省の財政検証2019によれば、女性や高齢者の労働市場への参加が進まず、低成長となるケース（ケースⅣ〜ケースⅥ）では、財政の均衡を図るためには、給付水準の下限である所得代替率50％を上回る給付水準の削減が必要とされています。中でも、最も低成長のケースⅥでは、物価や賃金の伸び率が低いため、マクロ経済スライドが十分に機能しません。ですから、給付水準調整期間の途中の2052年度には国民年金の積立金が枯渇してしまいます[11]。そのため、完全な賦課方式に移行する見込みなのですが、その場合の所得代替率は36〜38％に過ぎません。

さらに、マクロ経済スライドは、これから新しく年金を受け取る新規裁定者だけではなく、すでに年金が支給されている既裁定者にも適用されます。つまり、すでに年金を貰っている高齢世代の年金も減額されてしまうのです。実際に、所得代替率と年金額の推移を見てみますと、標準ケースでは、例えば、1954年度生まれで現在65歳の夫婦世帯の場合では、2019年度に所得代替率61・7％、年金額22万円だったものが、2034年度には50％を切り49・1％、20・1万円となり、2044年度には41・7％、19・1万円となります。1984年度生まれで現在35歳の場合では、2049年度に65歳になって年金受給を開始する時点では、所得代替率50・8％、年金額24・5万円が、2074年度では40・6％、25・7万円となるものと想定されています[12]。

●表１：生年度別に見た年金受給開始後の所得代替率の見通し（ケースⅢ）

生年度（2019（令和元）年度における年齢）	2019年度（令和元）	2024年度（令和6）	2029年度（令和11）	2034年度（令和16）	2039年度（令和21）	2044年度（令和26）	2049年度（令和31）	2054年度（令和36）	2059年度（令和41）	2064年度（令和46）	2069年度（令和51）	2074年度（令和56）
現役男子の平均賃金（手取り）	万円 35.7	万円 36.7	万円 38.9	万円 41.0	万円 43.3	万円 45.7	万円 48.2	万円 50.9	万円 53.7	万円 56.7	万円 59.8	万円 63.2
1954年度生　（65歳） ［2019（令和元）年度65歳到達］	22.0 61.7% （65歳）	21.4 〈58.5%〉 （70歳）	20.8 〈53.5%〉 （75歳）	20.1 〈49.1%〉 （80歳）	19.5 〈45.0%〉 （85歳）	19.1 〈41.7%〉 （90歳）						
1959年度生　（60歳） ［2024（令和6）年度65歳到達］		22.1 60.2% （65歳）	21.4 〈55.1%〉 （70歳）	20.7 〈50.6%〉 （75歳）	20.0 〈46.3%〉 （80歳）	19.4 〈42.5%〉 （85歳）	19.6 〈40.7%〉 （90歳）					
1964年度生　（55歳） ［2029（令和11）年度65歳到達］			22.8 58.6% （65歳）	22.1 〈53.8%〉 （70歳）	21.3 〈49.3%〉 （75歳）	20.7 〈45.2%〉 （80歳）	20.4 〈42.3%〉 （85歳）	20.8 〈40.9%〉 （90歳）				
1969年度生　（50歳） ［2034（令和16）年度65歳到達］				23.2 56.6% （65歳）	22.4 〈51.9%〉 （70歳）	21.7 〈47.6%〉 （75歳）	21.4 〈44.5%〉 （80歳）	21.4 〈42.1%〉 （85歳）	21.9 〈40.8%〉 （90歳）			
1974年度生　（45歳） ［2039（令和21）年度65歳到達］					23.4 54.1% （65歳）	22.7 〈49.6%〉 （70歳）	22.4 〈46.4%〉 （75歳）	22.4 〈44.0%〉 （80歳）	22.4 〈41.6%〉 （85歳）	23.0 〈40.6%〉 （90歳）		
1979年度生　（40歳） ［2044（令和26）年度65歳到達］						23.6 51.7% （65歳）	23.3 〈48.4%〉 （70歳）	23.3 〈45.9%〉 （75歳）	23.3 〈43.4%〉 （80歳）	23.3 〈41.2%〉 （85歳）	24.3 〈40.6%〉 （90歳）	
1984年度生　（35歳） ［2049（令和31）年度65歳到達］							24.5 50.8% （65歳）	24.5 〈48.1%〉 （70歳）	24.5 〈45.6%〉 （75歳）	24.5 〈43.2%〉 （80歳）	24.5 〈40.9%〉 （85歳）	25.7 〈40.6%〉 （90歳）
1989年度生　（30歳） ［2054（令和36）年度65歳到達］								25.9 50.8% （65歳）	25.9 〈48.1%〉 （70歳）	25.9 〈45.6%〉 （75歳）	25.9 〈43.2%〉 （80歳）	25.9 〈40.9%〉 （85歳）

（出典）厚生労働省「令和元年財政検証」

このように、**１００年安心プランが所得代替率50％を切って危機的な状況を迎えるのは、積立金が枯渇するからではなく、マクロ経済スライドが発動されないため、低成長の結果保険料収入が減っているのに給付額が削減されず、その埋め合わせに使われる積立金の取り崩し額が増えてしまい、最終的には補填に使える積立金が枯渇し、所得代替率50％を死守できなくなるからです。**

10……現状では、積立金からの収入はだいたい一割弱に過ぎませんから、年金給付額は一割ほどしかカットされません。

11……なお、5年前に公表された2014年財政検証では、ケースⅥと同様のもっとも経済状況が悪いケースHでは2055年度に積立金が枯渇するとなっていましたので、それよりも早く枯渇してしまう結果となっています。

12……しかし、もっと大変な状況に置かれるのが国民年金だけで生活をする人たちです。例えば、1954年度生まれで現在65歳の人は、2019年度の年金額は6・5万円だったものが、2034年度（80歳時点）には5・7万円と6万円を下回り、2044年度（90歳時点）には5・0万円にまで減額されてしまうのです。

◇実行されなかったマクロ経済スライド

「１００年安心プラン」には、マクロ経済スライドという伝家の宝刀があることで、政治家も厚生労働省も、その支持者も胸を張って、「年金財政は１００年安心である。年金問題はもはや過去のものである」と言っていられるのです。

しかし実際は、この伝家の宝刀は、２００４年以降の十数年間で、現在までのところ２０１５年と２０１９年、そして２０２０年の三度しか発動されていません。伝家の宝刀も抜かれなければ、なまくら刀とさして違いはありません。

マクロ経済スライドが、もし確実に実行されていれば、当然、年金財政の安定に役立ったはずです。会計検査院は、２０１８年の決算検査報告の中で、マクロ経済スライドが２００４年から毎年実施されていたら、２０１６年までに国庫負担を累計３・３兆円抑えられたはずだと指摘しています。

その背景には、高齢者への政治的な配慮がありました。デフレが進行して物価が下落していたので、本来は物価スライドが適用されて削減されるはずだった年金額が、２０００年から２００２年まで、据え置かれる特例措置が取られていました。小渕内閣が、高齢者に配慮して、年金額を削減しなかったのです。それにより、本来の年金額よりも2・5%高い水準になってしまいました[13]。この特例水準が是正されない間は、マクロ経済スライドは、発動しないことにされたのです。ここでも急激に年金額が減らないよう高齢者への政治的な配慮が働きました。特例措置を率先して導入した政治家は、「いまはデフレでも、物価は今まで通りすぐに上昇するだろう。そうなれば、特例水準もさっさとやめられる」と過去の経験に引きずられた甘い見通しのもと、高をくっていたのでしょう。しかし、見通しは見事に外れ、日本経済はデフレからいまだに脱却できていません。そもそもデフレから脱却できるのかも定かではないのです。それでも、特例水準の解消は、2012年8月に野田内閣の下で成立した年金改革関連法に基づき、2013年から始まり2015年には完了しました。ですから、いずれにしても、政治的には、マクロ経済スライドは、早くて2016年からしか適用できる環境にはなかったのです。

このように、2004年に導入されて以降、**マクロ経済スライドがほとんど適用されてこなかったので、現在の高齢世代への給付が過剰になってしまいました。**会計検査院が指摘するように、**「(マクロ経済スライドを発動して)給付水準の調整が適切に行われることが、将来世代の給付の確保のために必要」なので、年金財政はひっ迫し、将来みなさんが受け取るはずだった年金額は減ってしまったのです。**

13……総額で7兆円過大に給付されていました。

◇高齢者も〝圧力団体〟

マクロ経済スライドが実行されなかった理由は、政治が、負担する側の現役世代よりも、給付を受ける側である高齢世代に配慮したからです。このように、高齢世代の利益を優先する政治のあり方を、ここでは「シルバーファーストの政治」と呼ぶことにします。

現在の民主主義のもとでは、各政党は、政権を獲得し、それを維持することを主な目的として、日々活動しています。相対的に多くの票をとった政党もしくは政党グループが政権を担うことになるわけですから、各政党は集票力を持つ有権者や利害関係団体に有利となるようなマニュフェストや政策を提示するインセンティブ（動機）を持ちます。

これまで利害関係団体と言えば、農業団体、建設業界、医師会、労働組合などのように職業や職業上の地位に基づく分類が注目されていましたが、高齢化が進み、全人口の3割以上が、政府から給付を受け取って

●図2：年齢別投票者数（千人）

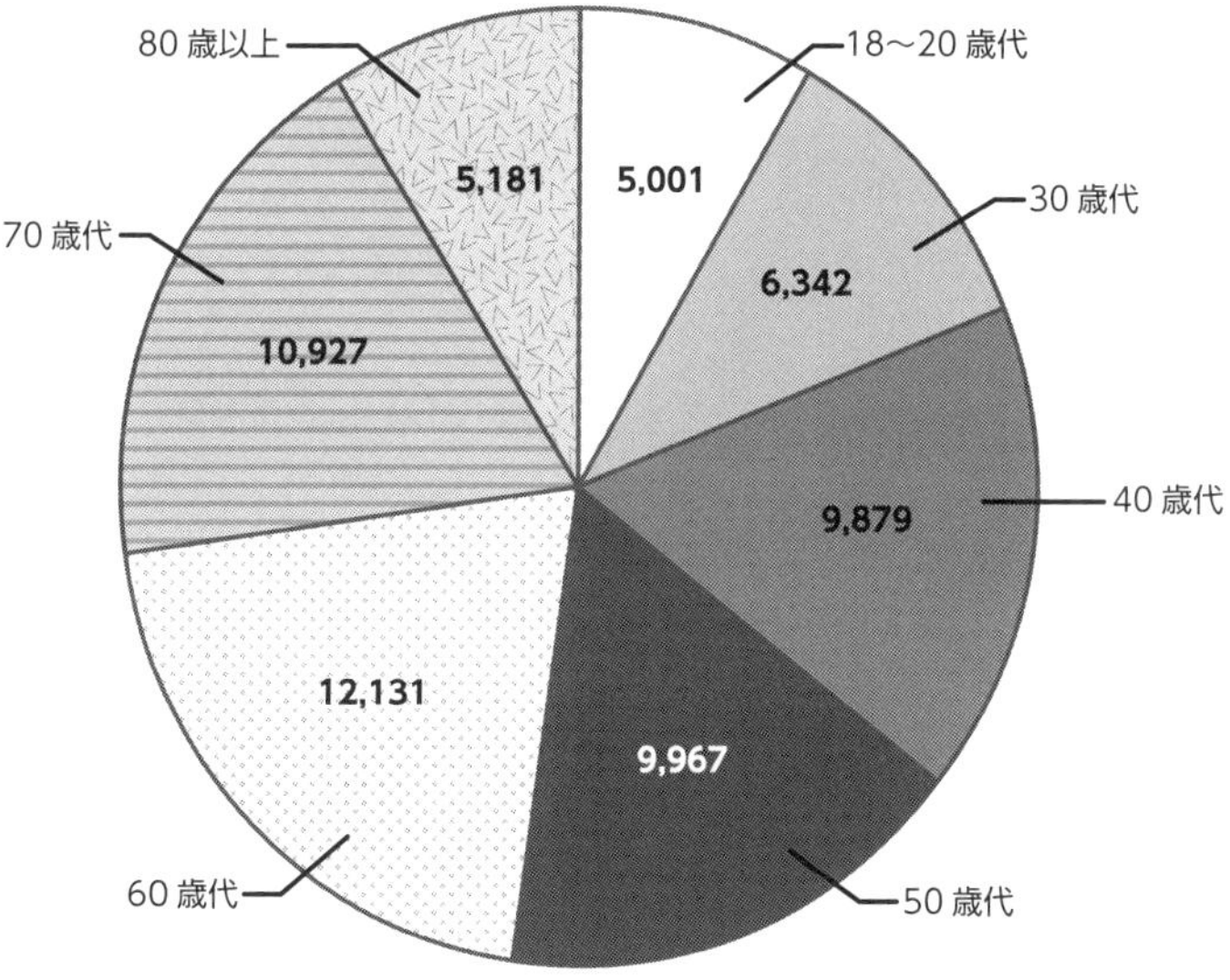

（出典）総務省資料により筆者試算

いる現在の日本では、「年齢」すなわち「世代」も一つの重要なキーワードになり得るのです。つまり、**高齢世代は、一種の圧力団体として、まとまった数の力（政治力）と給付（おカネ）を交換できる立場にあるのです。**

現在の日本では、少子高齢化が進行しています。高齢化が進むということは、次第にお年寄りの数が増えていくことを意味します。政治家にとっては、一般的に次の世代のことよりも、自分の次の選挙のことの方が何よりも大切です。大野伴睦が喝破したように「サルは木から落ちてもサルだが、政治家は選挙に落ちればただの人」なのですから。したがって、いま、国民を年齢で区分すると、選挙権を持っている18歳以上の国民と選挙権を持っていない18歳未満の国民—こちらにはまだ生まれていない国民も含まれます—とに分けることができます。さらに、選挙権を持っている有権者は、65歳以上の高齢者とそうでない年齢階層とに細分化することができます。

図2で見るように、いまの日本で選挙に足を運んでくれる高齢者が多くを占めています。これは、負担を負わされる者（現役世代）と負担を決める者（高齢世代）との政治力が乖離し、後者に傾くことを意味しますから、このような年齢による有権者区分が重要になるのです。

◇シルバーファーストの政治

バブルの頃、「芸能人は歯が命」というキャッチフレーズがありましたが、「政治家は選挙に落ちればただの人」ですから、票が命です。したがって、次の選挙で勝つのが至上命題なのです。当然、多くの支持を集める必要があります。そのためには、相手候補やライバル政党よりも多くの票を獲得しなければなりません。当然、多くの支持を集める必要がありあります。ですから、まだ生まれてもいない将来世代を含む選挙権を持っていない世代を相手にするよりも、選挙権を持っている世代、特に、その中でも投票所に実際に足を運び投票してくれる可能性が高い高齢世代に焦点を当て、自分（もしくは自党）に投票してもらおうと、高齢世代の歓心を買わんがため、政策的に優遇することになるのです。

このように、政治家や政党から見れば、**高齢世代による自分たちへの支持を拡大するためには、若者の利益を増やす（負担を軽減する）政策を考えるよりも、高齢者の利益を増やす（負担を軽減する）政策を考える方が支持率を獲得するうえで非常に効率的です。この結果、財源が一定であれば、他の世代の利益を削って高齢者層を有利に扱う政策がより多く提案されることになってしまうのです。**つまり、若い世代の犠牲の上に高齢世代の繁栄を築き上げるシルバーファーストの政治です。

◇拡大した若者へのツケ回し

以上のように、若者世代は、シルバーファーストの政治の犠牲者です。先に見たマクロ経済スライドの不適用という年金政策にもそのネガティブな影響が現れています。

実際、マクロ経済スライドが、2004年に導入されて以降、予定通りに発動されなかったため、「100年安心プラン」で想定されたよりも、現在の年金受給世代には過剰な年金額が給付されてしまっています（図3）。

図3によれば、元々の「100年安心プラン」では、所得代替率は、2004年の59・3%から出発して時間の経過とともに着実に低下し、2019年では51・6%、2024年には50・2%に到達したところで、マクロ経済スライドはめでたくお役御免となるはずでした。しかし、実際には、2019年の実績

●図3：年金過剰給付の実態

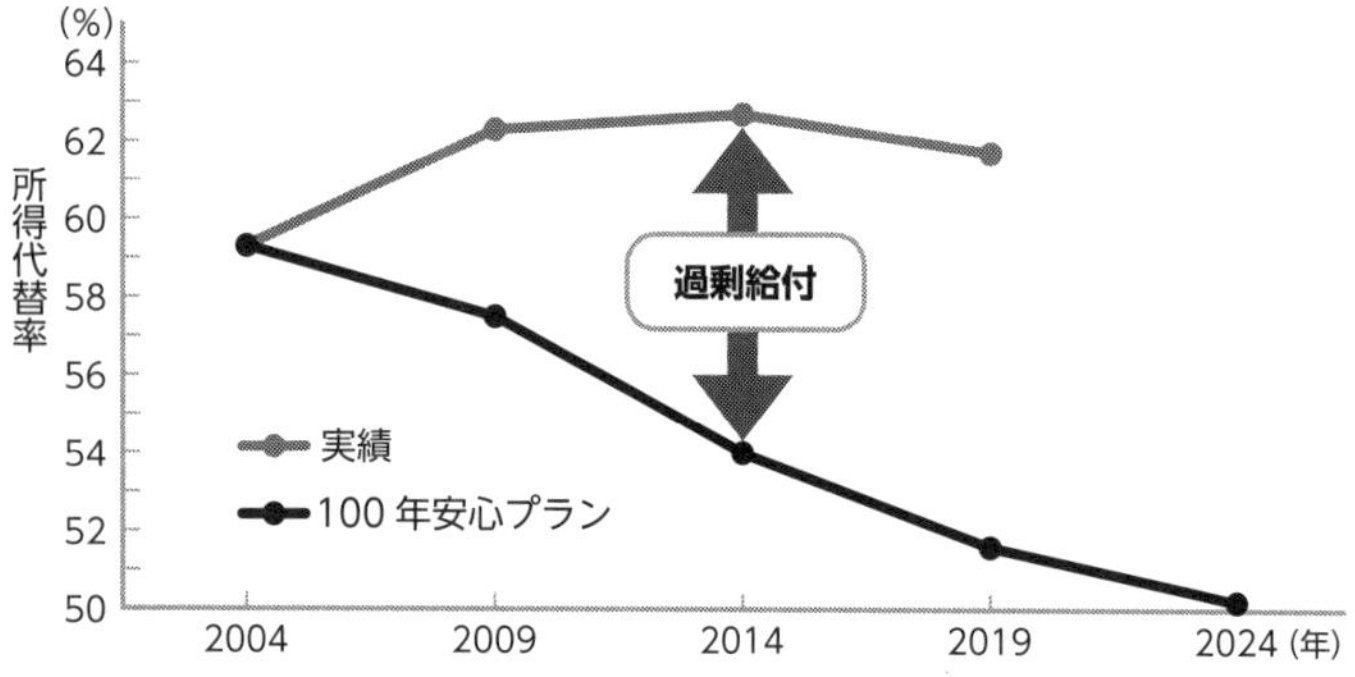

（出典）厚生労働省資料より筆者作成

値では、2004年当時の所得代替率の実績値よりも2ポイント以上も高くなっていて、しかも「100年安心プラン」の想定よりも10ポイントも高い61・7％となってしまっています。**出発点の数値が高くなってしまったわけですから、マクロ経済スライドの終了時期も後ろにずれることになりました。**マクロ経済スライドは、「100年安心プラン」の元々の想定から23年遅れ2047年に50・8％に達して終了となる予定になっています。**この間、年金受給者は想定よりも高い年金を貰い、未来の年金受給者はその分少ない額の年金しか貰えないことになるのです。**

◇悪化する年金のバランスシート

マクロ経済スライドが導入されたのは、年金財政の持続可能性を高めるためでした。しかし、実際には、マクロ経済スライドはほとんど実施されませんでしたから、その分、年金財政は、想定よりも悪化しています。年金の財政状況は老若男女問わず気になるでしょう。諸外国では、公的年金の財政状況を将来分も含めて情報公開するのが一般的ですが、日本ではそうした情報は公開されてきませんでした。そこで、経済学者が独自に年金財政の今後の見通しを推計し公表するようになると、年金財政の危機的状況が白日の下にさらされることになってしまいました。そこで、渋々ながらも、厚生労働省は、年金財政の見通しが、無責任な経済学者の推計とは違って、盤石であることを示すために、財政検証の中で、公的年金のバランスシートを公開しています。そのバランスシートが図4です。

　バランスシートは、その名の通り、左側（資産）と右側（負債）は常にバランスしていなければなりません。逆に言えば、左右でバランスするように作成されていなければ、バランスシートとは呼べません。

　例えば、いま、公的年金財政のバランスシートが、財源（資産）が給付（負債）より小さければ、債務超過ということになります。この場合、公的年金制度は、長期的には持続可能ではありませんから、保険料や国庫負担つまりは税金（及び借金）を増やすか、給付を引き下げる必要があります。反対に、給付が財源（負担）

●図4：公的年金のバランスシート

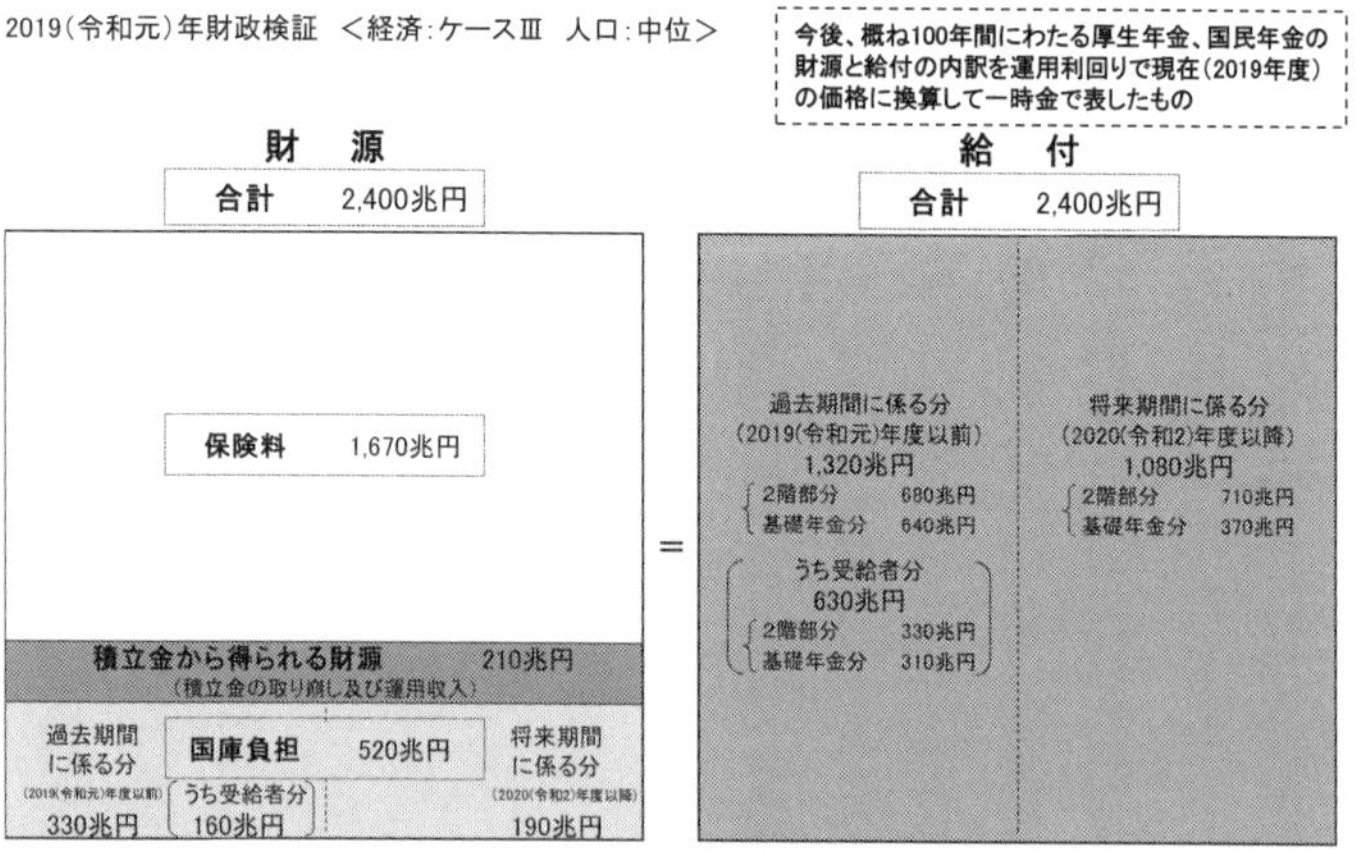

（出典）厚生労働省「令和元年財政検証」

を下回れば、資産超過となり、負担した金額よりも受け取る金額の方が少ないのですから、加入者は取られ損になります。ですから加入者は、保険料や国庫負担つまり税金（及び借金）の引き下げか、給付の引き上げを要求するでしょう。

結局、いずれにしても財源と給付はバランスします。

具体的には、

過去債務＋将来債務＝保険料＋積立金＋国庫負担…(1)

という関係式が成り立つのです。

この式は、バランスシート上、財源（保険料＋積立金＋国庫負担）に見合った給付（過去債務＋将来債務）が行われる（もしくは給付に見合った財源が確保される）必要があるということを意味します。

当然、この関係は、公的年金の財政方式が積立方式だろうと賦課方式だろうと成り立ちます。

(1)式は次のように変形することができます。

過去債務－積立金＝保険料＋国庫負担－将来債務…(2)

(2)式の左辺は、年金純債務（＝過去債務－積立金）と呼ばれます。つまり、国民に対して、過去の加入実績に応じて約束した給付額（過去債務）のうち、国が積み立ててきた金額（積立金）では足りない分を意味します。経営者の視点では、この年金純債務に見合う財源をどのように確保するのかが大変重要となります。なぜなら、年金純債務はすでに確定したものであり、よほどの裏技でも使わない限り、支払いを免れるすべはないからです。

なお、年金純債務は、公的年金制度にはつきもので、宿命と思って受け入れるしかない性質のものなのです。というのは、公的年金制度設立当時の高齢者の年金を賄うには、賦課方式でも、積立方式でも、制度設立時点の高齢者は現役時代に年金保険料を納めようにも制度自体が存在しなかったわけですから、厳密に制度を適用すればみな無年金になってしまいます。これでは、高齢世代を救うための年金制度の意味がありませんから、高齢世代にも年金を支給しようと思えば、同時代の現役世代から集めた保険料を財源として年金を配るしかありません。つまり、設立当時の高齢者は保険料を拠出しなくても年金を受け取れるわけですから、年金設立当時の高齢者が負担なく受け取った分の年金給付総額を誰かが負担しなくてはならないのです。加えて、将来貰えない年金の保険料を払うお人好しなんていませんから、現役世代から保険料を集めるには、将来の年金給付を約束する必要があります。こうして順々に約束されていった年金給付の総額のうち、国が用意できていない不足分こそが年金純債務なのです。ちょうど、膨らんでいく風船を順繰りに手渡ししていくゲームのようなものです。

年金のバランスシートに戻りましょう。

(2)式に金額を書き入れますと[14]、

過去債務 １３２０ − 積立金 ２１０ ＝ 保険料 １６７０ ＋ 国庫負担 ５２０ − 将来債務 １０８０

さらに、変形しますと

年金純債務 １１１０ ＝ 将来純負担 １１１０

となります。

厚生労働省試算によれば、２０１９年度時点での年金純債務は１１１０兆円です。したがって、現在の現役世代及び将来の加入者は１１１０兆円だけ、貰える年金額よりも多く負担しなければなりません。１１１０兆円は２０１８年のＧＤＰ５５０兆円の２倍強にも当たる巨額な金額です。

「１００年安心プラン」で予定されていたマクロ経済スライドが不発に終わった結果、この年金純債務は膨らみ続け、現在に至っているのです（図５）。

つまり、**日本の年金制度がバランスシート上完結するには、今後１１１０兆円もの保険料を工面しなければならないのです。人口も減り、経済も低迷する中、容易なことではありません。**しかし、だからと言って、高齢者の既得権である年金給付を削減するのはもっと至難の業です。

　団塊の世代が後期高齢者になるまで、まだいくばくかは猶予のある公的医療の「2025年問題」とは異なり、年金は、すでに団塊の世代が受給を開始してしまっています。そもそも団塊の世代が年金を受給し始める2007年を一つのターゲットとしてマクロ経済スライドが導入されたのですが、結局、ほぼ発動されることはありませんでした。シルバーファーストの政治のもと、高齢世代の嫌がる痛みの伴う改革を回避し続けたからです。団塊の世代という一大票田であり、すなわち一大圧力団体が、すでに年金を受け取っているのですから、これを大幅に減らすのは政治的にはもはや絶対に無理です。減らすにしても、団塊の世代よりも後の世代から始めるよりほかありません。いつ爆発するか分からないほど巨大に膨れ上がった風船が、わたしたちの頭上にあるにもかかわらず、ただ指をく

●図5：膨らみ続ける年金純債務

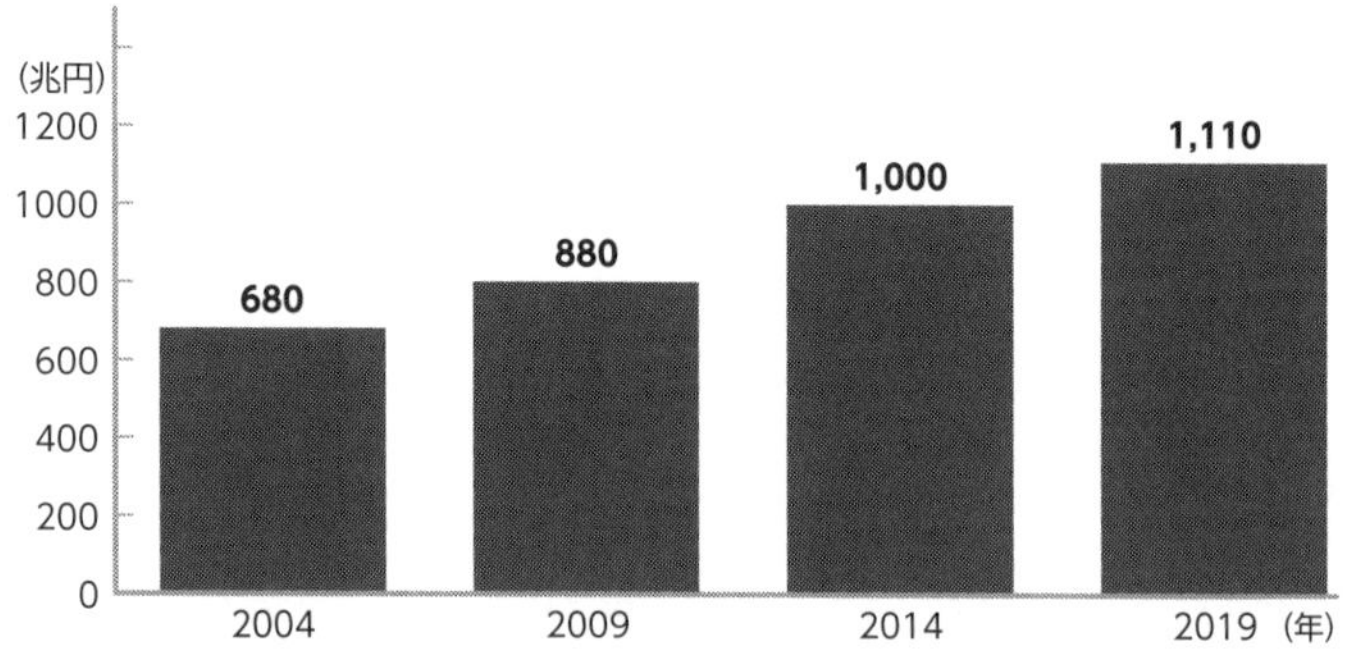

（出典）厚生労働省資料より筆者作成

わえて見守ることしかできないのです。

このように、**年金危機は、政治家や官僚が考えているのとは違って、100年安心プランですでに解決した過去の問題ではなく、いまそこにある明白な危機なのです。**

14……過去債務とは、すでに年金制度に参加している者すべてが年金給付を受け取る権利がありますから、彼ら彼女らが現在から将来に受け取る年金給付の総額を表します。したがって、過去債務とは言っても将来に給付される分も含まれています。また、将来債務とは、まだ年金制度に加入していない者が受け取ることになるであろう年金受給総額を指します。

◇若者は死ぬまで働け！

100年安心プランはすでに3回の定期健康診断を受けています。そのいずれもが、「健康状態に問題なし」もしくは「経過観察が必要だが健康」との診断結果です。しかし、現実には、残念ながら、病状は深刻化していることは見ました。100年安心と国民に啖呵を切った手前、いまさら「実は100年安心ではないかもしれません」とはなかなか言い出しにくいのかもしれません。そのためか、財政検証を読むと、いろいろ無理があることが分かります。

年金財政の先行きを試算する際のマクロ経済想定は、今回の財政検証ではケースⅠからケースⅥまでの6つのケースが提示されています。厚生労働省としては、このうちケース

Ⅲが標準ケースと考えているると思われますが、インフレ率1・2％、実質賃金上昇率1・1％と非現実的な高さとなっています。足元のインフレ率や実質賃金の推移を見る限り、ケースⅠからケースⅥまでの6つのケースの中では、実質経済成長率▼0・5％、インフレ率0・5％、実質賃金上昇率0・4％を想定しているケースⅥが実態に一番近いと思われますが、それでも過大評価の可能性が高いです。ケースⅥでは、2044年には所得代替率が50％を下回りますし、2052年には積立金が枯渇してしまい、完全賦課方式に移行することになります。せいぜい20年安心といったところでしょうか。例えば、現在32歳（1987年生まれ）の人の所得代替率は、65歳になって年金を受給する2052年には46・1％ですし、それより若い人は36％程度にまで落ち込んでしまいます。貰える年金額は、1987年生まれでは、モデル世帯では18・8万円。実は、これは実質賃金が0・4％で成長するとの前提です。もし賃金が一切成長しないとすれば、夫婦二人で貰える年金額は16・5万円に過ぎません。現在の生活保護水準より少し多い程度です。しかも、1987年生まれより若い世代であれば、夫婦二人で12・9万円とほぼ生活保護並みの金額です。もちろん、国民年金だけだと、一人当たり5・6万円で、健康で文化的な最低限度の生活は無理でしょう。さらに、賃金が成長しなければ、一人当たりの国民年金は3・8万円です。言葉もありません。

このように、**老後の年金は当てにならないのが現実なのです**。しかし、厚生労働省も、老後の生活資金二千万円不足問題を見るまでもなく、その点は百も承知です。

実は、財政検証にはオプション試算という資料が付随しているのですが、このオプション試算には、厚生労働省が今後展開していきたい施策が載せられることが多く、重要な資料です。そして今回のオプション試算には「保険料拠出期間の延長」と「受給開始年齢の繰り下げ」が載せられていますが、このなるべく長く働いてもらって保険料を多く納めてもらい、そして、受給開始年齢の繰り下げを、いずれ支給開始年齢の引き下げにつなげていくことこそが厚生労働省の本当の狙いなのです[15]。日本の年金はネズミ講ですから、新しく参加者が増え続けないのなら、既存の参加者にできるだけ長く負担者としてとどまってもらい、お金を受け取る期間もできるだけ短くすることで、あたかもネットで見て参加者が増えたのと同じ効果が得られるよう綻びを繕い続けるしか手段がないのです。ですから、なんとしても公的年金制度を死守したい厚生労働省の立場からすれば、いずれの提案も合理的なのです。

つまり、ネズミ講への参加者を増やすため、現在の30代より若い世代は、極端な話、死ぬまで働かされた挙句、年金もほとんど受け取れないのですから、老後というのは一部の金持ちの贅沢になり果ててしまいました。若い頃は高齢者のために働き、高齢となった後は自分のために働く。**文字通り、若者に老後はないのです。**

15……ちなみに、受給開始年齢とは年金を受け取りはじめる年齢を言い、支給開始年齢とは国が年金を支給しはじめる年齢を言います。つまり、受給開始年齢は国民が（精度の範囲内ではありますが）自由意志で選べるのに対し、支給開始年齢は国の都合で強制されるもので、一見似ていますが似て非なるものなのです。

◇遠ざかり続けるゴールポスト

１００年安心プランは、みなさんが貰う年金額を犠牲にすることで、年金制度を１００年安心にするものだったはずですが、現実には、破綻寸前です。これでは、みなさんの年金不信が高まるのも無理はありません。

しかし、みなさんが年金制度に不信の目を向けるのは、年金制度が破綻しそうだからだけではありません。年金制度はこれまで幾度となく持続性を高めるために、ゴールポストを遠ざけてきたのです。つまり、約束された内容が不安ということもありますが、約束を反故にされる不安の方が大きいのです。

１９６１年の国民皆年金成立以降、何度も制度改正が行われてきましたが、矢継ぎ早に改正が行われるようになったのは、本格的な高齢社会を目前に控えた１９８５年改正からです[16]。例えば、１９８５年には、基礎年金制度が創設され、サラリーマンの厚生年金から自営業者の国民年金に資金の補填が行われることになったり、女性の老齢厚生年金の支給開始年齢が55歳から60歳へと２０００年までに段階的に引き上げられることになりました。１９９４年には、老齢厚生年金の定額部分[17]の支給開始年齢を２０１３年までに段階的に60歳から65歳まで引き上げられました。女性の年金支給開始年齢の60歳への引き上げが完了したばかりの２０００年の改正では、老齢厚生年金の報酬比例部分の支給開始年齢が、２０２５年までに60歳から65歳へと段階的に引き上げられることになりました。そして２００４年の改正では、マクロ経済スライドが導入され、既裁定者も含めた年金給付額の実質的な引き下げが可能になりました。その他にも、２００８年には、麻生太郎氏が、総理就任直前、中央公論３月号に「消費税を10％にして基礎年金を全額税負担にしよう」という記事を寄稿し、年金財政が実質的に破綻していることを示唆しています。２０１６年には、改正国民年金法が成立し、２０２１年度以降マクロ経済スライドが強化されることになりました。「老後の生活資金２０００万円不足」という不都合な真実が白日の下にさらされた２０１９年12月に公表された、全世代型社会保障検討会議の中間報告では、現在は60歳から70歳の間で選択できる年金受給開始時期を75歳まで拡大することや、希望する高齢者には70歳まで就業機会を与えるよう企業に努力義務を課すことなどが盛り込まれました。これは、年金支給開始年齢が２０２５年に65歳に引き上げられた後、再度70歳にまで引き上げる予告に他なりません。

このように、政府は何度も、ゴールポストを後ろにずらしてきた実績があります。確かに、平均寿命が90歳に近づく中、健康寿命も延び健康な高齢者が増えたわけですから、定年年齢や年金支給開始年齢を引き上げていくのは合理的です。しかし、そのやり方があまりにも場当たり的過ぎて、これまでも行われてきたように、約束がいつ反故にされるのか、疑心暗鬼に陥らざるを得ません。その結果、みなさんは老後の生活設計が極端に立てにくくなっていて、しかも立てたそばからゴールポストが後退りし（制度が変えられ）てしまいますから、老後の生活の破綻に怯えながら、いまの生活を送らなければならないのです。これでは、年金は100年安心ですよ、と政府が何度言ったとしても、信用力はゼロです。

年金制度を文字通り100年安心にしたいのであれば、政府にとって都合の悪い情報も一切合切すべて専門家に公開し、要所要所で国民の意思も確かめつつ、一から新しい制度を作り上げるつもりで改革していくしかありません。

16……それまでは、1969年の「2万円年金」の実現、1973年の物価スライド制、賃金再評価の導入（「5万円年金」の実現）など、制度の拡充、つまり給付水準の引き上げが多かったのです。
17……いわゆる基礎年金部分に相当します。

第二章

若者は5千万円損している

第二章のまとめ

▼高齢世代に厚く、現役世代に薄い社会保障
政府は全世代型社会保障への転換を目指す

▼全世代型社会保障を実現するには
財源問題を解決しなければならない

▼若者世代は高齢世代に比べて
5千万円損をしている

◇問題は財源

政府が推進する全世代型社会保障の実現に向けて、2019年9月20日、全世代型社会保障検討会議の初会合が開催されました。

政府が目指す全世代型社会保障とは、これまでの高齢者に対して寛大な給付を基本的には維持しつつ、これまでは手薄だった現役世代向けの給付を増やしていこうとするものです。シルバーファーストの政治が罷り通る中、高齢世代向けの給付を削って現役世代向けの給付を拡充するという芸当は、現在の政治には無理な相談です。ですから、高齢世代向けの給付はそのまま手を付けずにおいて、現役世代向けの給付の拡充を図ることにしているのです。

もちろん、伸び悩む所得、増え続ける非正規雇用など雇用・所得環境の悪化によって現役世代が弱りつつある中、現役世代向けの給付を手厚くしていこうという狙いはよいのですが、団塊の世代が後期高齢者化する「2025年問題」、団塊ジュニアが年金受給世代になる「2040年問題」、引き続き後期高齢者化する「2050年問題」などにより、今後の社会保障にかかるコストは増え続け、政府試算によれば、2018年度の121兆円から、2025年度には141兆円に、2040年度には190兆円に達すると試算されています。**問題は財源です。**

◇高齢世代に厚く現役世代に薄い社会保障

全世代型社会保障の狙いは、現役世代への給付を厚くすることにありました。では、社会保障の負担と給付に関して、年齢別でどの程度の違いがあるのでしょうか。

こうした疑問に答えるために、厚生労働省「平成29年所得再分配調査」を見てみましょう（表1）。

同表によると、高齢（60歳以上）になるほど当初所得[18]を再分配所得[19]が上回っていきます。特に、65歳以上の高齢世代は、当初所得は34歳以下世代を下回るものの、再分配後は同世代を上回る所得水準を享受しています。こうした高齢世代が受け取る給付の大半を占めるのは年金給付であり、65歳以上では200万円を超え、給付の3分の2を占めています。つまり、現在のわが国においては、若い世代から高齢世代へ年金を通じて所得の再分配が行われているのです。これは日本の社会保障制度が、勤労期の生活保障は企業に負ってもらい、定年後の所得補償に重点を置いてきた歴史に由来します。

このように、現役世代に薄く、高齢世代に厚い日本の社会保障の受益・負担構造のもと、高齢化が進行すると、社会保障給付が増加するので、それを支えるために負担も重くならざるを得ません。そして、負担は、消費税によるものもありますが、大部分は、労働所得にかかる保険料として主に現役世代が負っています。

●表1：世帯主の年齢別所得再分配の現状

世帯主の年齢		総数	29歳以下	30~34歳	35~39歳	40~44歳	45~49歳	50~54歳	55~59歳	60~64歳	65歳以上
当初所得（万円）		429.2	313.0	499.4	571.2	659.7	720.8	757.4	740.1	540.8	194.4
総所得（万円）		544.4	320.5	519.8	594.6	683.0	745.6	777.2	770.6	613.8	406.8
可処分所得（万円）		432.9	265.7	410.3	466.4	508.4	570.1	591.8	589.5	481.0	343.2
再分配所得（万円）		499.9	279.3	445.8	498.4	541.6	597.8	624.3	639.4	532.2	445.5
拠出（万円）	拠出合計額	111.5	54.8	109.5	128.2	174.6	175.5	185.4	181.1	132.8	63.5
	税金	53.5	19.9	44.4	56.8	83.8	81.6	86.9	84.7	71.0	31.8
	社会保険料計	58.0	35.0	65.1	71.4	90.8	93.9	98.5	96.3	61.8	31.7
	年金	26.5	21.4	38.5	41.0	49.8	52.2	54.2	53.5	27.3	6.4
	医療	23.4	12.1	23.9	26.8	32.4	32.2	35.1	34.7	28.0	15.9
	介護・その他	8.1	1.5	2.7	3.6	8.6	9.6	9.2	8.1	6.5	9.4
受給（万円）	受給合計額	182.3	21.1	55.9	55.4	56.5	52.5	52.3	80.4	124.2	314.7
	現金給付	115.2	7.5	20.4	23.4	23.3	24.8	19.8	30.5	73.0	212.4
	年金・恩給	108.4	1.9	3.2	5.0	9.1	14.0	12.9	26.1	65.7	209.1
	現物給付	67.0	13.6	35.5	32.0	33.2	27.7	32.5	49.9	51.2	102.3
	医療	51.4	7.5	16.4	22.0	23.8	23.0	27.9	44.1	38.3	78.2
	介護	13.1	0.0	0.0	0.0	1.3	2.8	3.4	5.6	11.5	23.6

（出典）厚生労働省『所得再分配調査（平成29年）』より筆者作成

政府は、このような既存の年齢別に歪な受益負担構造にメスを入れ、高齢世代の給付を削減してその分を現役世代に回すのではなく、高齢世代の給付を維持したまま、現役世代への給付を拡充する全世代型社会保障を確立させることにしました。受益が増える一方なのですから、さらに社会保障負担は増えていくのは明らかです。

18……当初所得とは、雇用者所得、事業所得、財産所得や仕送りなどの合計額を指します。
19……再分配所得とは、当初所得から税金、社会保険料を控除し、社会保障給付を加えた金額を指します。

◇寛大な社会保障給付のツケは将来世代に

ここで、表1の総数の欄を見てみましょう。総数とは全世代の平均値であり、いわば平均的な日本人の再分配の状況を示しています。この平均的な日本人の当初所得は429・2万円、再分配所得は499・9万円となっています。再分配所得が当初所得を71万円弱上回っているということは拠出（税金、社会保険料）総額よりも受取総額が大きいことを意味しています。受け取る側から見れば受け取り超過ですが、支払う側、つまり政府から見れば支払い超過、赤字です。したがって、この赤字を賄うための財源が必要となります。まさにこの赤字分が赤字国債による財源調達に対応している金額です。正確に言いますと、厚生労働省「所得再分配調査」には消費税負担はカウントされていません。

そこで、総務省統計局「家計調査報告」（総世帯）により日本の平均的な世帯の消費税負担額を試算すると、20・6万円となります。したがって、71万円弱からこの21万円弱を引いても、50万円ほど、現在生きている世代ではだれも負担していない金額が残ります。消費税の負担を考慮に入れてもなお、やはり高齢世代（65歳以上）や現役世代（20～64歳）が若者世代（20歳未満）や将来世代（未出生の世代）に負担を先送りしている現実は何ら変わりません。「所得再分配調査」で考慮されていないその他の項目は、国防や公共事業など多くの非移転支出があります。つまり、消費税を考慮したとしてもなお、負担を上回る政府の支出が存在し、経済学の大原則であるノーフリーランチにしたがえば、誰かがその財源を負担しなければならないのです。まとめると、**今を生きる世代、特に高齢世代は自らの給付を自分達の負担で賄うことを放棄して、国債という課税の繰り延べ手段を使って将来世代に負担を転嫁させているのです**[20]。

20……このような将来世代からの仕送りの状況は、１９８０年以降で見ると、１９９０年の調査ではじめて出現し、１９９６年以降持続しています。

◇消費税が注目されるわけ

こうした負担を、現役世代にのみ押し付ければ、少子化が進行しているわけですから、現役世代の負担が重くなり過ぎて、経済全体に悪影響を及ぼすのは明らかです。経済あっての社会保障です。経済がダメになれば、社会保障もダメになってしまいます。そこで、政府が目を付けたのが、現役世代の労働所得ではなく、すべての世代が行う消費なのです。消費をタックスベース（課税対象）にすれば、労働所得よりもタックスベースが大きくなります。そのため、労働所得税よりは消費税の方が現役世代の負担が小さくて済みます。消費税が、すべての世代で負担を薄く広く分かち合う税制と、政府が宣伝する理由です。ただし、後でも述べますが、これは見せかけのマジックで、勤労期の負担が減るにしても、労働所得税であれば負担することのなかった引退後も、消費税負担をしなければならなくなるので、生涯を通してみれば税負担が減るわけではありません。消費税への転換は、現役世代の負担を軽減するというよりは、現在の高齢世代への増税を狙ったものと言えます。

このように考えれば、**全世代型社会保障のように誰もが受益者となる制度のものとでは、消費税のように誰もが負担者となる税制が望ましいことになります。**

ただし、安倍首相は、社会保障財源としてのさらなる消費増税について、２０１９年7月に「今後10年くらいは上げる必要がないと思う」と発言されていますので、同会議では消費税を引き上げずに、財源をひねり出さなければなりません。そんなことは可能なのでしょうか。

◇世代会計とは何か?

これまで見てきた社会保障の受益負担構造は、あくまでもある特定時点におけるものに過ぎません。したがって、表1からは、社会保障の真のコストをどの世代がより多く負担しているのかは特定できません。なぜなら、今は若者でも将来高齢者になるのですから、現在負担を負っているとしても、高齢者になって給付を受け取ることで、現役時代の負担が帳消しになれば問題はないからです。

逆に言えば、政府とのお金のやり取りの収支バランスを生涯で通して見ても、ある年に生まれた国民Aに関しては生涯で見ると給付が超過(得)し、また別の年に生まれた国民Bに関しては逆に生涯で通してみると負担超過(損)となっているのなら、問題にされるべきなのです。なぜなら、公権力の発動の結果として、生まれた年が違うというだけで国民の間で政府との生涯収支バランスが著しく異なってしまうのは、公正とは言えないからです。つまり、政府が、ある年齢の国民の損で、別の年齢の国民に得をさせているのですから、国民を生まれ年に基づき差別的に扱っているのと同じであり、正義に適っていないことになるのです。こうした差別は、合理的に許容される範囲内での違いを除いて、日本国憲法第十四条が保障する法の下の平等に違反しています。

そこで、財政や社会保障など政府と家計の経済的なやり取り全体について、毎年の財政収支や資産・負債状況だけを見るのではなく、世代ごとに生涯を通じて評価するべきだという発想が出てきます。これが、世代会計の基本的な理念と言えます。

世代会計は、アメリカの経済学者アワーバック、ゴーケール、コトリコフの3人が、Tax Policy and the Economy という学術専門誌で、いまから約30年前に提唱し、登場したものです。いまでは、財政や社会保障を研究する世界中の経済学者に用いられています。

世代会計は、政府と国民との行政サービスとおカネの取引に関して、どの世代が得をしどの世代が損をするのかを、一定のルールに則して金銭的に「見える化」してしまいますから、財政や社会保障をめぐるさまざまな「不都合な真実」を白日の下に暴き出してしまいます。そのため、日本では特に、社会保障を「世代間の連帯」と称賛する厚生労働省の役人やその支持者たちからは、とても不人気で、多くの場合は無視されます。

◇世代会計の仕組み

世代会計の仕組みは、実はとてもシンプルですが、どうしても説明は専門的にならざるを得ません。多くの場合、難解な数式が羅列され、見る者の頭を悩ませます。

しかし、ここでは、その概略を、第一章で見た年金のバランスシートと同様、バランスシートの概念を使いつつ、主に言葉と簡単な式を用いて説明しますので、世代会計の専門書を見て数学が苦手で挫折した経験があるという方も、是非、お付き合い下さい。

　繰り返しになりますが、バランスシートは、貸借対照表とも呼ばれ、民間企業の経営内容を開示する資料の一つです。企業のある時点における財務状況を「資産」「負債」「資本」の3つから明らかにするものです。バランスシートの左側には資産項目、右側には負債項目と資本項目があります。企業が保有する財産的にプラスの価値のあるものを「資産」、返済の義務のあるものを「負債」と呼び、返済の必要のない負債を資本と呼びます。資産から負債を引いたものを「純資産」と言います。なお、純資産とは、自分の企業を清算する際に、資産をすべて換金したうえで債務を返済するならば、手元にいくらお金が残るのかを表しています。ただし、左側の資産が必ずしも常に右側の負債を上回るとは限りません。逆に、負債が資産を上回ることもあり得ます。負債が資産を上回ることを「債務超過」といいます。債務超過になった瞬間に即倒産となるわけでもありません。債務超過を圧縮してゼロにすればよいわけです。

　さて、政府のバランスシートに話を戻しましょう。

　バランスシートの左側にある「資産」は、現在から将来に向かって政府に入ってくるお金を示しています。政府に入ってくるお金とは、現在世代や将来世代が負担することになる税や社会保険料、それに政府が保有する資産です（図1）。

一方、バランスシートの右側にある「負債」は、逆に政府が支払う義務のあるお金を示しています。政府が支払う義務があるお金とは、国防や警察、教育、経済振興などの行政サービスや医療、年金、介護、生活保護などの社会保障給付、および政府が抱える債務です。

●図１：政府のバランスシート(1)

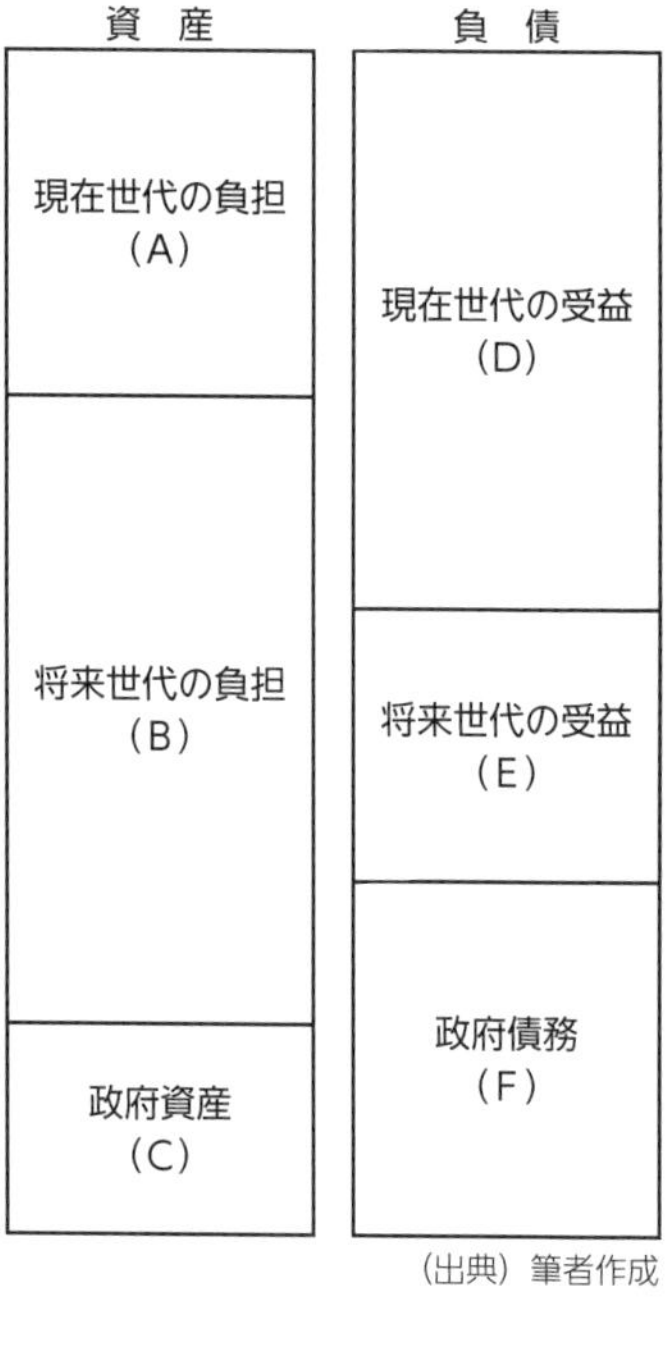

（出典）筆者作成

いま、社会保障給付や税・社会保障保険料負担を、現在世代に帰属する部分と、将来世代に帰属する部分とに分けられるとします。さらに、バランスシートの右側にある政府債務から左側にある政府資産を差し引いた政府純債務を債務の側に持っていくと、新しいバランスシートが得られます（図２）。

この新しいバランスシートに示された関係を等式で示すと、

現在世代の負担＋将来世代の負担＝現在世代の受益＋将来世代の受益＋政府純債務…(1)

と書くことができます。

さらに、この(1)式を、現在世代と将来世代の受益と負担に注目して、現在世代と将来世代がそれぞれ、一生涯を通じて政府に支払わなければならない負担総額から、同じく一生涯を通じて政府から受け取ることができる受益総額を差し引いた各世代の生涯純負担額の観点から書き換えると、

（現在世代の負担－現在世代の受益）＋（将来世代の負担－将来世代の受益）＝政府純債務…(2)

となります。

いま、世代毎に現在価値に換算した一生涯の負担総額から受益総額を引いて得られる数値を、生涯純税負担額もしくは世代勘定と呼びます。生涯純税負担額とは、ある世代に属する人が、今から死ぬまでの間に政府から受け取る金額と支払わなければならない金額との差額の平均的な値を表します。なお、生涯純税負担額が負の値を取る場合には、生涯の受益が生涯の負担を上回っているため、得をしてい

●図2：政府のバランスシート(2)

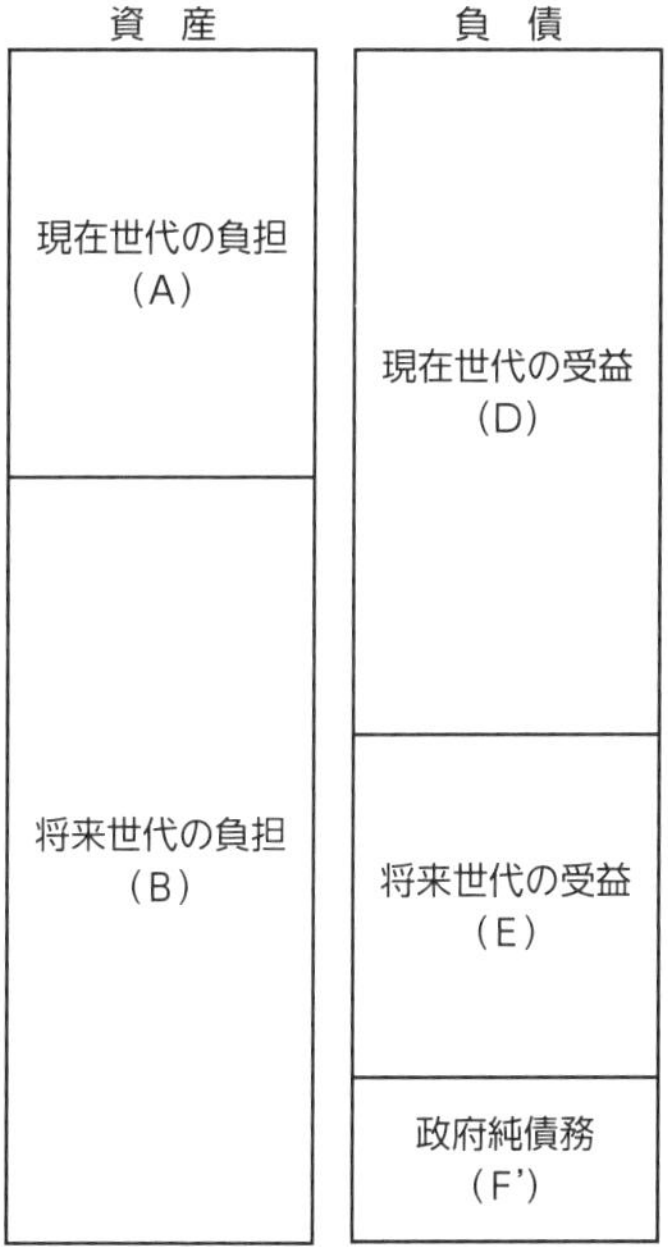

（出典）筆者作成

る、もしくは政府とのやり取りにおいて黒字であること、反対に、正の値を取る場合は、生涯の受益が生涯の負担を下回っているので、損をしている、もしくは赤字ということになります。

つまり、(2)式の左辺の第一項は現在世代の生涯純税負担額、第二項は将来世代の生涯純税負担額です。

したがって、(2)式を言い換えると、

現在世代の生涯純税負担額＋将来世代の生涯純税負担額＝現政府純債務額　…(3)

となります。この(3)式は「世代会計の基本式」と呼ばれています。

この式は、政府純債務額は、現時点で生きている現在世代が支払う生涯純税負担額と将来生まれてくる将来世代が支払わなければならない生涯純税負担額によってすべて賄われなければならないということを意味しています[21]。逆に、この等式が満たされない場合、政府財政は破綻します[22]。

21……現在世代の生涯純税負担額がマイナスの場合には、将来世代の生涯純税負担額は、政府純債務にその金額が上乗せされますので重くなります。一方、現在世代の生涯純税負担額がプラスの場合には、将来世代の生涯純税負担額は、政府純債務からその金額が控除されますので軽くなります。

22……なお、世代会計では政府のバランスシートがバランスするように、将来世代の負担を調整するように計算されます。例えば、将来世代の負担を除いて政府のバランスシートを計算したときに、超過債務があればそれと同額の追加的な負担を将来世代に負わせることで、バランスシートがバランスするようにしているのです。

◇誰もゼロサムゲームから逃れられない

このように、世代会計は、現実の政府の経済活動から派生する現在世代と将来世代の間にはゼロサムゲーム的な状況―ある世代が得をすれば必ず他の世代が損をする―があることを教えてくれます。単純に言い換えると、政府の債務を支払うのは、われわれなのか、子供たちなのか、孫たちなのか、ということになるのです。なぜなら、(3)式に着目すれば、右辺の政府純債務は、今現在、政府が保有している資産と政府が抱えている債務との差であり、すでに固まっている金額です。(3)式全体に目を戻すと、右辺の金額は固定されているのですから、左辺の数値も固定されます。したがって、左辺の現在世代の純負担と将来世代の純負担の合計金額は、どんなことがあっても変わりません。しかし、現在世代の純負担額と将来世代の純負担額は、一方が減れば一方が増えるという関係にあり、現在世代と将来世代の経済的な利害はどうしても対立してしまいます。言ってみれば、**世代間で有限資源を取り合う世代間闘争的な状況にあるのです。**

例えば、現行制度は将来世代にとって不利になっているから、それを改める改革を進めようとしても、それを実現するためには、現在世代にちょうどその分だけしわ寄せをする、つまり、現在世代の純負担をそれだけ高めることがどうしても必要になるわけです。

この点をもう少し突き詰めて考えてみます。いま、将来世代の負担を軽減するという政策目標が掲げられたとしましょう。このとき、(3)式の左辺に注目すると、現在世代の負担を重くして世代勘定を大きくするほかありません。しかし、現在世代と一口に言っても、現役世代も高齢世代も一緒くたにされているわけですから、一枚岩ではありません。政策決定は国会を通して行われるわけですから、数こそがパワーです。高齢者のほうが現役世代よりも人数が多い場合には、この政治的資源をフル活用して、現役世代に負担をすべて押し付けるかもしれません。いえ、現役世代も一枚岩ではありません。現役世代といっても、選挙権を持っている世代もあれば、持っていない世代もあります。選挙権がなければ政治的なパワーは皆無です。単純に票の数を競い合うだけでは、選挙権を持っていない世代が割を食うでしょう。

このように、**世代会計から導かれるのは、すべての世代の経済的な便益（得）を同時に高めるような制度改革はあり得ないし、改革の御旗のもと一致団結もできない、という冷徹な命題なのです。**しかも、すでに指摘しましたように、この命題は方程式ではなく恒等式的な状況を示したものですから、**わたしたちはそこから逃れることは一切できません。**

◇世代会計の求め方

バランスシートでは、各項目のマクロの数字は分かります。しかし、この数字が、誰にどのように配分されるのかということについての情報はもたらしません。ですから、実際に世代ごとの損得勘定を見るには、マクロの数値を各世代に割り振ることで、世代別の生涯純税負担額の大きさを求める必要があります。

それでは、具体的には、どのようにして世代勘定（世代別の損得勘定）を求めることができるのでしょうか。

実は、現時点における政府の支出・収入構造が今後も維持され、さらに現時点で決定されているすべての新しい政策や政策の変更が確実に実施に移されるものと前提すると、経済成長率や利子率などに一定の仮定を置けば、その政策を推進するために、今後どれだけのお金が必要になり､どれだけの便益が生まれるのか､具体的に計算することができます。

まず、政府純債務は、内閣府国民経済計算部『国民経済計算年報』に記載されている数値を使います。政府消費の現在価値は、日本の政府は将来の推計値についての公表を行ってはいませんから、一定の仮定を置くことで求めるしか方法はありません。

つまり、政府消費の今後の動向に関しては、教育支出、公共工事、防衛費その他の支出動向を、経済状況、人口動向などを勘案して予測する必要がありますが、一般的には単純に生産性と同じ伸び率を示すものと想定しています。

次に、現在世代の純負担の現在価値(現在世代の損得勘定)は、やはり『国民経済計算年報』などから手に入る推計時点年の移転給付額・税収額の総額と一致するように各受益・負担項目を年齢別に分解しますと、ある年の平均的な純税負担額の年齢別プロファイル(典型例)が手に入りますので、現在世代の各年齢階層の人口を掛け合わせれば一丁上がりです。

このとき、将来の給付額や税負担額については、経済成長や高齢化などの結果、増加することをあらかじめ見込んでおきます(世代会計では、将来の政策変更についても、現時点で予定されているものはあらかじめ入れ込んでおき、経済成長などについても適切な数値を設定して未来の政府規模の実像に迫るわけです)。

このようにすれば、(3)式から、将来世代の生涯純税負担額を(4)式のように、残差として求めることができます。

将来世代の生涯純税負担額＝政府純債務額－現在世代の生涯純税負担額…(4)

ただし、これだけでは将来世代の負担総額がわかるだけで、将来の各世代の個別の負担額までは求められません。それを求めるには、将来世代の負担総額を将来続々と誕生してくる各世代に割り振るための、なんらかの基準が必要になります。

そこで、世代会計の創始者のコトリコフたちは、将来の各世代の純負担が生産性と同じ割合で増加するように割り当てられるとしました。すると、総額が分かっていますので、あとは将来世代の人口規模が分かれば、将来の各世代の世代勘定、つまり将来世代一人当たりの純税負担額の現在価値が求まるのです。この説明でわかるように、将来の人口動態、それを左右する世代別の人口の大きさは世代会計でも重要な要素になります[23]。

23……例えば、少子化が進んでその世代の人口が上の世代よりも少なくなれば、その世代の平均的な構成メンバー一人当たりの負担額は大きくなってしまいます。

◇財政的幼児虐待の実態

最新のデータを用いて、世代会計の手法を使って、2018年現在の世代別の生涯純税負担額の違い、つまり世代間格差を試算した結果が表2です。

まず、75歳以上は生涯受益額が生涯負担額を上回る純受益世代です。政府に支払った金額よりも、政府から受け取る金額が多いのです。70歳より若い世代は生涯負担額が生涯受益額を上回る純負担世代です。つまり、政府に支払う金額のほうが、政府から受け取る金額よりも多いのです。

次に、高齢世代ほど、純負担額が小さく、年齢が若くなるほど純負担額が大きくなっています。これは、日本の社会保障制度では、公的年金の受給開始や医療等給付等の社会保障関係による受益が加齢とともに増加する一方、租税や社会保障負担は賃金所得の増加とともに重くなる累進構造を持っていることによります。

例えば、30歳世代とその祖父母に相当する80歳世代との生涯純負担額を比較すると、30歳世代は5千万円以上、祖父母世代よりも損をしていることになります。

そして、最も純負担額が大きい0歳（２０１８年生まれ）と最も純受益額が大きい90歳（１９２８年生まれ）の間では８千３百万円強もの格差が発生しています。**生まれた瞬間に８千万円以上の世代**

●表２：世代会計の試算結果

2018年の年齢（歳）	生涯純税負担額（万円）	生涯負担額（万円）	生涯受益額（万円）	生涯純税負担率（%）
0	32,343	69,882	37,538	27.3
5	33,283	74,342	41,058	26.2
10	35,939	80,353	44,414	26.4
15	35,671	84,293	48,622	24.6
20	38,098	89,915	51,817	24.8
25	38,162	96,492	58,330	24.3
30	36,373	99,990	63,617	21.7
35	36,845	103,841	66,996	21.3
40	38,162	108,892	70,730	20.3
45	40,585	118,552	77,967	20.6
50	39,221	128,598	89,377	18.3
55	36,654	137,109	100,456	15.8
60	34,303	140,137	105,834	13.9
65	22,303	138,929	116,626	8.7
70	11,425	143,083	131,658	4.4
75	-1,442	139,382	140,825	-0.6
80	-17,531	137,246	154,777	-7.1
85	-32,788	131,245	164,033	-14.2
90	-51,041	121,524	172,565	-26.1
将来世代	91,583	−	−	78.4

（出典）筆者試算

間格差を、有無を言わさず負わされているのですから、まさに、世代会計の生みの親であるコトリコフ教授が指摘する財政的幼児虐待に他なりません。

◇生涯純税負担率

ただし、わが国には所得税においては累進構造が存在し、消費税負担も結局は生涯所得水準に比例するように、所得が高いほど税や社会保障負担が大きくなる傾向があります。したがって、世代勘定を金額で評価する場合には、どうしても所得が高い世代ほど負担額が大きくなってしまいます。しかし、このような差異は「より担税力の大きい者ほどより大きな税負担をなすべき」とする垂直的公平性の観点からは当然であり、問題ではありません。むしろ**重要なのは、生涯所得水準と生涯純税負担額との比率である生涯純税負担率、あるいは世代別の生涯平均純税率なのです。**つまり、世代別の生涯純税負担率を評価することで、経済成長率や利子率等のマクロ経済環境の世代毎の違いによる世代勘定への影響を除去できますから、個人と政府の間のお金のやり取りの規模が、世代間でどの程度同じでありまたどの程度異なるのかについて、垂直的公平性や水平的公平性の観点から評価できます。

そこで、生涯純税負担率を試算してみると、生涯純税負担額で見たのと同様、若くなるほど生涯純税負担率が高くなっています。しかも、生涯所得が低い世代で純負担が重くなっていますから、現在の人口・マクロ経済環境が今後も続くと仮定した上で現行の財政・社会保障の受益負担構造が維持されるとするならば、世代間の垂直的公平性は確保されません。

◇シックスポケット幻想

シックスポケットという言葉を聞いたことはあるでしょうか。現在の日本で、少子化が進行したことにより、お祝い事などに際して、子供（孫）一人にかけるお金の出どころが、その子供の両親（2人）、両親の祖父母（2×2＝4人）の合計6人の財布（ポケット）があるという比喩です。しかも、最近の非婚化・晩婚化を反映して、金銭的に余裕のある、おじやおばも増加したため、ポケットは10ある（テンポケット）とも言われています。しかし、**世代会計の結果をみれば、実は、祖父母から孫へのプレゼントのお代は、実は祖父母が孫のクレジットカードを勝手に使ったようなものだったことが分かります。**もちろん、祖父母が、悪意をもって意図的に孫たちを財政的多重債務者にしているわけではないでしょう。このからくりは、高度成長期の真っただ中の、高齢者が少ない時代に設計された財政・社会保障の仕組みを、高齢者が増えた現在でも変えることなく維持しているから起きるのです。ですから、**現在生きている世代の中ではもっとも後から生まれてきた**

0歳世代に、虐待並みの負担を残してしまうのです。

◇潜在的純債務額は１４１２兆円！

世代会計では、わたしたちに給付を約束した年金、医療保険、介護保険などの移転給付や財政赤字などの総額を潜在的債務と呼びます。一方、これから支払う消費税や社会保険料、所得税などの総負担額を潜在的税負担額と呼びます。そして、潜在的債務額から潜在的な税負担額を控除したものを潜在的純債務額と呼びます。潜在的純債務額は、政府が、現在の世代に給付を約束しているにもかかわらず、その財源が現時点では確保できていない部分を指します。この財源が未手当ての債務は、そのまま放置されれば、財政は破綻することになります（バランスシートを思い出してください）。そこで、世代会計では、政府財政が破綻しないで済むように潜在的純債務額を将来世代に負わせることにしたのです。

世代会計によれば、潜在的純債務額は１４１２兆円と試算されました。わたしたちは、潜在的純債務額に現在から将来に至るまでの非移転支出総額[24]及び現時点での政府債務残高を加えた１４１２兆円という天文学的な大きさの債務を、まだ生まれてきてもおらず、政策の決定に一切関与できない世代に、先送りしているわけです。将来世代一人当たりに換算すると、９１５８万円。現在、日本の正社員の平均時給は１千８百円ほどです。この時給をもとに計算すれば、将来世代はわたしたちが作った借金を返済するために、実に4900時間超もタダ働きを強いられる計算になります。奴隷のような境遇とも言えます。

しかし、潜在的純債務がいくら大きくても、それは政府財政の「持続可能性」という面から見て直ちに問題になるわけではありません。潜在的純債務が巨額であるとしても、その裏側でそれを十分穴埋めできるだけの財源が将来にかけて確保されていれば、バランスシートは均衡し、制度は維持できるからです。

しかし、バランスシートの帳尻が合って、政府財政の持続可能性が確保されたと言っても、それは形だけの話であって、あまりに潜在的純債務が大きくなると、あるいは時間が経つとともに膨らみ続けていくと問題が出てきます。なぜなら、潜在的純債務に釣り合うべきなのは、将来の税・社会保険料負担－移転支出－非移転支出－政府純債務だからです。これは要するに、これから将来に向けて、政府から受け取る以上に、税金や社会保険料を納める必要があることを意味します。だから、いくら「潜在的純債務が存在しても、財政破綻の兆候が見られない間は問題にするな」と言われても、いざ、財政破綻の危機が顕在化すれば、その埋め合わせのために大きな負担を強いられる世代にとっては、あまりうれしい話ではありません。

なお、このように言うと、「将来世代への負担の先送りと言っても、国債が安定的に発行され続ける限り、潜在的純債務は次の世代に順繰りに受け継がせ、無限の将来に向かって転がすことができるので、問題はない」という反論が寄せられます。この反論は、低成長の少子化の下では意味を持ちません。なぜなら、低成長、少子化のもと、潜在的純債務が野放図に膨らんでいけば、後から生まれる世代になるほど負担が増し、いずれ背負いきれなくなってしまうからです。したがって、**低成長、少子化の下では、少なくともその潜在的純債務額を割引現在価値で見て、膨らまないようにする必要があります。これからの各時点において給付と負担を均衡させ、新たに赤字を生まない仕組みが必要なのです。**

これは、国や地方の財政運営において、公債の利払い費や償還費の分を差し引いた財政収支、すなわち、基礎的財政収支（プライマリーバランス）を均衡化させるという方針と基本的に同じなのです。

24……難しい表現ですが、例えば国防費や警察、経済振興費などの社会保障以外の政府の支出のことです。

コラム１　弱まる世代内扶養—所得階層別世代会計による試算—

第二章では、各世代の平均的な個人に関して、世代間格差がどの程度に及ぶのかについて、世代会計の手法を応用した生涯純税負担率を推計することで見てきました。

ところで、日本では、税負担が所得累進的な構造となっており、また社会保障負担も所得税と同様所得累進的な構造となっているものの、上限が設けられています。そのため、所得の再分配機能が働き、所得の高い階層に属する人々が相対的に高い純負担を負っていると考えられます。一方、１９８９年４月の消費税創設以降、累次にわたって、消費税率の引き上げと所得累進税率上限の引き下げ及びフラット化を進めたことで、日本の税制が持っていた所得累進的な機能が低下した可能性も考えられます。

そこで、政府を通じた受益と負担が、世代間のみならず、世代内の所得階層の違いによってどの程度異なるのかを、世代会計の手法を用いて、所得階層別のコーホートに分けた生涯純負担率を推計することで明らかにしてみたいと思います。

現在世代について見たものがコラム１図１です。

同図によりますと、戦争によって、人的資本及び物的・金融的資産を十分に蓄積できなかった戦前・戦中世代（75歳世代まで）を例外として、戦後生まれで高度成長の恩恵を十分に享受している団塊の世代（70歳世代）以降の世代について所得階層間で世代間比較をしてみると、第１分位から第４分位までは概ね若い世代ほど純負担が増していることが分かります。一方、第５分位は60歳世代をピークに低下しています。次に、世代内で比較してみますと、高齢世代の高所得階層ほど生涯純税負担率が大きい、つまり世代内格差が大きく、世代が若くなるほど高所得階層と低所得階層の間の生涯純税負担率の差が小さい、つまり、世代内格差が縮小しているのが分かります。

　こうした世代間及び所得階層間での所得再分配は、貧困や老後の様々なリスクに対処するための社会扶助や公的年金や医療制度を根幹とする世代間及び世代内扶助機能を反映しているものと考え

●コラム１図１：所得階層別世代別生涯純負担率

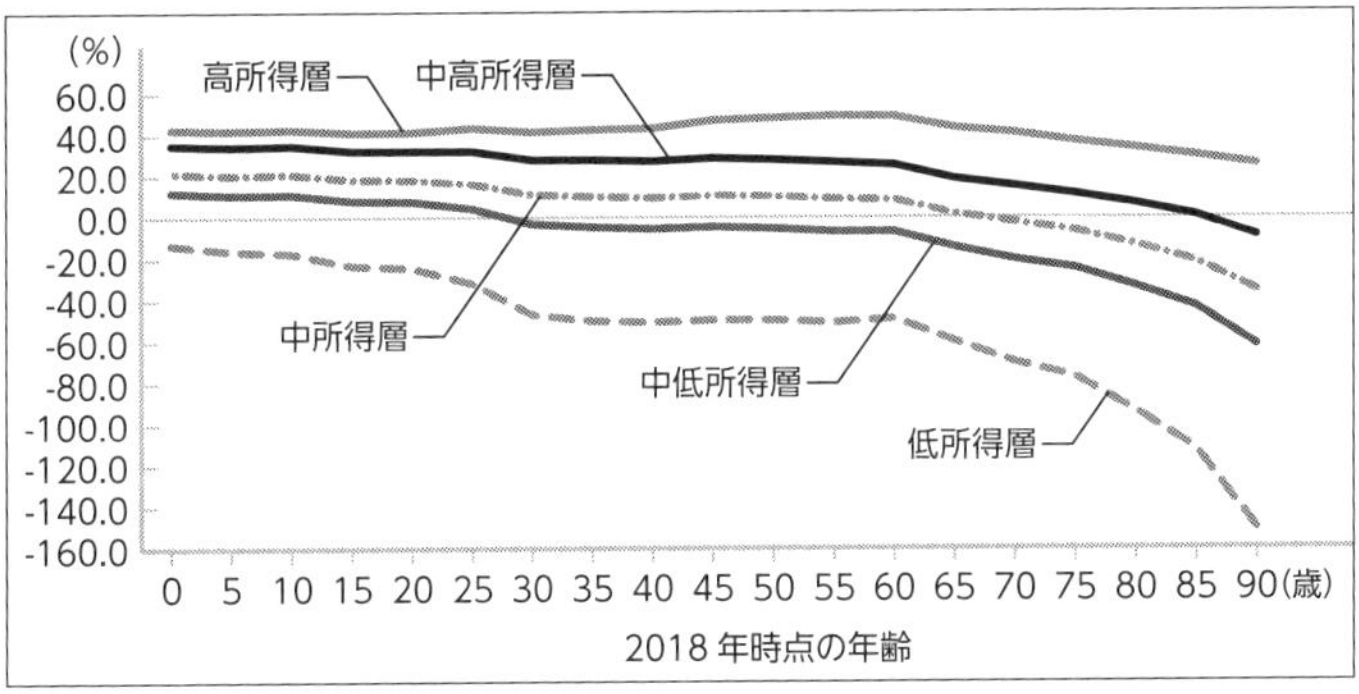

（出典）筆者試算

られます。つまり、低所得層や高齢世代において受益が負担を超過することは、現行制度を反映した当然の結果であって、所得階層別、世代別の世代内・世代間の所得再分配機能の大きさを示しているのです。

さらに、コラム1図2により、各所得階層毎に70歳世代を基準に純負担の増加を見ると、各所得階層ともにより若い世代になるほど純負担が増していています。しかし、第5分位では40歳世代以降ほぼ横ばいで推移していています。また、より低い所得階層ほど生涯所得で見た純負担額の比率の増加幅が大きく、特に、0歳世代では、第1分位と第5分位を比較すると、第1分位が60ポイント弱、第5分位が2ポイント程度と第1分位の増加幅が圧倒的に大きく、世代内の格差は縮小していることが分かります。

●コラム1図2：所得階層別世代別生涯純負担率（団塊の世代を基準として）

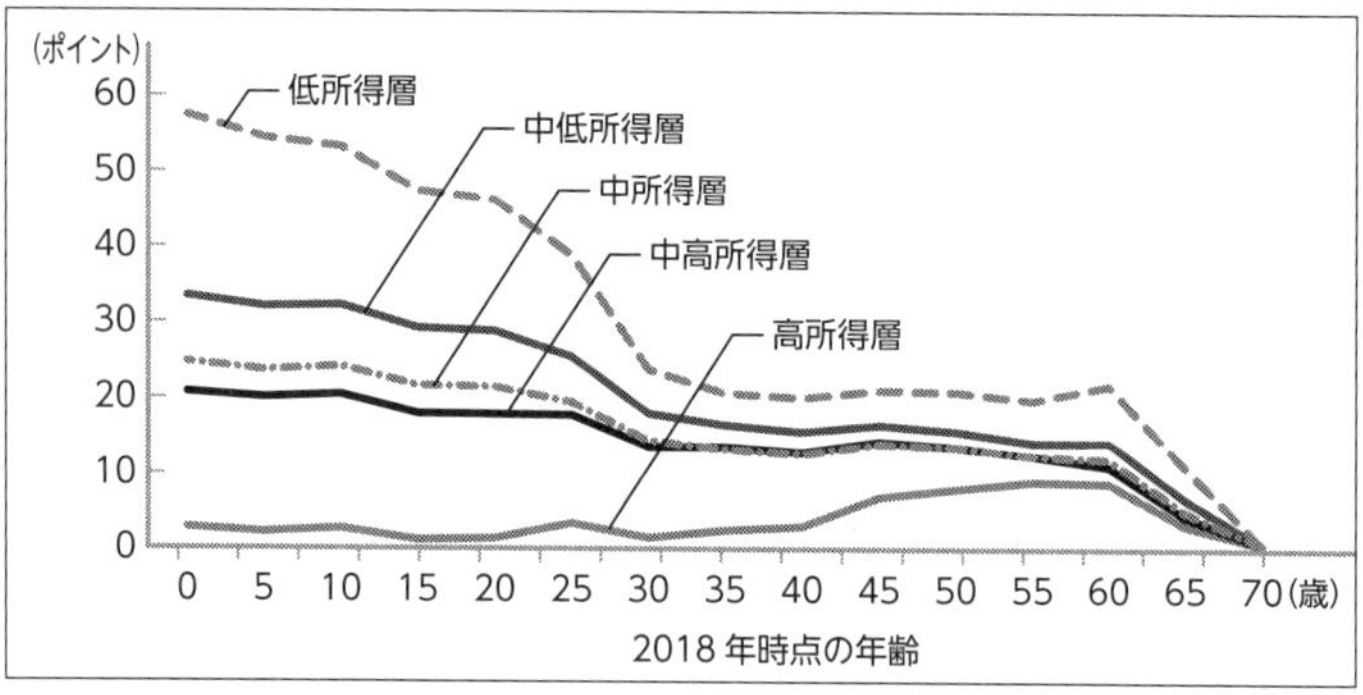

（出典）筆者試算

そこで、この原因を受益と負担に分解してみます。まず、コラム１図３により受益面を見ますと、70歳世代では、第１分位１２５・６％、第５分位25・８％と、受益率の差は１００ポイント程度あるのに対して、０歳世代ではそれぞれ74・８％、16・０％と60ポイント弱程度の差にまで低下していることが分かります。次に、コラム１図４で、負担面を見ますと、70歳世代では、第１分位55・６％、第５分位66・８％と、負担率は第５分位の方が11ポイント弱大きいに対して、０歳世代ではそれぞれ61・６％、58・４％と第１分位が第５分位を３ポイント程度逆転して上回っていることが分かります。これは所得税における累進税率の引き下げや、消費税への移行などによる負担面での累進機能の低下、近年の社会保険料率の上昇が低所得層の負担率を押し上げていることを反映しているものと

●コラム１図３：所得階層別世代別生涯受益率

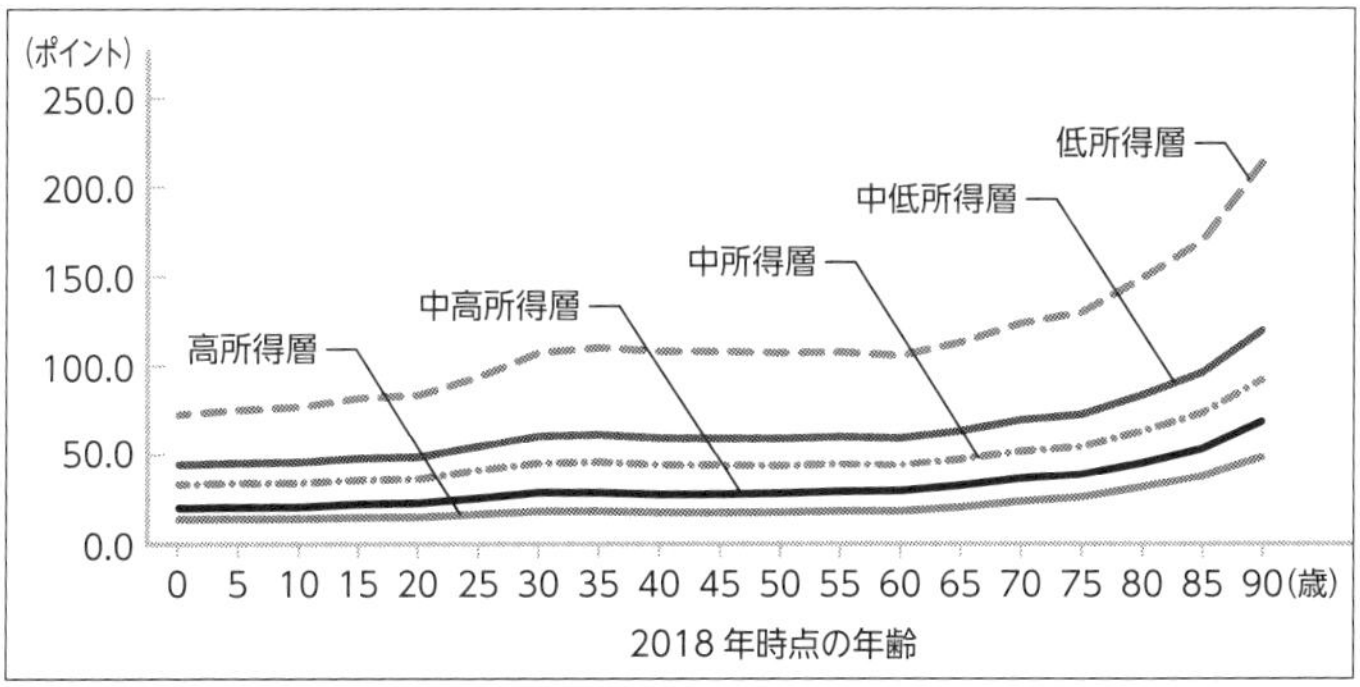

（出典）筆者試算

思われます。また、第3分位がどの世代で見てもほぼ一貫して一番低い負担率を示していることから、中間層の負担率が低いことも指摘できます。

つまり、現在の高齢世代ほど、より年上の世代のための負担をしつつ自分と同世代の低所得層を扶養していたのに対して、より最近の世代の高所得層ほど世代内扶養に資源を割いていない、要するに、**最近になるほど、世代内の所得再分配機能が低下している可能性を指摘できます。**

ところで、若い世代ほど生涯純税負担率が大きいという現在の世代間格差は、所得階層別に分解してみると、世代が若くなるほど所得階層別の生涯純税負担率の差が小さくなるという意味での世代内格差が縮小する中で、世代間格差が拡大していると解釈し直すことができます。つまり、各世代の平均的な個人の生涯純税負担率で見た世代間

●コラム1図4：所得階層別世代別生涯負担率

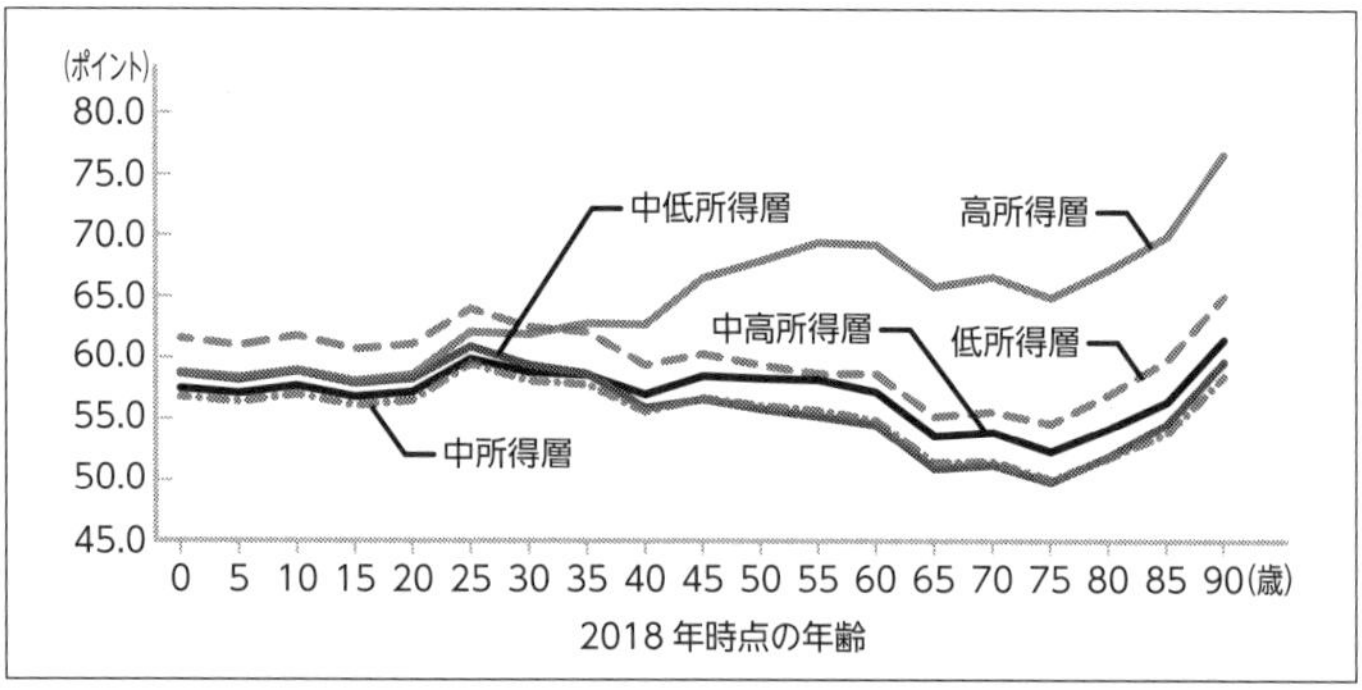

（出典）筆者試算

格差の拡大は、各世代の中で低い所得階層への再分配が薄くなり、同一世代で平均を取ってみるとその世代の生涯純税負担率が上昇したことに原因があると考えられるのです。

　この点を確かめるために、低所得階層の0歳から25歳世代までの生涯負担額と生涯受益額を30歳世代のそれに置き換えて、各世代の生涯純税負担率の平均値を取ってみると、2ポイント弱（25歳世代）から6ポイント（0歳世代）、当該世代の生涯純税負担率は低下し、その結果、世代間格差が小さくなることが分かります。

　この仮想実験からは、**世代間格差是正のためには、世代間にだけ着目するのではなく、世代内扶養についても留意する必要があることを指摘できます。**

●コラム１図５：低所得層への再分配を厚くした場合の世代間格差の推計

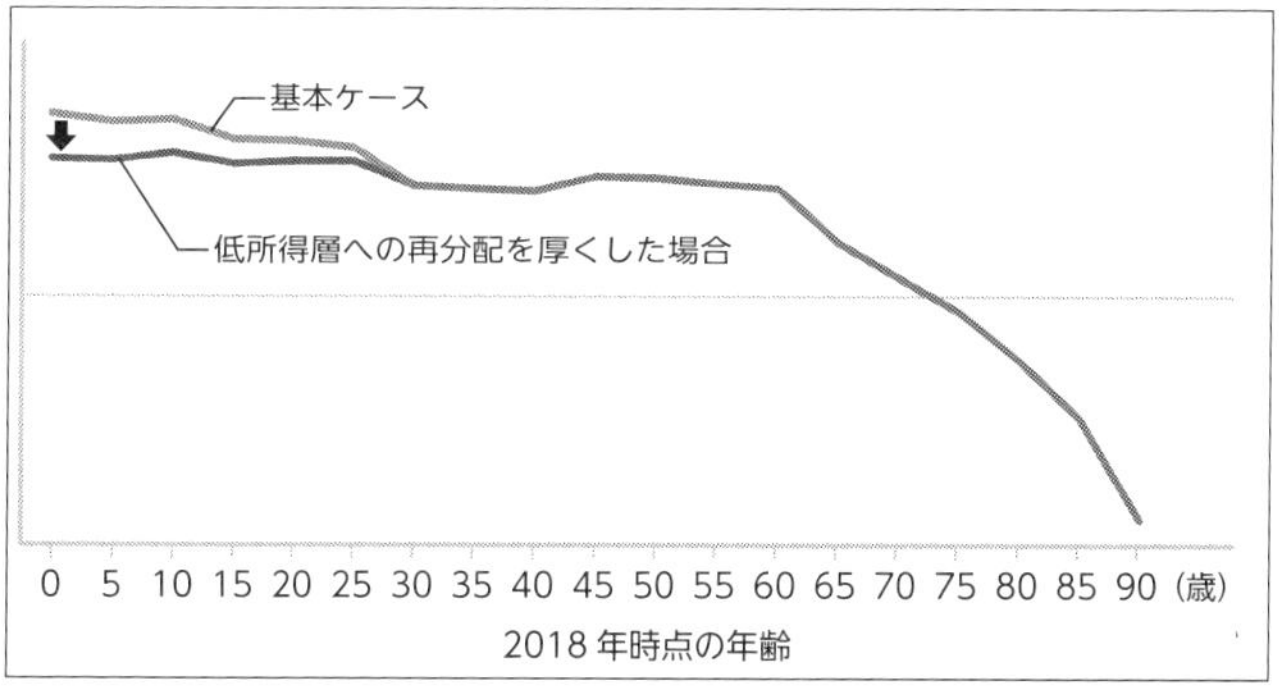

（出典）筆者試算

第二章

若者の損の原因を探る

第三章のまとめ

▼社会保障の役割が増大する中で
人口・経済が右肩上がりの時代に作られた
日本の社会保障制度は
現在、危機を迎えている

▼政府財政と社会保障は一蓮托生
どちらかが行き詰まれば、もう一方も行き詰まる

▼政府財政は無法状態にあり、借金漬け

▼社会保障の充実が
少子化を加速する皮肉な事態が生じている

右肩上がりの時代

　国民皆保険と国民皆年金は、１９５５年に始まった高度成長期のさなかの１９６１年に実現されました。同じ頃、日本の人口も、終戦直後の勢いはなくなりましたが、順調に増えていました。まさに、時代はイケイケどんどん。人口も所得も、右肩上がりの時代だったのです。あるいは、そういう時代だったからこそ、壮大な世代間所得再分配の仕組みである公的年金制度の整備が滞りなく実施できた面もあります。

　以下では、国民皆年金が実現した当時の日本の状況をおさらいしておきましょう。それによって、当時の状況と現在がいかに違うのかがよく理解できると思います。

　第一回国勢調査が実施された１９２０年には、日本に人口は５５９６万人でした。その後も、人口は増え、第２次世界大戦後の１９４５年には７２１５万人

●図１：日本の総人口の推移

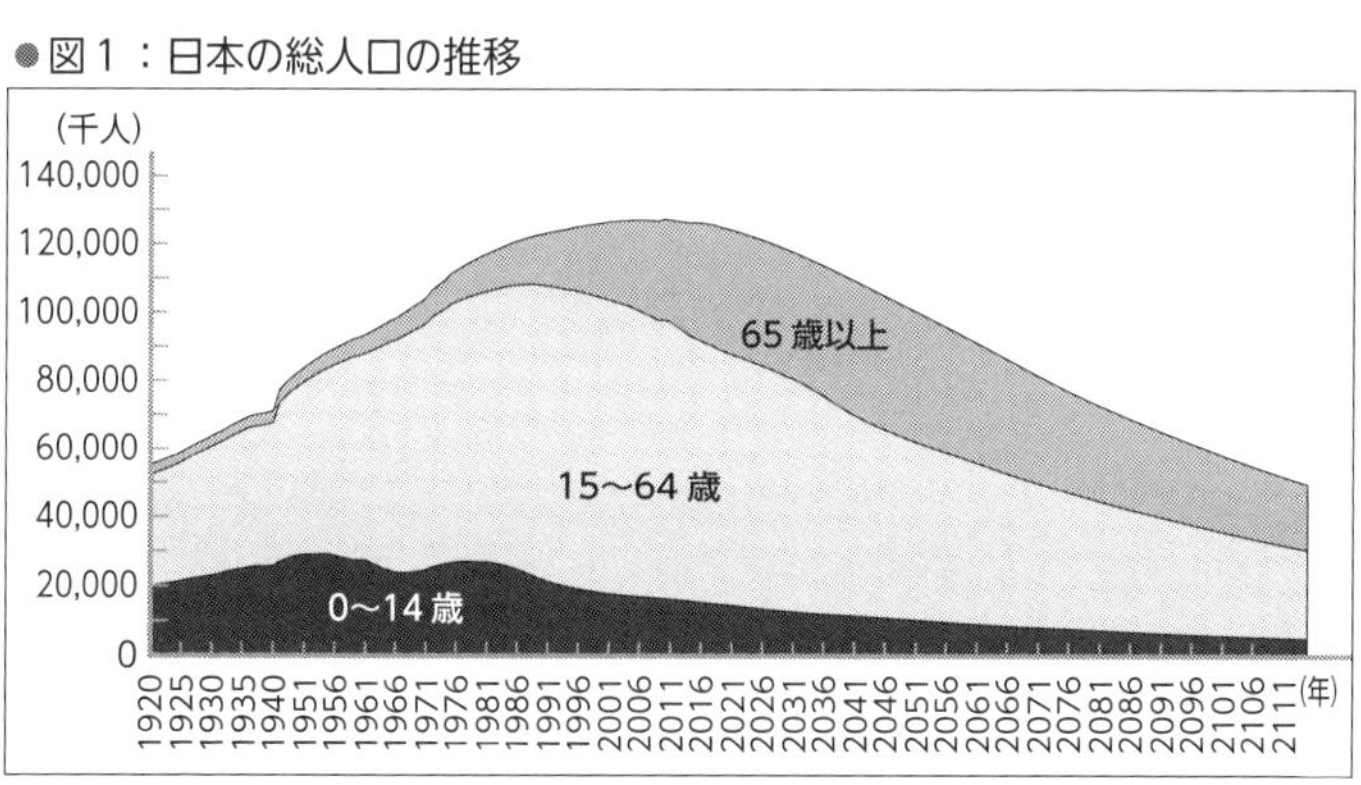

（出典）総務省統計局「国勢調査」「人口推計」、国立社会保障・人口問題研究所「日本の将来推計人口」により筆者作成

になっていました。敗戦にともなう、経済や社会の混乱のさなか、１９４７年から１９４９年にかけて第1次ベビーブームを迎えます。総人口は、１９４８年には、８０００万人を超えますが、たったその８年後の１９５６年には、９０００万人を超えました。１億人を超えたのは、日本の社会保障制度の骨格が固まって数年経った１９６７年です。全くの偶然ですが、明治元年から、ちょうど１００年後でした。まさに、**人口は、右肩上がりに増加の一途をたどっていたのです**[25]。また、第1次ベビーブーム世代が結婚、出産期を迎えた１９７１年から１９７４年には、第2次ベビーブームが到来したのです。その後も、人口は増え続け、１９８４年には1億2千万人を突破、２００５年には1億２７７７万人になりました。２０１０年には、1億２８０６万人と、国勢調査ベースでは最高となりましたが、実際には、**日本の総人口は２００８年12月の1億２８１０万人をピークにすでに減少に転じていました。日本は人口減少に転じたのです。**現時点では最新の２０１５年の国勢調査では、総人口は1億２７０９万人に減少しています。そして２０２０年1月1日現在では1億２６０２万人となっています。前の年からは、30万人の減少です。

しかし、人口減少はさらに加速していきます。厚生労働省の外部組織である国立社会保障・人口問題研究所は、最新の国勢調査が公表されるたび、将来の人口予測を行っています[26]。その「日本の将来推計人口」によりますと、日本の総人口は、２０２９年に

1億2000万人を下回った後も減少を続け、2053年には、9924万人とついには1億人を割り込む見込みです。1967年に1億人を上回ってから100年弱のことです。そして2065年には8808万人にまで減少すると予測されています。

25……いまとなっては信じられないことですが、高度成長が始まった当時の「厚生白書」では、急激な人口増により引き起こされる「過剰人口」に、どのように対応していくのか?を政策課題としてまじめに論じているのです。

26……国立社会保障・人口問題研究所「日本の将来推計人口」（2017年4月）。以下の数値は、出生中位・死亡中位推計結果です。将来推計人口は、将来の出生、死亡、平均寿命や国際人口移動などについて一定の仮定を設けて、日本の将来の人口規模や年齢構成等の人口構造の推移を推計したものです。

◇高齢者が高齢化する時代

日本は現在人口が減る中で高齢者が増えていますから、総人口に占める高齢者の割合である高齢化率が上昇しています。今後しばらく高齢化率は上昇を続け、高齢化率が安定化するのは、2050年代半ば以降からです。日本は、現役世代中心の社会から、高齢者中心の社会への移行期にあります（図2）。

1920年には、65歳以上の高齢者は、294万人、人口に占める割合は5・3％でした。その後、高齢者は増加し、1958年には500万人、1964年には600万人を突破しました。1985年には10人に1人が高齢者となり、2005年には5人に1人、そして2019年では、3589万人、28・4％となっています。さらに、「団塊の世代」が75歳以上となる2025年には3677万人に達すると見込まれています。その後も高齢者は増え続け、2042年に3935万人でピークを迎え、その後は減少に転じるものと推計されています。

高齢化率については、2036年に33・3％で3人に1人が高齢者となります。2042年以降、高齢者人口は減少に転じるのですが、総人口がそれ以上の勢いで減少するため、高齢化率は逆に上昇を続けます。そして、2067年には38・4％とピークに達します。実に、国民の約2・6人に1人が高齢者となる社会が到来するのです。ただ、日本の場合は、単に高齢化が進行するだけではありません。

最近の高齢者は、以前と比べて健康で活動的な方も増え、アクティブシニアなどと呼ばれることもあ

●図2：人口構造の推移

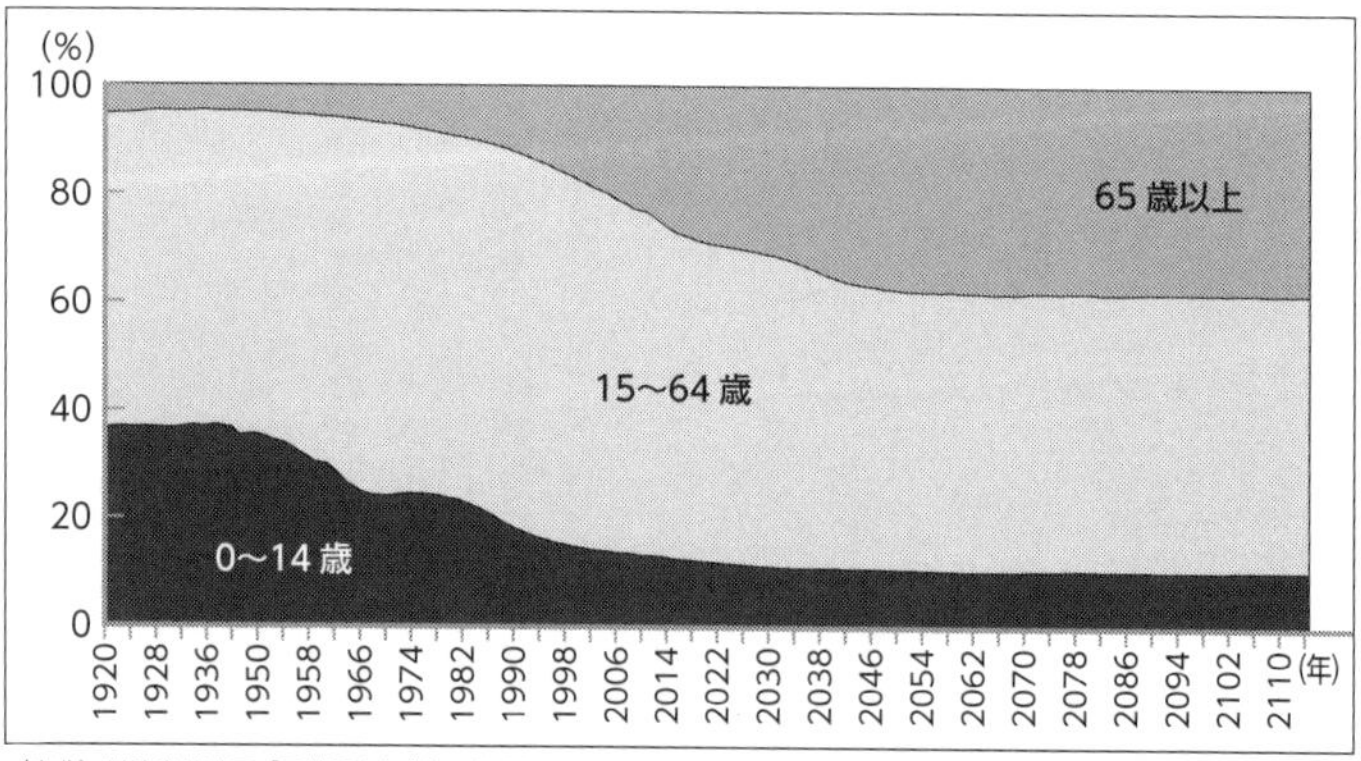

（出典）総務省統計局「国勢調査」「人口推計」、国立社会保障・人口問題研究所「日本の将来推計人口」により筆者作成

ります。そこで最近は、高齢者について、おおむね健康で活動的な65歳から74歳までの前期高齢者と、身体の衰えが著しくなり、医療や介護の対象となりやすくなる75歳以上の後期高齢者に区分することも多くなりました。

２０１９年には、前期高齢者１７３９万人、後期高齢者１８４９万人と、２０１８年から前期高齢者を後期高齢者が逆転しています。その後も、後期高齢者は増え続けていきます。総人口に占める75歳以上人口の割合は、２０１８年には14・２％ですが、２０６５年には25・５％となります。なんと、約３・９人に１人が75歳以上になるのです。**高齢者の中でも後期高齢者が増える「高齢者の高齢化」が今後の日本の高齢化問題なのです**[27]。

27……後期高齢者は、心身の機能の減衰が著しく進むため、医療費や介護費が前期高齢者に比べて高額になります。財務省資料によれば、一人当たり医療費では、前期高齢者55・３万円、後期高齢者91・０万円と1・6倍、一人当たり介護費では、前期高齢者5・0万円、後期高齢者48・0万円と9・6倍になります。したがって、高齢者の高齢化が進むと社会保障にかかるお金が増えてしまうのです。

◇世界的にも急速に進む日本の高齢化

ある社会の高齢化率が７％を超えてからその倍の14％に達するまでの所要年数を倍加年数と言います。日本の高齢化率が７％に達したのは１９７０年でした。その後、14％に達したのは１９９４年ですから、倍加年数は24年です。さらに、21％には２００７年に到達しました[28]。したがって、**高齢社会になってから超高齢社会になるまでには、たったの13年しかかかっていません。**

高齢化の進展スピードは加速しているのです。

欧米先進諸国を見てみると、1864年に高齢化社会に到達したフランスでは、高齢社会になるまでに115年、超高齢社会には2021年に達する見込みで、42年かかります。欧米先進国の中で高齢化の進展スピードが速いイタリアでは、高齢化社会になったのは、1927年です。そして、高齢社会になったのは1988年（倍加年数61年）、超高齢社会になったのは2012年です（同24年）。日本の高齢化が、世界的に見ても、いかに驚異的な速さで進んでいるのか、そしていかに高齢化が加速しているかが分かります。

28……学術的な定義があるわけではありませんが、ある国において総人口に占める高齢者（65歳以上）の割合が、7％を超えると高齢化社会、14％に達すると高齢社会、さらに21％を超えると超高齢社会とされています。

◇人口オーナス社会の到来

いかなる国においても、経済や社会の仕組みが変化しないまま人口構造が大きく変容すると、当然、社会や経済に深刻な影響を与えます。人口構造と社会・経済との相互関係を示す指標に、「人口ボーナス」・「人口オーナス」というものがあります。

ただ、「人口ボーナス」や「人口オーナス」には、実は、明確な定義はありません[29]。

一般的には、「人口ボーナス」とは、生産年齢人口（15歳から64歳までの人口）が、老年人口（65歳以上人口）と年少人口（15歳未満人口）の和よりも相対的に増える局面を指すことが多いですし、「人口オーナス」は、逆に、生産年齢人口が減少し、老年人口と年少人口の和が増加する局面を指すことが多いです。年少人口は今後社会や経済を支える側に回りますから、未来への投資と考えれば問題ではありません。狭義には、老年人口の増加が経済発展にとって重荷となった状態のことを「人口オーナス」と呼ぶこともあります[30]。

人口オーナス期には、経済・社会の主な担い手である現役世代が減少する中で、高齢者が増加しますから、医療、年金、介護等の社会保障負担が増加する一方で、労働供給の減少が経済成長の下押し圧力として働くことになります。経済が低迷すれば税収

●図３：人口ボーナス・オーナスと経済成長の関係

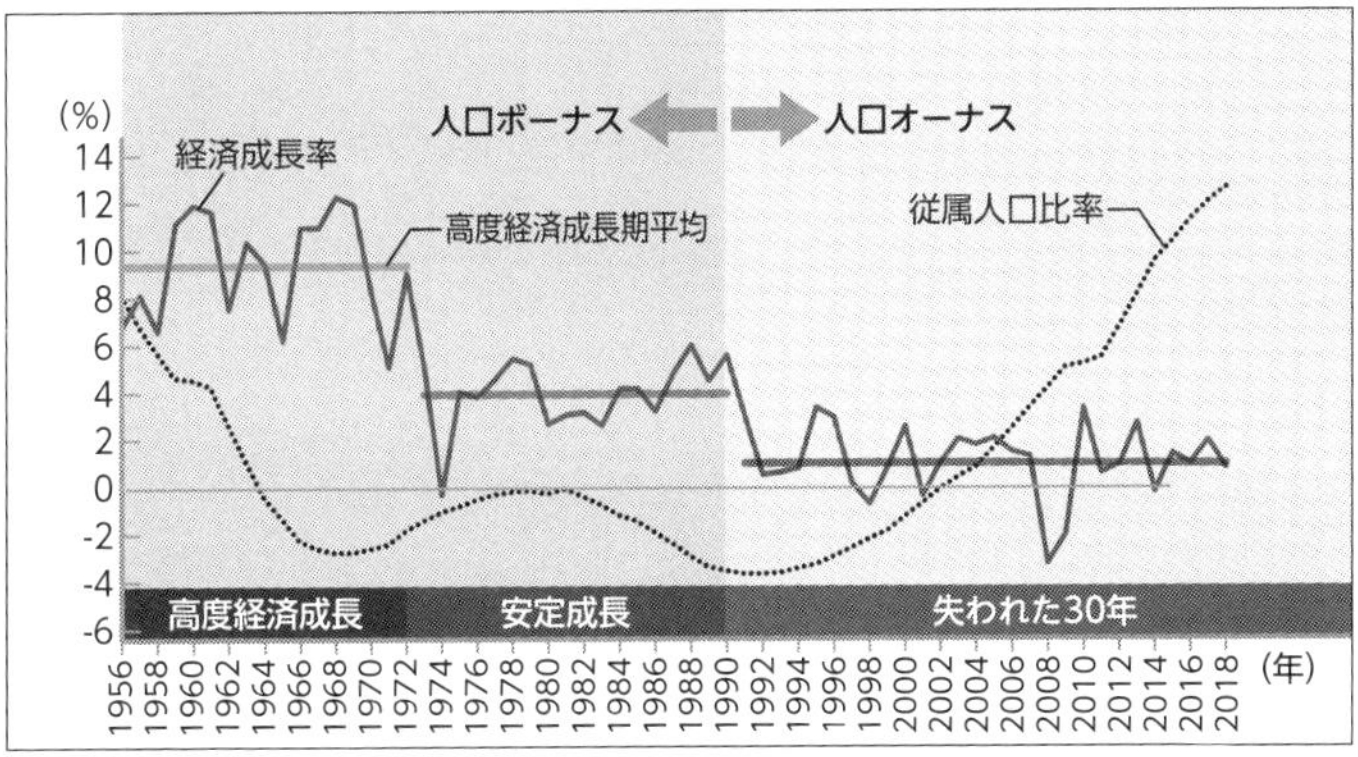

（出典）務省統計局「人口推計」、内閣府経済社会総合研究所「国民経済計算年報」より筆者作成

なども減りますから、政府が財政や社会保障を通じて、必要な人に必要なだけ援助をすることができなくなり、国民の生活基盤が切り崩されてしまいます。国民生活が安定しなければいっそう経済は低迷することになります。つまり、**人口構造は、供給面や需給面から直接的に経済に影響を与えるばかりでなく、財政や社会保障制度を介して、間接的にも経済に大きな影響を与えるのです。**このように、**人口と経済は、それぞれ独立に動くのではなく、お互いに影響しあっているのです。**

実際、図3からは、人口ボーナス期には高度成長が実現し、バブル崩壊から現在に至るいわゆる「失われた30年」の期間は人口オーナス期にあたることが分かります。

29……人口ボーナス・人口オーナスについては河野（2007）、小峰（2009）を参照してください。
30……オーナス（onus）とは、「重荷」「負担」を意味する英語です。

◇胴上げ型社会から肩車型社会へ

今度は、老年人口と生産年齢人口の比率を見てみましょう。これを老年従属人口比率と呼びます。1950年には1人の高齢者を12.1人の現役世代（生産年齢人口）で支えていました。胴上げ型社会です。その後、2007年には3人で1人を支える騎馬戦型社会になっていました。そして、2019年には、高齢者1人に対して現役世代が2.1人になり、騎馬戦もできなくなってしまっていました。しかし、これからも、老年従属人口比率は上昇していきます。2065年には、高齢者1人を1・3人の現役世代で支える肩車型社会の時代が到来します。経済面でも、医療や介護などの労働力の面でも、高齢者の負担は、ずっしりと重く、現役世代の双肩にのしかかることでしょう。

◇減り続ける子供

最後に、出生数の推移を見てみましょう。1947年から1949年に生まれた第1次ベビーブームの時代には、毎年平均で270万人の子供が生まれていました。いわゆる団塊の世代です。生まれてくる子供の数が200万人台だったのは、1952年まででした。その後、1957年に150万人台にまで落ち込みましたが、1960年代には上昇に転じました。第1次ベビーブーマーが親の世代となり、第2次ベビーブームが訪れました。1971年から1974年までのことです。第2次ベビーブームでは、再び出生数は200万人台を回復しました。しかし、これをピークに1975年には、再度200万人台を割り込み、減少していきました。1984年には149万人と、150万人を割り込んだのです。しかも、その後も減少を続け、100万人を割り込んだのは2016年です。さらに、2018年の出生数は91・8万人にまで減少しました。そして、厚生労働省が公表した２０１９年の「人口動態統計」では、日本人の出生数は86・4万人と、１８８９年に統計を取り始めてから初めて90万人を下回ったのです。第１次ベビーブーマーの３分の１ほどでしかありません。国立社会保障・人口問題研究所の「日本の将来推計人口」によれば、２０６５年には56万人になると見込まれています。しかし、将来人口推計では、出生数が90万人を割り込むのは２０２０年、86万人台となるのは２０２１年と予測されていましたから、実際の減少ペースは政府の予想を上回って進んでいます[31]。

少子化の進行は、日本の経済・社会を支える主力である生産年齢人口にもマイナスの影響を及ぼします。生産年齢人口は、２０２０年１月１日現在では、７５１３万人ですが、２０２９年に６９５１万人と７０００万人を割り込み、２０６５年には４５２９万人にまで減少してしまいます。

31……出生の推移を正確に把握するには、一人の女性が何歳で子供を産むかというタイミング（テンポ効果）と、一人の女性が生涯に何人の子供を産むかという出生力（カンタム効果）に分けて考える必要があります。これまで少子化が反転したように見えたのはテンポ効果のおかげでした。しかし、実際には出生が再度、低下したわけですから、度重なる政府の少子化対策にもかかわらず、出生力には変化がなかったことになります。今後は、これまでの出生を支えてきた団塊ジュニア世代に匹敵する人口を持つ世代が存在しないのですから、カンタム効果を、少なくとも世代人口の減少分以上増強しなければ、少子化が進むことになってしまいます。わたしには、出生数を増やすことで少子化を食い止めようとするのはもはや不可能なように思えます。

◇負の再分配が苦手な民主主義

社会保障は、現役世代から高齢世代への世代間の所得再分配としての機能をはたしています。高齢になれば、定年退職して所得が無くなりますし、健康リスクも高まって医療や介護への需要が高まるからです。したがって、世代間の所得再分配は、現役世代の所得が増加しているときには、うまく機能します。なぜなら、分け与える以上に自分の取り分が増えるのなら多少のことには目をつぶる余裕があるからです。しかし、現役世代と高齢世代のバランスが崩れると、問題が発生します。つまり、パイが膨らんでいく時代には、そのの分け方を巡って特に問題は起こりません。みなにパイを行き渡らせることができるからです。しかし、パイが縮んでいく時代には、その分け方を民主的なルールに則って行おうとすれば、多数決の場合は、多数派がいれば少数派を圧倒して自分たちに都合のいいように分け方を決めてしまうかもしれませんし、話し合いで決めようにも、勢力バランスが均衡していれば、議論百出となって決まるものも決まらなくなるでしょう。民主主義は、誕生してからこれまで負の再分配に直面したことはありませんでした。この負の再分配は、乗り越えなければならない試練とも言えます。逆に言えば、**負の再分配を円滑に行える仕組みを考案できれば、少子化、高齢化で世界のフロントランナーである日本の面目躍如となるでしょう。**

◇ターニングポイントにある日本

戦後の日本が出発した時点では、経済も、人口も右肩上がりでした。ですから、財政や社会保障は、右肩上がりを前提に組み立てられてきたのです。こうした時代には、高齢者を政策的に優遇するのが正義に適っていました。たとえば、公的年金制度の導入がそれです。新制度発足時は、ちょうど高度成長が開始しはじめた時期と重なり、経済成長も人口も右肩上がりでした。ですから、当時の人口の5・7％を占めるに過ぎない少数派の高齢者が保険料を支払うことなく受け取る年金を、総人口の64・1％を占めた現役世代が負担したところで、たかが知れていました。逆に、高度成長の恩恵から取り残され、放っておくと貧しくなっていく一方の高齢世代を、どんどん豊かになる現役世代が支えるのは、所得再分配の理念にまさに合致していて、当然のことだったのです。

このように、高齢世代よりも、後に続く現役世代の数の方が多く、所得も伸びていくのなら、その世代の一人当たりの負担は軽くなりますし、高齢世代の年金も増やしていけます。年金を多めに高齢者に給付するために、国が借金をしても、所得が伸び、将来世代が増えていくのならば、返済してくれる人が増えるわけですから、誰も困りません。というよりも、むしろ借金をするのが正解でもあります。これまでは、財政でも社会保障でも、少ない収入（税金・保険料）で多額の支出（給付）を賄ってきました。結局、収入と支出の差額を、公債発行という形で将来世代に負担の先送りをすることで制度を維持できたのです。これを「負担先送り型ビジネスモデル」と呼びましょう。

しかし、人口が減少し、経済が停滞すると、状況は違ってきます。日本では2009年以降、人口減少社会に突入しています。

人口減少社会では、年金の財源を支える現役世代や将来世代が減ってしまいます。ネズミ講を思い出してください。ネズミ講はあとから加入するメンバーが、直前に加入したメンバーよりも多くないと、利益が出ない仕組みでした。つまり、「負担先送り型ビジネスモデル」は、経済が成長し、繰延された借金を担う将来世代が順調に増えていた右肩上がりの局面では、問題が露呈することはありませんでした。どんなに赤字を出しても、増え続ける将来世代が、その赤字を吸収し続けられたからです。少々の大盤振る舞いも帳消しにしてくれる、そんな勢いがありました。

ところが、日本社会が人口減少に転じたことで、「負担先送り型ビジネスモデル」の歯車が狂ってしまいました。**増え続ける高齢者の年金額を増やそうとすれば、現役世代の一人当たり負担が重くならざるを得ません。負担があまりに急なスピードで重くなっていけば、負担させられる側に不満が高まっていきますし、社会保障制度への不信が生まれます。**

「なぜ、こんなに重い負担をさせられるのか?」「このまま少子化、高齢化が続けば、自分たちが高齢になったとき、社会保障制度は存続しているのだろうか？」「いまの高齢者のために行っている負担と将来自分が貰える給付を比べると、負担の方が大きくなるのではないか？」と、社会保障制度の持続可能性や損得勘定が頭をよぎるのは自然なことです。いったん、**こうした疑問が頭の中に浮かべば、よほど納得のいく説明がない限り、その疑問は、そう簡単には解消されないでしょう。**「なぜ、自分たちだけ損をしないといけないのか？」「高齢者だけ得をしてずるい」との不満は、社会保障制度にボディーブローのように、静かにそして着実にダメージを与えていきます。

◇時代とともに政府の役割は拡大した

経済学には、家計、企業と並ぶ第三の経済主体として政府が登場します。具体的には、まず、家計が、土地や労働力、資本（貯蓄）を企業に供給し、企業が家計から土地、労働力、資本を需要することで、財やサービスの生産を行います。そして、生産された財やサービスは家計が購入することで、企業は収入を得ます。企業はこの収入から、生産への貢献度に応じて、地代、賃金そして利子率を、生産要素の保有者である家計に支払います。家計は企業から得た所得で財やサービスを購入し、残りを貯蓄するのです。こうして経済は循環していくのです。

このとき、市場メカニズムが万能であれば、家計の効用（消費から得られる満足度）と企業の利潤が最大になるという意味で社会的余剰が最大化されますから、本来、政府は必要のない存在なのです。

しかし、必ずしも常に市場メカニズムがうまく機能するとは限りません。

①国防や警察、司法、一般道路などのある種の財やサービスなどのように、それが供給されることが望ましくても、自由な市場メカニズムのもとでは全く供給されないか、著しい過小供給に陥ってしまう場合（公共財）

②各企業の生産活動や各消費者の消費活動が他の人たちにプラスまたはマイナスの影響を与える場合（外部経済・不経済）

③価格相場影響を与えることができる売り手または買い手がいる場合（独占など）

④ある商品について一部の人たちが知っているのに他の人たちが知らない情報が存在する場合（情報の非対称性）

⑤そもそも市場が存在しない場合など、市場が失敗することがあります。市場の失敗は定義上市場ではどうにもなりませんから、政府が登場しなければならなくなります。

そこで、現代につながる経済学の生みの親であるアダム・スミスは、政府を必要悪な存在として認める代わりに、必要最低限の役割しか認めませんでした。これを夜警国家論と言います。時代は移り、産業革命の進展により、資本家と労働者の間の格差が深刻化し、社会不安が増大しました。高所得者と低所得者の間で極端な格差が発生したり、高所得地域と低所得地域で格差が生じた場合、市場メカニズムには、こうした格差を自動的に是正する能力はありません。そこで、政府は、累進構造を持つ所得税によって高所得者に対して相対的に重い課税を課し、低所得者には生活保護などにより、所得再分配を行ったり、高所得地域から低所得地域に対して、地方交付税などの補助金制度を活用することで、地域間の所得再分配を行ったりします。また、帝国主義諸国の間での戦争が大規模化していったことで、労働者であり、兵士でもある国民に、生活保障を行う必要が出てきました。ビスマルク時代のドイツで、年金や医療など社会保険方式の社会保障が最初に整備されたのは偶然ではありません。

さらに、資本主義の発展とともに、経済には景気循環が生まれ、好景気と不景気を繰り返すようになりました。当然、激しい経済の変動は、安定的な生活や経営を望む家計や企業にとって望ましいものではありません。そこで、好景気で景気が過熱し過ぎたときには、政府歳出を削減するか、増税を行うことで、景気の過熱にブレーキをかけたり、景気が低迷しているときには、公共投資を増やしたり、減税を行うことで景気を刺激するなど、政府が経済に適切に介入し、経済を安定化する役割が求められるようになりました。ケインズによるフィスカル・ポリシー論です。

余談ですが、財政赤字を積極的に活用して、経済をコントロールすべきというケインズの経済工学的な発想は、それまでの均衡財政パラダイムを転換させ、特に日本で、財政の借金漬けに重要な役割を果たすことになりました。

こうして時代とともに、政府の経済活動の範囲は拡大していくことになりました。

◇2020年度の日本政府の経済活動

政府の経済活動を財政と呼びます。かっては、政府の経済活動と言えば、租税や公債発行による資金調達を意味していました。財政の英訳が public finance である所以です。しかし、先に見たように、現代の政府の経済活動は資金調達だけにはとどまりません。したがって、政府の経済活動を見るには、政府による資金調達という金融的な側面と政府による財・サービスの提供という実物的な側面の双方から眺めてみる必要があります。

それでは、日本政府が、実際にはどのように、どのぐらいの規模で経済活動を行っているのか、政府の経済活動を単年度で区切りをつけた2020年度予算を例にして、その収支別に見てみましょう。

2020年度予算では、一般会計総額は、101・5兆円だった2019年度当初予算から1・2兆円増加して、102・7兆円と8年連続で過去最大となり、当初予算として日本財政史上はじめて100兆円の大台を突破した2019年度予算を上回りました[32]。

一般会計総額は、消費税増税に伴い導入された幼児教育・保育の無償化、今年4月から始まる高等教育の入学金・授業料への支援措置などがかさみ、社会保障費の総額は過去最大の35・9兆円になりました。概算要求時には、高齢化による自然増が5300億円程度見込まれましたが、医療サービスの公定価格である診療報酬改定に合わせた薬価の引き下げなどで圧縮を図り、最終的に4111億円となりました。防衛費は、宇宙やサイバー、電磁波など新領域での防衛能力を強化するため、5・3兆円と6年連続で過去最高額を更新しています。国が地方の財源不足を補うために交付する地方交付税交付金は地方特例交付金も含め2019年度当初予算から0・2兆円削減され15・8兆円。借金返済に充てる国債費は、国債金利の低下を見込み23・3兆円と低下しています。なお、2019年度に消費税増税後の景気対策のため設けられた「臨時・特別の措置」は、今年度予算においても継続されましたが、前年度から0・2兆円減少し、1・8兆円計上されています。その内訳を見てみますと、「防災・減災、国土強靱化のための3か年緊急対策」の着実な実行のため1・1兆円、「キャッシュレス・ポイント還元事業」0・3兆円、東京五輪後の今年9月開始の「マイナンバーカードを活用した消費活性化策」0・2兆円などとなっています。

一方、歳入は、税収が過去最大の63・5兆円、うち消費税は21・7兆円と過去最高、所得税は前年度を0・4兆円下回って19・5兆円、法人税も同じく0・8兆円下回り12・0兆円となったことで、消費税が所得税を上回って税収トップとなりました。税外収入は6・6兆円。国の新たな借金に当たる新規国債発行額は32・6兆円と10年連続の減額となりました。このうち、公共事業に充てられる建設国債は7・1兆円、残りは赤字国債で25・4兆円です。

以上から、一般的政策経費（基礎的財政収支対象経費）には79・3兆円充てられ、そのうち借金以外で賄われるのが70・1兆円ですから、政府が財政再建目標の一つとして掲げる基礎的財政赤字（プライマリー・バランスの赤字）は9・2兆円となっています。

●図4：2020年度の国の予算

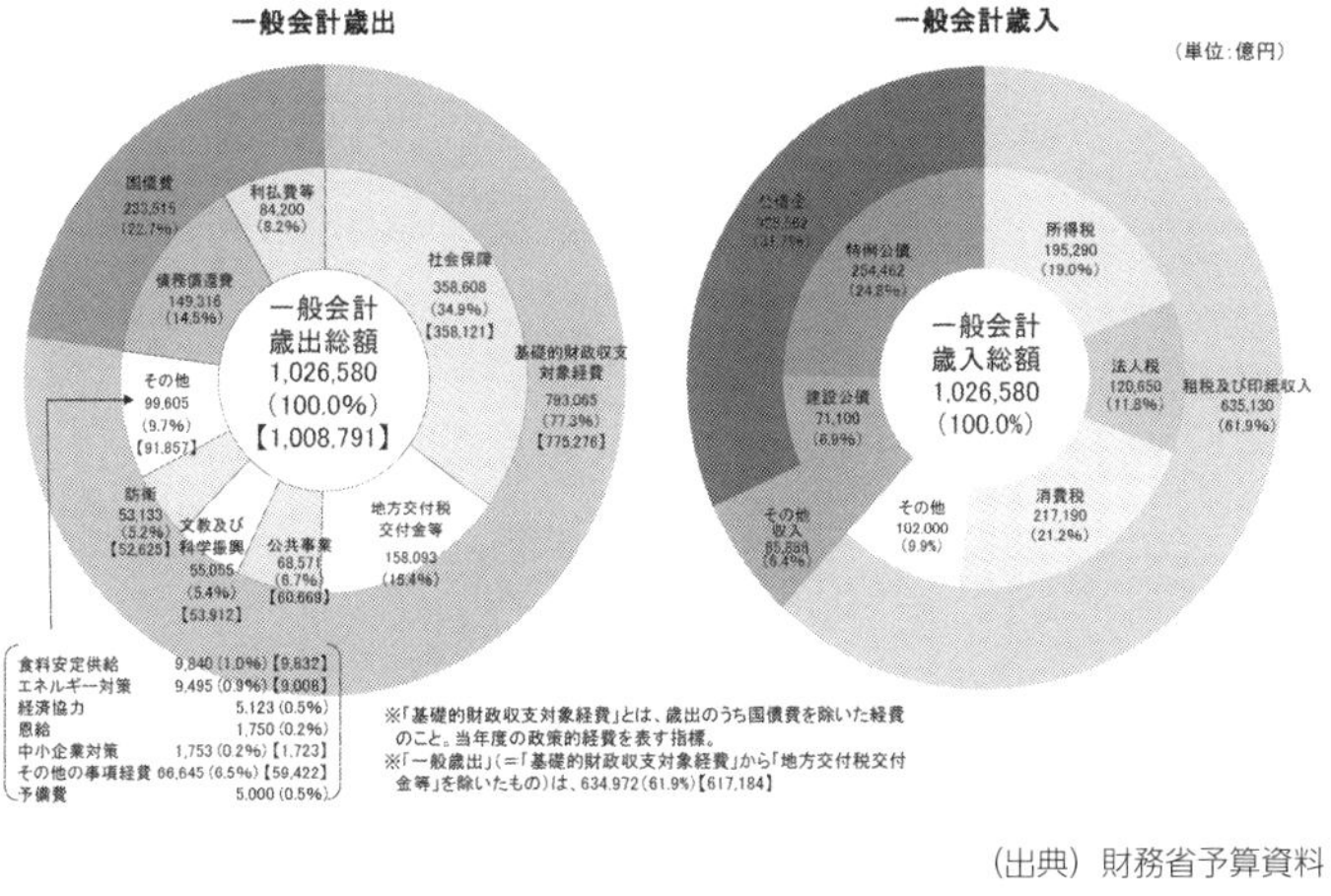

※「基礎的財政収支対象経費」とは、歳出のうち国債費を除いた経費のこと。当年度の政策的経費を表す指標。
※「一般歳出」（＝「基礎的財政収支対象経費」から「地方交付税交付金等」を除いたもの）は、634,972（61.9%）【617,184】

（出典）財務省予算資料

32……当初予算にその後編成された補正予算を加えた総予算では、100兆円超えは、2009年、2011年、2013年、2018年の4回あります。

◇税収見積もりは粉飾されている

2020年度予算では、税収は63・5兆円と過去最大を見積もっていました。実は、2019年度予算でも税収は62・5兆円と過去最大を見積もっていました。その結果、新規国債発行額が削減されたように見えました。しかし、実際には、米中貿易戦争の煽りなどを受けた海外経済の減速で輸出企業の収益が悪化しました。結果、法人税収の見通しを1兆1430億円引き下げるなどにより、2019年度の税収見通しを、12月に、当初予想の62兆4950億円から60・2兆円に下方修正しています。

税収に大きな影響を与える名目経済成長率について、内閣府は2・1%と見積もっていますが、日本経済研究センターによれば、民間シンクタンクの平均は1・0%程度と大きく政府の見通しを下回っています。景気対策を実施しているとはいっても、10月の消費増税によって、景気動向指数からも明らかなように景気の雲行きが怪しくなっている中で、非常に強気の見方と言えるでしょう。内閣府の強気過ぎる経済見通しをもとに財務省が税収を弾いているのですから、税収もまた強気な見通しとなっていると言わざるを得ません。誤解を恐れずに言えば、**２０２０年度予算での税収見積もりは、粉飾されているのです。**

◇国の財政は「無法状態」にある

日本の財政は、日本財政の憲法ともいうべき財政法に立脚して営まれています。日本は法治国家なので、法律に反した行動を、政府といえども、いえ、政府だからこそ取ることができないのです。

財政法を見てみましょう。財政法は、現日本国憲法の制定作業と並行して、日本がまだＧＨＱに占領されていた１９４７年に日本国憲法の「財政民主主義」の理念に基づき制定されました。

実は、財政法では、国債の発行が原則禁止されていて、均衡予算が基本とされているのです[33]。財政法第四条を素直に読めば、国債の発行が認められるのは、公共事業費などに限られ、しかも、国会の議決を経た金額の範囲内で、発行できるに過ぎません。ですから、公共工事に充てられる国債は建設国債とか四条国債と呼ばれます。これに対して、社会保障はじめ一般的政策経費に充当されている赤字国債の発行は、財政法では一切認められていないのです。

しかし、実務上は、赤字国債を発行せざるを得ない場合があります。なぜなら、国の予算は歳出については上限とされ厳守しなければなりませんが、歳入についてはあくまでも見込み、予想に過ぎず、大幅に上回ったり、下回ったりしたとしても、お咎めはありません。したがって、当初の見込みを上回る場合は問題ありません。しかし、当初の見込みと違って歳入が著しく不足してしまう場合、歳入に合わせて歳出を柔軟に削減する必要がありますが、それは困難です。ですから、どこかから足りない財源をねん出する必要があります。このとき、増税するか、あるいは赤字国債を発行するほかありません。ところが、増税するには、国会に増税を認めてもらわなければなりません。もちろん、国会が、増税をすんなり認めてくれるわけはありませんから(国会がすんなりと増税を認めてくれるのならば、そもそも赤字国債を発行する必要がありません)、結局、財政に穴が開いてしまいます。そのような事態に陥らないために、財政法に規定がなくても、実務上、赤字国債がどうしても必要になるのです。

そこで、財政を預かる財務省は、財政に穴が開くと見込まれるたびに財政法の特例法を作って、赤字国債を発行しています。赤字国債を特例国債と呼ぶのはこのためです。特例法ですから、あくまでも緊急避難的なその場しのぎのはずなのです。しかし、日本の場合、1975年に初めて当初予算で発行されてから、バブル経済に沸く1991年から

1993年まで一時的に発行額がゼロとなったのを除いて、現在に至るまで発行が続いています[34]。結果として、特例ではなくなっているのです。これは、今すぐ対応しなくても、先送りしておけば、力強い成長が戻ってきて、赤字国債も発行しなくて済むだろう、との希望的観測に流されたのが原因でしょう。過去にとらわれてしまっているのです。さすがに、**40年以上抜本的な対策も取らず、実質的な違法状態を放置し、赤字国債を垂れ流し続けているのは無法状態以外の何物でもありません**[35]。

33……財政法第四条「国の歳出は、公債又は借入金以外の歳入を以て、その財源としなければならない。但し、公共事業費、出資金及び貸付金の財源については、国会の議決を経た金額の範囲内で、公債を発行し又は借入金をなすことができる。」

34……1965年の証券不況時に、補正予算で戦後初めて発行されています。

35……国債発行の限度額については、建設国債の場合、財政法第四条で、「公共事業の範囲内」という限度が設定されていますが、赤字国債については、そもそも財政法上発行が禁止されているため、発行限度額の規定はなく、理論的には青天井で発行できます。

◇国の財政は赤字国債依存

図5のように国の財政は借金依存が続いています。

国の歳出を借金（国債）でどのくらい賄っているかを示す公債依存度は、バブルが崩壊してからは趨勢的に上昇を続け、リーマン・ショック直後の2009年度予算では51・5％

とピークに達しました。その後は低下を続け、２０１９年度予算では32・1％、うち、赤字国債依存度は25・3％となっています。なお、アメリカ、イギリス、ドイツ、フランス各国の国債依存度は、それぞれ10・8％、2・3％、0・0％、26・6％に過ぎませんから、日本財政の借金依存度の高さが際立っています。

しかも、赤字国債による収入25・7兆円は、所得税収19・9兆円を上回って、歳入の中で最大の項目となっているのです。このように、日本の財政は、財政法上存在が認められていない赤字国債が国の財政の命運を握っているといっても過言ではない、摩訶不思議な状態になっているのです。しかも、赤字国債は社会保障財政を賄うために発行されているのですから、**赤字国債まみれなのは国の財政であると同時に社会保障財政でもあるということです。こうした異常事態はいずれわたしたちの懐具合に当然大きな影響を与えることになるでしょう。**

●図５：借金依存が続く国の財政

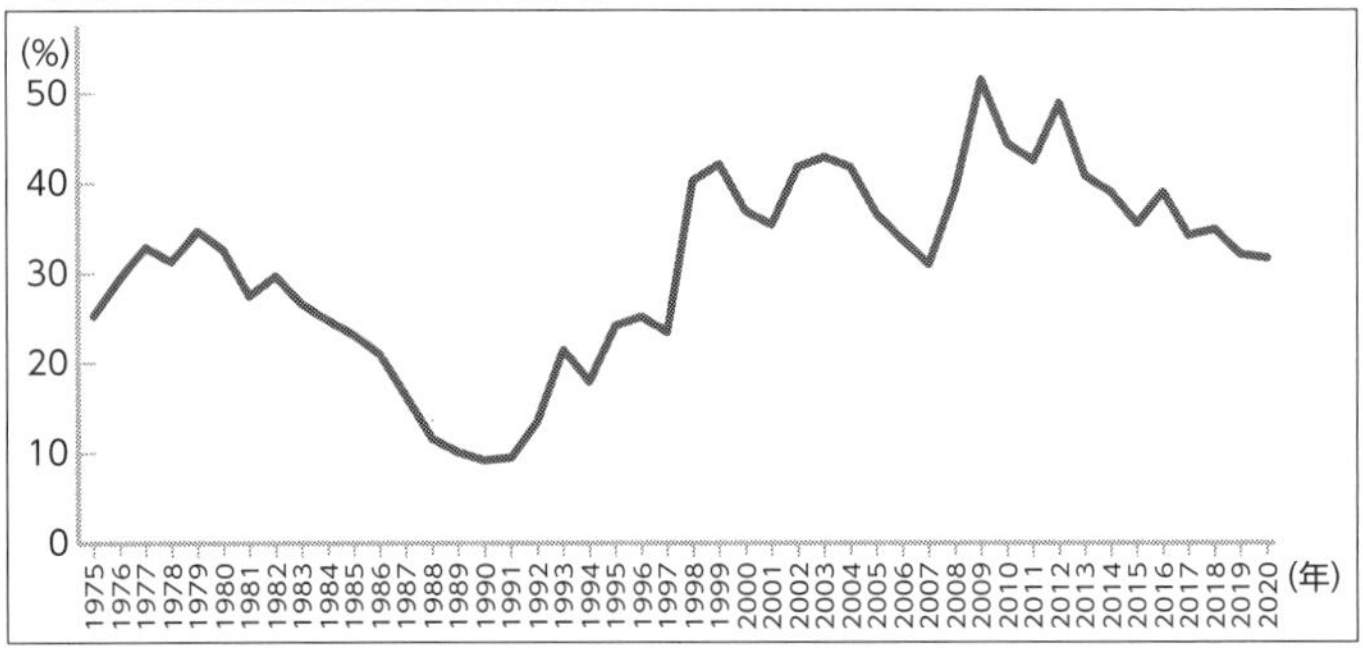

（出典）財務省より筆者作成

そうした事態を避けるには、まず、**赤字国債の発行を一刻も早く止める必要があります**。赤字国債の発行による負担先送り財政が継続されるのは、実質的に財政規律を強制する仕組みが存在しないからです。また、財政赤字の削減は、日本周辺の有事の際にも役立ちます。しかし、日本を取り巻く国際環境の変化に即応するには、実は財政が健全化している必要があるということは、平和ボケした一部の国民にはなかなか理解されないのです[36]。

36……2020年4月現在、世界を新型コロナウィルスが席巻しています。それにともなう経済危機に対して、アメリカは220兆円規模、ドイツは90兆円規模の大胆な経済対策を計画しています。これも、平時に財政に余裕を作っておいたため、非常時に思い切った対策が取れるからです。

◇戦時財政の日本

日本が戦時財政に入りつつあると言ったら、読者の皆さんはきっと驚かれることでしょう。しかし、見ように

●図6：社会保障と開戦前夜の日本財政

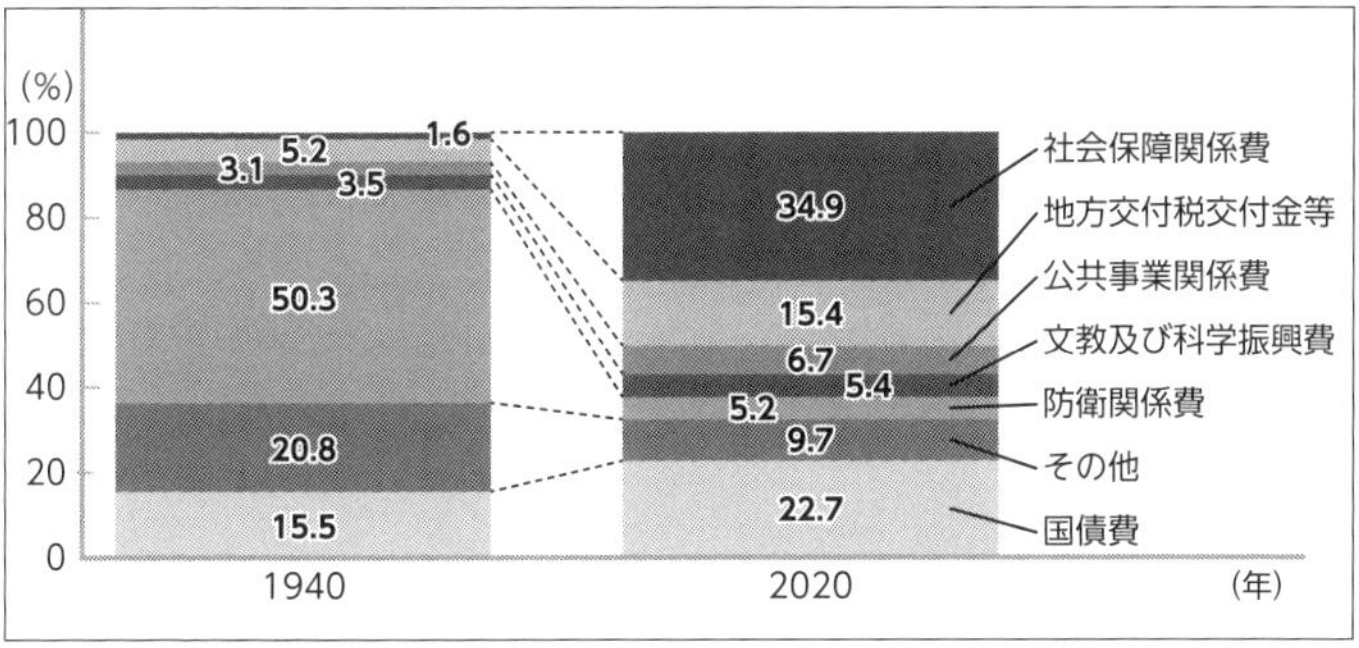

（出典）財政制度等審議会資料により筆者作成

よっては、国の財政はすでに戦争状態に突入していると言っても大げさではないのです。図6は、太平洋戦争開戦前夜の1940年の一般会計と2020年のそれとを比較したものです。

1940年の財政は、軍事費が予算全体の50・3％を占めています。このように、国の予算の半分強を軍事費が占めているわけですから、戦時財政にほかなりません。

次に、2020年の財政を見てみましょう。国防費は、1940年の十分の一に過ぎない5・3％に過ぎません。現代の日本は戦前と違って専守防衛に徹していますから、当然です。注目してほしいのは、国防費ではなく社会保障関係費の方です。社会保障関係費とは、年金や医療、社会保険や児童手当などに対する国の負担金や補助金、生活保護や、国直轄の社会福祉施設の費用などで、社会保障費の一部です。

社会保障関係費は、国の予算全体の34・9％を占めています。そして、地方交付税交付金等を見てください。15・4％あります。実は、地方交付税交付金等のだいたい三分の一は社会保障関係の支出にあてられています。したがって、地方交付税交付金のうち地方の社会保障への支出に回される金額は国の予算全体の5・1％です。つまり、社会保障関係費34・9％＋地方交付税等5・1％＝40・1％が、国の予算に占める社会保障関連の予算の規模といえます。

もうお分かりでしょう。太平洋戦争開戦直前の予算では軍事費が50・3％を占め、足元では社会保障関係費が40・1％を占めます。国の予算に占める割合で、戦時下の財政状況と比較してみますと、**現在の国の財政は、社会保障と開戦前夜にあると言っても少しも大げさではないのです。**

◇国の財政と社会保障財政は一蓮托生

では、どうして国の財政が社会保障と戦争を繰り広げる事態に陥ってしまったのでしょうか？

公的年金や医療、介護は、社会保険方式により運営されています。その場合、原理原則に立ち返れば、社会保障財政への税金の投入は、理論上不要なはずです[37]。

しかし、実際には、社会保障給付費と社会保険料収入の差額は、国と地方の税金（及び借金）によって補填されています。

具体的には、現在公表されている最新のデータでは、２０１９年度（予算ベース）の社会保障給付費は１２３・７兆円でした。一方、社会保険料収入は71・５兆円、税金（及び借金）による負担は48・８兆円でした。

税金（及び借金）による収入48・８兆円のうち、国の負担は34・１兆円、地方負担は14・７兆円となっています。ですが、地方負担の大半は地方交付税交付金として一般会計から投入されています。結局、税金（及び借金）による負担は国の負担に他なりません。

２０１９年度の一般会計では、公債金（借金）収入は32・7兆円（うち赤字国債25・7兆円）、消費税収19・4兆円です。ですから、税金（及び借金）による収入48・8兆円から、全額社会保障に使われる消費税収19・4兆円を引いた残りの金額は29・4兆円で、赤字国債25・7兆円にほぼ相当します。もちろん、お金に色は付いていませんから、国の負担の金額のうち消費税で賄えない部分が、そのまま赤字国債による収入に対応するとは必ずしも言えるわけではありません。しかしながら、消費税収では不足する国庫負担の金額と赤字国債発行額がほぼ同水準なのは注目に値します。社会保障財政にとってみれば、国の借金が財政の安定性を維持する上での生命線となっているのです。

このように、社会保障財政は国の負担という形で政府財政からの資金援助が不可欠なのです。しかも、その援助額に相当する金額を、同世代の人々による税負担ではなく、将来世代の負担となる財政赤字、しかも財政法では発行が認められていない赤字国債で賄い続けている現状があります。

ですから、国の財政が何らかの理由で破綻するような事態に陥れば、社会保障財政も無傷ではいられません。あるいは逆に、社会保障財政が、積立金の枯渇などで、国の財政からの更なる資金援助を必要とする事態が生じれば、今度は、すでに毎年予算の三分の一以上を借金に頼っている国の財政が無傷ではいられません。**国の財政と社会保障財政とは一蓮托生なのです。**

37……もちろん、社会保障には税金で支出を賄う公的扶助も含まれますので、一切税金が投入されないわけではありません。

◇消費税は55％に！

膨らみ続ける社会保障費は、政府の試算によれば、２０１８年度の１２１兆円から、２０２５年度には１４１兆円に、２０４０年度には１９０兆円に達すると試算されています（図７）。

そこで、増え続ける一方の社会保障需要を満たしつつ、赤字国債の垂れ流しを止めるために、どの程度、消費税を引き上げる必要があるのか、シミュレーションしてみました。シミュレーションに使ったモデルは、第一章と同じく世代重複シミュレーションモデルです。

シミュレーションの結果、日本の財政を破綻させな

●図７：膨らみ続ける社会保障費

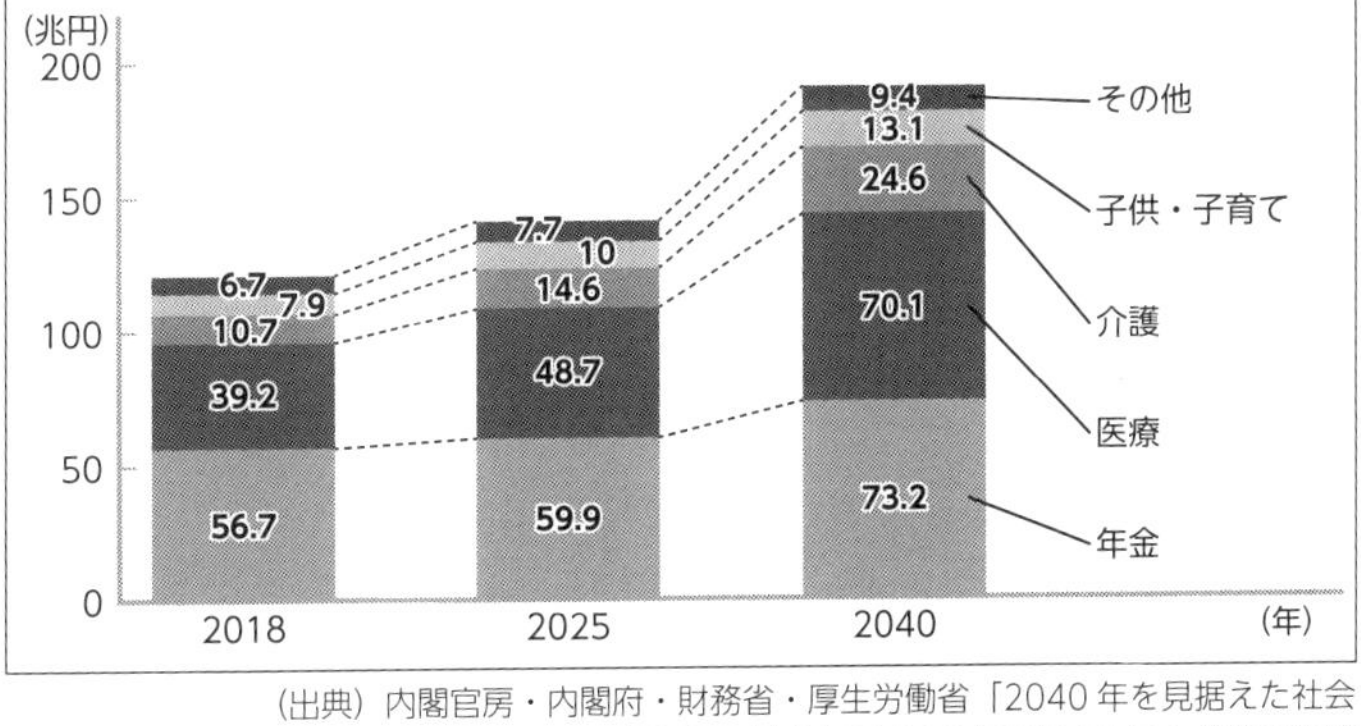

（出典）内閣官房・内閣府・財務省・厚生労働省「2040年を見据えた社会保障の将来見通し（議論の素材）」平成30年5月21日より筆者作成

いために、いったん、現実的な側面は無視するとして、社会保障などの財政需要の拡大に応じて機械的に消費税率を引き上げていくものとしますと、２０２０年の10％を発射台として上昇を続け、団塊ジュニア世代が年金を受け取り始める２０４０年は30％に達し、次第に上がり方は落ち着きますが、最終的には、55％にまで引き上げる必要があるとの衝撃的な結果が示されました（図８）。

このように、**社会保障目的税として消費税への一本足打法を続けつつ、全世代に給付を厚くする全世代型社会保障を実現していくには、際限のない消費税の引き上げを覚悟しなければならないのです。**これは「誰もが受益者」であるならば「誰もが負担者」でなければならない全世代型社会保障の本質なのです。

ただし、消費税の引き上げには留意すべき点もあります。消費税は、しばしば「すべての世代で負担を分

●図８：上がり続ける消費税率

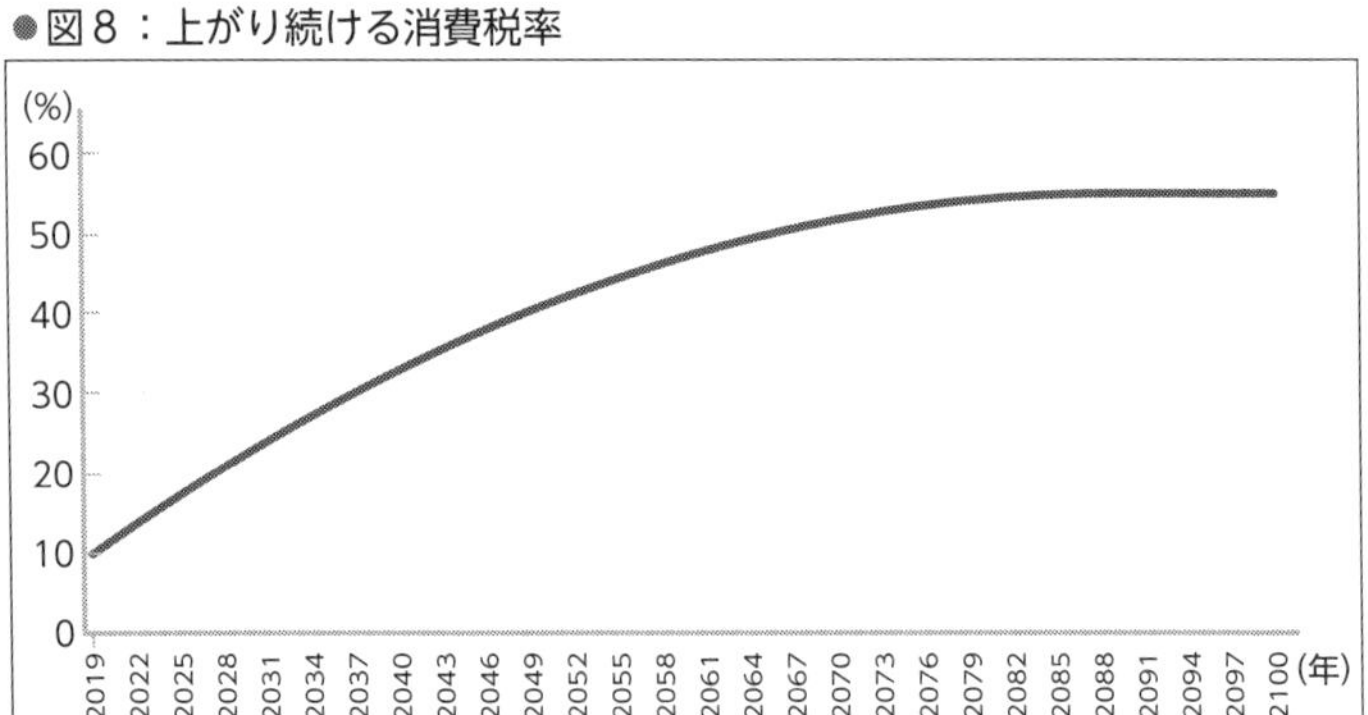

筆者試算

かち合う世代間で公平な税」と評価されています。確かに、全世代の面々が一生涯を通じて同じ消費税率に直面している場合は当てはまります。しかし、現在の日本のように、人生の途中で消費税率が引き上げられると、残りの人生が長い人ほどより多くの負担をしなければならないことになります。つまり、高齢世代ほど少なく、若い世代ほど多く負担しなければならないことになりますので、世代間で平等な税とは言えません。せいぜい、所得税を引き上げて現役世代にだけ加重な負担を課すよりは、高齢者から「取らないよりはまし」程度の話なのです。

◇まさかのための社会保障

公共事業費を削減した小泉純一郎内閣以降、代わって政府財政を借金漬けにしてきた主な原因は社会保障でした。

ところで、みなさんは、なぜ国が、社会保障制度を営んでいると思いますか？

今では、民間企業が多種多様な保険を販売しているので、国が運営しなければならない理由はないのではないか？と疑問に思う読者もいるでしょう。

以下では、社会保障の意義と、国が運営している理由を説明します。

そのために、まず、次のような仮想的な世界を考えてみましょう。

いま、あなたは、誰の力も借りずに、一人で生きています。健康であれば、問題はないでしょう。しかし、病気になったり、大怪我をしたり、後遺症が残ったら、何より高齢になったら、働くどころか、動けなくなってしまうかもしれません。そうなれば、一人ぼっちで生活している場合、生き長らえるのは難しくなるでしょう。

このとき、自分の他に、一人以上同居者がいれば、少し安心です。自分が動けなくなっても、その人たちが面倒を見てくれるからです。しかし、お互いに歳をとって、動けなくなれば、やはり今後の生活が難しくなります。このとき、年の離れた人がいれば、老後の生活はその人がみてくれますので、安心です。これが家族です。しかし、家族でも対処できない場合もあります。伝染病のように、家族全員が同時に罹患してしまう場合です。その場合には、周囲（共同体）の人や家族の支えがあれば、もっと安心です。

実は、支えあう人が増えれば増えるほど、カバーできるリスクの範囲は広がります。一番大きな共同体は、国ですね。しかしながら、誰かが働けなくなるたびに代わって、他の誰かがその人のために働いてあげたり、誰かが病気になるたびにその人のもとに看病に行くのは、大きな負担です。ですから、個人でも、家族でも、共同体でも対処できないリスクを、国が、国民からお金を徴収して、リスクが顕在化した人に、そのお金を渡すことを、リスクの社会化と呼びます。**リスクの社会化を国が体系化したものこそが、社会保障制度**

に他なりません。

国が、社会保障を営むもう一つの理由は、民間企業に全て任せるだけでは、病気がちな人、いろいろな理由で働けないなどリスクの高い人が、制度の枠外に弾き出されてしまうことがあるからです。あるいは、特定の疾病にかかりやすい人や高齢の人など保険料が高過ぎて、民間保険に手が出ない人も出てくるでしょう。民間企業は営利目的なので、慈善事業はやらないですし、やる必要もないからです。

たしかに、何から何まで国が面倒を見る必要はありません。国がすべて面倒を見るとなれば、親方日の丸、寄らば大樹の陰。不摂生を続ける人、宵越しの金は持たない人が続出してしまって、国に、いくらお金があっても足りない、大変困ったことになってしまいます。

しかも、国を司る政治家や官僚は、無類の税金好きです。社会保障が膨らめば膨らむほど、税金の無駄遣いへと走ることでしょう。

ですから、国が、責任を持って社会保障を運営するにしても、個人や家族に任せるべき範囲、国に任せる範囲、市場（企業）に任せる範囲を、その社会の歴史や文化に応じて、国民が選び、決めていくことになります。

このため、国によって、公的な社会保障の範囲や大きさが異なっているのです。

◇社会保障制度の自己破壊性

このように、社会保障制度はもともとは個人に属するリスクを社会全体で管理する仕組みとして理解できるのです。

そうだとすれば、政府が提供する社会保障制度の充実は、個人が抱えるリスクを社会化してくれるのですから、非婚化や少子化、さらには子育てなどを通じてつながっていた社会との関係性の希薄化をもたらします。社会保障制度が充実すればするほど、誰か特定の個人や集団に頼らずとも、政府を後ろ盾として一人で生きていくことができるようになるのです。このような社会的連帯からの分断は、他人との交流を失わせることで、他世代に対するシンパシーを喪失させることになります。社会から分断され、他人の懐事情が分かりませんから、政府に対する過大な要求を生みやすくもなります。また、子供を持たない場合、他人の子供に対しては自分の子供よりは愛着がわかないので、やはり他人の子供の犠牲のもとで過大な給付を要求しやすくなります。そうすれば、少ない子供が多くの負担を課されることになりますから、子供を持つ余裕がなくなり、子供は減っていきます。要するに、社会保障制度は、一旦導入されると、一人でもリスクを十分とることが可能になっていくので、結婚も減ります。こうした結果、少子化を進行させ、より大きな安心を求めるあまり、政治過程を介して過大給付をもたらします。結局、課題給付は現在の社会保障の支え手の生活を危うくし、将来の支え手を減少させることで、社会保障が自らよって立つ土台を根底から破壊していくということに厄介な性質を持っています。一橋大学の小塩隆士教授は、社会保障制度が持つこうした性質を、社会保障制度の自己破壊性と呼んでいます。

理屈では、もっともなように聞こえるのですが、社会保障制度の自己破壊性は本当に存在するのでしょうか。

ここでは社会保障制度の自己破壊性を説明するために、一人当たり社会保障給付費（社会保障の充実度）、一人当たり所得、婚姻率を説明変数として、合計特殊出生率との関係を実証分析してみました。すると、社会保障制度の自己破壊性が存在するとの仮説は棄却されず、社会保障の充実と出生率の間には次式のような有意な負の相関関係を見出すことができたのです。つまり、社会保障制度の自己破壊性の存在が証明されたことになります。

合計特殊出生率＝1.581－0.068×社会保障の充実度＋0.051×一人当たり所得＋0.120×婚姻率
（0.00）（0.00）（0.01）（0.00）

決定計数0.912　（　）内はP値

わたしたちが社会生活を送るうえで直面する様々なリスクからわたしたちを守ってくれるはずの社会保障制度の充実が、少子化をもたらし、社会保障制度そのものと社会の存続を困難にするとは本末転倒と言わざるを得ません。しかし、だからと言って、社会保障制度を廃止すれば問題が解決できるわけではありません。社会保障制度を廃止すれば、今まで社会化されていたリスク負担をすべて個人や家族で負担しなければならなくなるからです。社会保障のない時代への逆戻りに他なりません。

現在の日本の社会保障制度の問題は、社会保障制度の自己破壊性による財源（人口とおカネ）の枯渇を、財政赤字で賄うことで、将来世代に付け回してきた点にあります。つまり、少子化が進み保険料収入等が減るとそれを埋め合わせる形で財政赤字によりファイナンスされた公費が投入され、その結果、二重三重に少子化を進行させ、深刻な社会保障制度の危機を惹起してきたのです。

ですから、**社会保障制度の自己破壊性の頸木を逃れるには、社会保障制度を人口構造から中立的な仕組みに変えていくしかないのです。**

第四章

若者の損の7つの解決策を評価する

第四章のまとめ

▼日本の深刻な世代間不均衡の源泉は、①年齢別に歪な受益負担構造、②少子化、高齢化の進行、③政府純債務残高の順で大きい
▼少子化対策では世代間不均衡は解消されない
▼消費増税は高齢世代以上に若者世代の損、将来世代にとっては得となる
▼消費増税の遅れは、より若い世代の損を増す
▼所得増税は勤労期に負担を集中させるので現役世代の損となる
▼生産性の改善はすべての世代にとって得となる
▼ベーシックインカムの損得の分岐点は40歳
40歳以上の世代では損、40歳未満の世代では得になる
▼年金給付の削減は、高齢世代以上に若者世代の損が拡大する
▼年金保険料の引き下げは、若者世代の得、高齢世代の損、将来世代にとっても損

◆世代間不均衡の源泉

第二章の世代会計の試算結果からは、0歳世代と将来世代では、財政・社会保障・マクロ経済の環境が全く同一であるにもかかわらず、0歳世代の生涯純税負担額3243万円、将来世代9158万円、したがって金額では6千万円弱、世代間不均衡は183・2％にも及ぶことが明らかになりました。こうした状況を、コトリコフは財政的幼児虐待と呼んでいます。

それでは、この大きな世代間格差、つまり若者が損をする原因は、どのようなことが考えられるのでしょうか。

以下では、アワーバック・コトリコフ・ライプフリッツの研究に倣って、次の2つの仮想的なケースの試算を行ってみることで、確認してみたいと思います。具体的には、(1)人口動態不変ケースと(2)純債務残高ゼロケースです。人口動態不変ケースというのは、世代会計の試算の基準年となる2018年以降人口構造が全く変化しない、つまり将来にわたっても、日本の人口が2018年と同じ年齢構成で推移すると想定した場合、世代間不均衡がどの程度になるかを計算するケースです。この場合、少子化や高齢化の進行がそうでない場合に比べて緩和されますから、人口が減少する世代の負担は軽減されることになります。一方、純債務残高ゼロケースというのは、2018時点の純政府債務残高をゼロとして世代間不均衡の大きさを再計算するケースのことです。世代会計では、通時的な政府の予算制約式を満たすために必要となるお金は、現在世代が負担する部分以外の残り全てを将来世代が負うこととされていますから、初期時点（２０１８年）の純債務の解消はそのまま将来世代の負担を軽減させることになります。さらに、人口動態が不変でありかつ２０１８年時点で債務が存在しないとした場合にもなお残る格差は、現在世代が受け取る受益に比べて負担が小さい、つまり受益負担構造の年齢的なアンバランスに由来するもので、若者世代や将来世代に先送りしているツケ回しに相当することになります。

この結果をまとめた表1によれば、人口構造に変化が生じない場合は、各世代とも残された人生における世代勘定は改善します。例えば、0歳世代では１２００万円弱（0歳世代の残された人生における純負担額全体の37％に相当）、40歳世代では８７０万円弱（同53％弱）となります。次に、受益負担構造が年齢で歪みのない構造になったとしたら、40歳世代より若い世代では世代勘定が改善し、45歳より高齢の世代では世代勘定が悪化します。例えば、0歳世代では２０４０万円弱（同63％）の改善、70歳世代では４８２０万円弱（同１１５％強）の悪化となります。これは、日本の政府を通じた受益・負担構造は、一般的に、受益面では、公的年金の受給開始や医療等給付等の社会保障関係による受益が加齢とともに増加する一方、負担面においては、租税や社会保障負担は賃金所得の増加とともに重くなることなどにより、勤労世代において高くなっていますので、その結果、勤労世代ほど負担が重く、引退世代ほど受益が大きくなる受益負担構造となっていることが原因です。

将来世代について見てみますと、世代会計の計算から導き出された０歳世代と将来世代との間の世代間不均衡率183・2％のうち、人口構造が変化しなければそのうち44・9ポイント、24・5％に相当する世代間不均衡率が解消されます。また、純債務が存在しないとすれば42・7ポイント、23・3％解消されます。そして、残った95・6ポイント、52・2％が、現在世代が将来世代に負担を先送りすることで生じ

●表１：現在世代間の世代間不均衡の源泉

年齢(歳)	世代勘定(千円)	うち人口要因	うち受益負担構造要因
0	32,343	11,976	20,367
5	35,668	11,840	23,828
10	39,324	12,905	26,419
15	40,794	11,753	29,041
20	43,762	12,625	31,137
25	40,372	14,051	26,321
30	33,154	12,144	21,010
35	26,402	11,010	15,392
40	16,510	8,665	7,845
45	5,708	8,529	-2,821
50	-6,825	8,967	-15,792
55	-21,466	9,992	-31,458
60	-37,103	8,861	-45,964
65	-46,027	5,967	-51,994
70	-41,822	6,364	-48,186
75	-37,437	3,554	-40,991
80	-36,048	1,951	-37,999
85	-31,400	812	-32,212
90	-21,543	0	-21,543

（出典）筆者試算

ている世代間格差の大きさです。

つまり、日本の世代間格差は、急速に少子化、高齢化、人口減少が進行していて、かつ、現役世代は主に税や社会保障などの負担を負い、高齢になるほど社会保障制度を介してより手厚い移転給付がなされていることに由来するのであり、日本の深刻な世代間不均衡を生みだしている源泉は、①年齢別に歪な受益負担構造、②少子化、高齢化の進行、③政府純債務残高の順で大きいことが分かります。あるいは、逆説的に聞こえるかもしれませんが、**現時点で少子化、高齢化の進行が止まったとしても、一般政府の収入・支出構造を改革しない限り、世代間格差のかなりの部分は残存し続けるということでもあります。**

◇60年償還ルールが世代間格差を生み出す

日本の社会保障制度は、負担が勤労期に、給付が引退期に偏っているので、深刻な世代間格差を生み出していました。さらに、財源面で考えると、少子化、高齢化が進めば進むほど、収支のギャップが拡大し、赤字国債で手当てしなければならない財源が増えてしまいます。

そして、この結果、どんどん膨らんでいく赤字国債残高が、まったく幸運なことに、現状では、首尾よくある世代から次の世代へと負担が先送りできているため、いささか逆説的ではありますが、深刻な世代間格差となってわたしたちの目の前に存在しているのです。なぜ、赤字国債が若者世代や将来世代への負担の先送りになるのでしょうか。

国の支出は、国防、外交、司法、警察・消防、教育、産業振興などの非移転支出（政府による財やサービスの購入。一般的政策経費とも言います）と、年金、医療、介護などの移転支出（財やサービスとの交換を伴わない政府による支出）とに区分することができます。

原則、一般的政策経費は税金によって、移転支出は保険料によって、賄われることになっています。しかし、日本の財政は、赤字国債に依存していることは先にすでに見ました。ところで、税と国債は、どのような点で異なっているのでしょうか？

経済学的に見れば、税金はわたしたちの懐から強制的にむしり取られますが、国債は欲しい人だけ買えばよいので任意です。また、税金は、国会の審議を経なければなりませんから、一度に多額の資金を速やかに調達するのには不向きですが、国債は毎年150兆円ほど発行されています。このように、強制性の有無、財源確保の容易性など、さまざま指摘ができますが、一番の特徴は、負担が発生する時期の違いです。つまり、税金で資金調達する場合には、その時点に存在するすべての納税者で負担することになりますが、国債で資金調達する場合には、国債が償還される時点の納税者が負担します。しかも、日本の場合、「60年償還ルール」が存在しますから、借金の返済を60年先の子孫にまで先送りできます[38]。つまり、**60年先まで負担を先送りしつつ、赤字国債を財源として行う政策から発生する利益は、わたしたちが即時に享受してしまうのです。**孫のキャッシュカードで祖父母が贅沢三昧の生活を送る構図です。

このように「赤字国債」と「60年償還ルール」が化学反応を起こすと、利益と負担を世代的に乖離させることができてしまいますから、世代間格差が深刻化してしまうのです。なぜなら、経済学的には、自分が負担しなくてもよい場合には、必ず無駄遣いが生じるからです。赤字国債を発行し続ける政府は、わたしたちが、おいしい料理をたらふく食べて、しかし、代金は支払わない、食い逃げを公認しているのと同じです。負担だけ押し付けられる若者や将来世代からすれば、受益がないのに、借金だけせっせと返していかなければならず、理不尽この上ない仕打ちとしか映らないでしょう。

いまや、９０６兆円にも及ぶ国の借金残高のうち、７割弱に相当する６２５兆円が赤字国債によるものです。もちろん、赤字国債による借金のすべてが無駄遣いの結果発生したとは言えません。しかし、だからといって建設国債とは違って見合いの資産もない赤字国債にも60年償還ルールという勝手なルールを無理やり適用し続けて、借金の大半を若者や将来世代に先送りし続けるのは分別ある大人のやるべきことではありません。

38……60年償還ルールとは、財務省によると、ある年に発行された国債を60年かけて完全償還するというものであり、戦後の国債発行に際して、建設国債の見合資産（つまり政府が公共事業などを通じて建設した建築物など）の平均的な効用発揮期間が概ね60年であることから、この期間内に現金償還を終了するという考え方で採用されました。現状では、赤字国債にも60年償還ルールが適用されていますが、赤字国債には建設国債とは異なり見合資産は存在しないことから、60年償還ルールを適用することは合理的ではありません。

◇世代間格差解消は絶望的

より若い世代が損をし、高齢な世代が得をする現在の日本の状況を改善するには、財政法を遵守して、赤字国債の発行を即刻中止しなければなりません。そして、そのうえで、①年齢別に歪な受益負担構造、②少子化、高齢化の進行、③巨額な政府純債務残高を解決するのです。止血が先決で、大規模な外科手術はその後です。しかし、現在では、赤字国債は、国会で審議されることなく自動的に発行できるようになっていて、止血どころではありません[39]。

さらに、社会保障分野の受益負担の構造改革や増税、歳出削減など痛みの伴う改革は忌避されるなど大規模外科手術が行われるどころか、少子化対策という延命治療に一縷の希望が託される始末です。人口対策によって世代間格差を解消するには、どの程度人口を確保する必要があるかについては、人口動態不変ケースが一つのメルクマールになります。同ケースでは、2018年以降全世代で同じ人口が続くと仮定していたため、人口対策のハードルはかなり高くなっています。具体的には、2019年から2115年までのほぼ100年間で将来世代(毎年の0歳世代)はトータルで5140万人弱の移民が必要となりますし、例えば、2050年に2018年と同数の20歳から54歳までの勤労世代人口を確保しようと思えば、2050年単年で1730万人弱の移民を受け入れる必要があります。

また、人口増加を移民に頼らずに、少子化対策によって日本人の出生を増やすことで対応しようとすれば、平均すれば毎年57万人出生数を増やしていかなければなりません。なお、2019年の出生数は86・4万人と統計を取り始めた1899年以来初めて90万人を下回り、過去最少です。しかも、平成29年に公表された国立社会保障・人口問題研究所の将来予測(中位推計)では、出生数が90万人を割り込むのは2020年、86万人台となるのは2021年とされていたので、減少ペースは国の予測よりも2年早まっています。

少子化対策によって人口水準を維持しようと思えば、86・4万人という過去最低の出生数に57万人を新たに追加した1985年当時と同じ大体143万人の出生が必要なわけですから、当然、こうした大幅な出生増を実現するためには大規模な出生・育児支援策を講じなければならず、あまり現実的ではありません。

もし、仮にこのような規模の政策が実行可能であるにしても、当然、膨大なコストがかかります。そのコストをどのように調達するのか（税なのか公債なのか）によって、各世代に与える影響も異なってくるはずなので、そうした**政策を世代間の視点から評価するためには、第二章でみた世代会計の出番ということになるのです。**

39……赤字国債の発行による財源の穴埋めは、増税や歳出削減に比べて非常に容易なので、一度頼ってしまえば歯止めがかからなくなってしまいます。違法薬物と同じで、一度手を出してしまうと容易に依存症に陥ってしまうのです。そこで、１９７５年12月に制定された特例公債法（昭和五十年度の公債の発行の特例に関する法律）では、赤字国債の野放図な発行を抑制するために、⑴赤字国債の償還は現金償還に限る、⑵特例公債法は単年度法とし、その都度国会で審議する、という2つのルールを決めました。しかし、１９８５年度以降、大量の赤字国債の現金償還に直面すると、急遽、現金償還原則は破棄され、建設国債と同じく、60年償還ルールに則った借換債の発行による償還に方針転換されました。さらに、２０１２年11月に成立した特例公債法（財政運営に必要な財源の確保を図るための公債の発行の特例に関する法律）では、複数年にわたり赤字国債の発行が認められることになり、単年度法の原則も破棄されました。もともと、特例公債法が恒久法ではなく単年度法とされたのは、赤字国債の発行に際して、毎年、その必要性について審議することで、赤字国債の増発を抑制する歯止めとするためでした。しかし、この単年度法の原則の破棄によって、法律の範囲内ではありますが、自動的に国会の審議を経ることなく赤字国債を発行できるようになってしまい、現在に至っています。

◇世代間での不均衡をなくす政策

ある政策が変更されたことで、マクロ経済や財政、社会保障に及ぶ影響が同じ大きさであったとしても、そうした政策の変更によってそれぞれの世代がどのような影響を被るのかについては、必ずしも先験的には明らかではありません。つまり、ある政策から受ける効果は世代によって違うのが一般的です。

例えば、消費税率を引き上げて財政を健全化するケースを考えてみましょう。消費税は所得税に比べると、広く薄く若年世代や勤労世代から引退世代まで幅広い世代により負担されます。ですから、勤労世代に大きな負担を集中させることはありません。しかし、このことはある一時点のみに当てはまります。ある特定の時点ではなく、例えば、一生涯を通して見れば、消費増税が実行された時点で、残りの人生が長い若者世代はそうでない高齢世代に比べて当然より大きな負担を負います。そのため、消費増税による財政健全化が図られれば、確かにすべての世代の損は増しますが[40]、損の増え方が違うのです。要するに、損の増え方は、残りの人生の長さに比例しますから、より若い世代ほど損が拡大し、逆に世代間格差は拡大してしまうかもしれません。

世代会計はまさにこうしたある政策が世代間に与える効果の違いを測定するのに威力を発揮するツールなのです。

本章では、現在の日本経済にとって重要と思われる幾つかの政策シナリオに対して、世代会計を応用することで、それぞれの政策シナリオが世代別に与える効果について検討します。具体的には、(1)出生対策、(2)消費税増税、(3)所得税増税、(4)経済成長、(5)ベーシックインカムの導入、(6)年金給付削減、(7)年金保険料削減の７つの政策シナリオを考え、いずれの政策が、高齢者の得と若者の損のリバランスにとって重要な政策であるのかについて評価してみることにします。

40……正確には、将来世代（2018年時点で未出生の世代）の損は減ります。

◇出生数増加シナリオ

現在、政府が取り組んでいる少子化対策が功を奏し、少子化が止まらないまでも出生数が現在の想定から上振れしたとすれば、若者世代と高齢世代、そして将来世代の損得勘定はどのような影響を受けるのでしょうか。

具体的には、これまでの世代会計の試算では、将来の人口動向には、国立社会保障・人口問題研究所の『日本の将来推計人口（平成29年推計）』の中位推計（出生中位・死亡中位）を用いていました。これは、中位推計が、年金等の社会保障政策策定の際の基礎資料として使用されていることに基づいています。そこで、本シナリオでは、同じく『日本の将来推計人口（平成29年推計）』から中位推計ではなく高位推計（出生高位・死亡中位）を用いることにします。高位推計では、中位推計で想定されるよりは、少子化、高齢化が進行しないため、楽観的なシナリオです。

シミュレーション結果を見る前に、中位推計と高位推計における人口変動の違いについて確認しておきます。

まず、年少（0～14歳）人口の動きを見ますと、2015年には1595万人だったものが、2021年には1400万人台に減少します。その後も減少が続き、2056年には1000万人を下回り、2065年には898万人になるものと推計されています。

出生高位推計においても、年少人口は減少するのは、中位推計と変わりありませんが、そのスピードは遅く、2065年では、

●図1：年少人口の推移

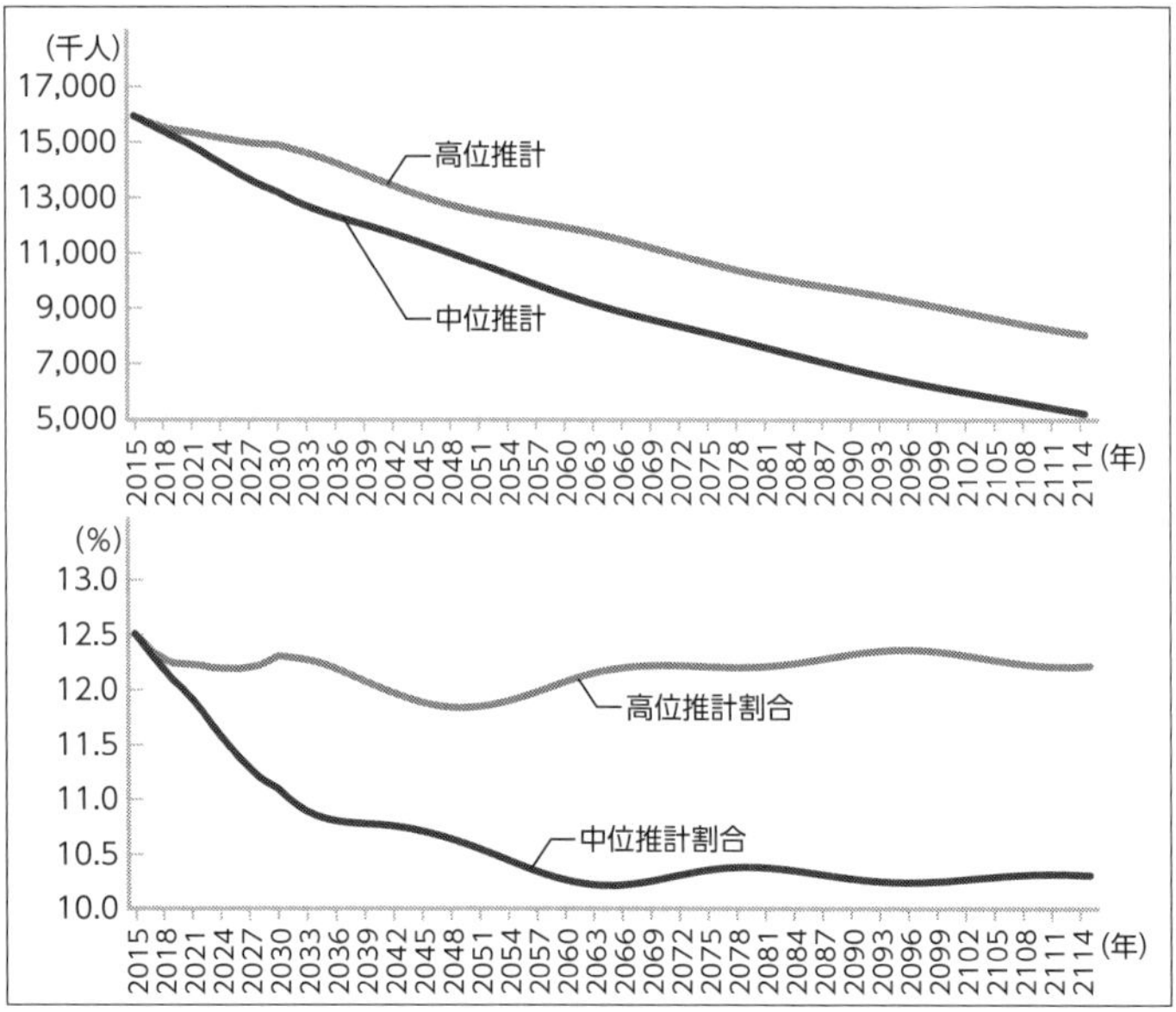

（出典）国立社会保障・人口問題研究所資料により筆者作成

1159万人と1000万人台は維持される見通しです。このような年少人口の動きを、総人口に占める割合である年少人口比率の動きで見ると、2015年の12・5%から減少を続け、2020年に12・0%、2031年には11・0%となった後、2065年には10・2%になります。出生高位推計では、年少人口割合は中位推計よりもやや緩やかに減少し、2041年に12・0%となった後、2065年には12・2%とやや上昇します。

次に、生産年齢人口（15～64歳）は、戦後一貫して増加を続

●図2：生産年齢人口の推移

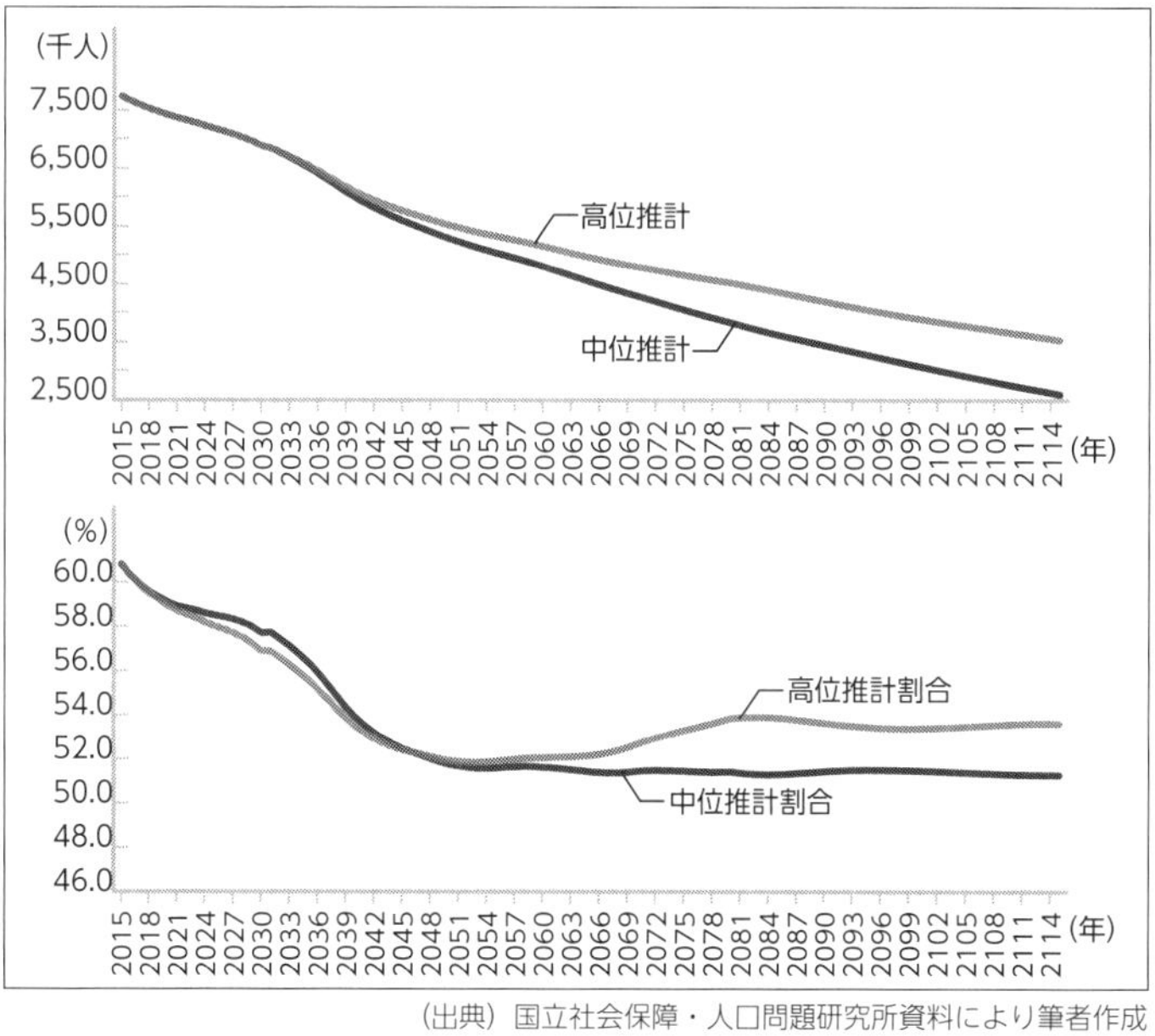

（出典）国立社会保障・人口問題研究所資料により筆者作成

け、1995年にピークを付けた後は減少を続け、2015年には7728万人となっています。2029年、2040年、2056年には、それぞれ7000万人、6000万人、5000万人を下回り、2065年には4529万人となります。高位推計では、2030年までは中位推計と同じ動きをたどりますが、その後は減少のペースはやや遅く、2064年に5000万人を割り込み、2065年には4950万人となります。生産年齢人口割合は、2015年の60・8%から減少を続け、2065年には51・4%となります。高位推計においても、一貫して減少を示し、2065年には中位推計の見込みより1ポイント程度高い52・2%に過ぎません。

さらに、老年（65歳以上）人口の推移は、2065年までの推計期間を通して中位推計も高位推計も結果は同じです。すなわち、2015年の3387万人から、2020年には3619万人へと増加します。その後は、しばらくは緩やかな増加を示しますが、2030年に3716万人となった後、第二次ベビーブーム世代が老年人口に入った後の2042年に3935万人とピークを迎える見通しです。それ以降は一貫した減少に転じ、2065年には3381万人となります。老年人口割合は、2015年の26・6%で、国民の4人に1人が65歳以上の高齢者を上回る状態から、2036年に33・3%と3人に1人となり、2065年には38・4%、すなわち、2・6人に1人が老年人口となります。高

●図３：老年人口の推移

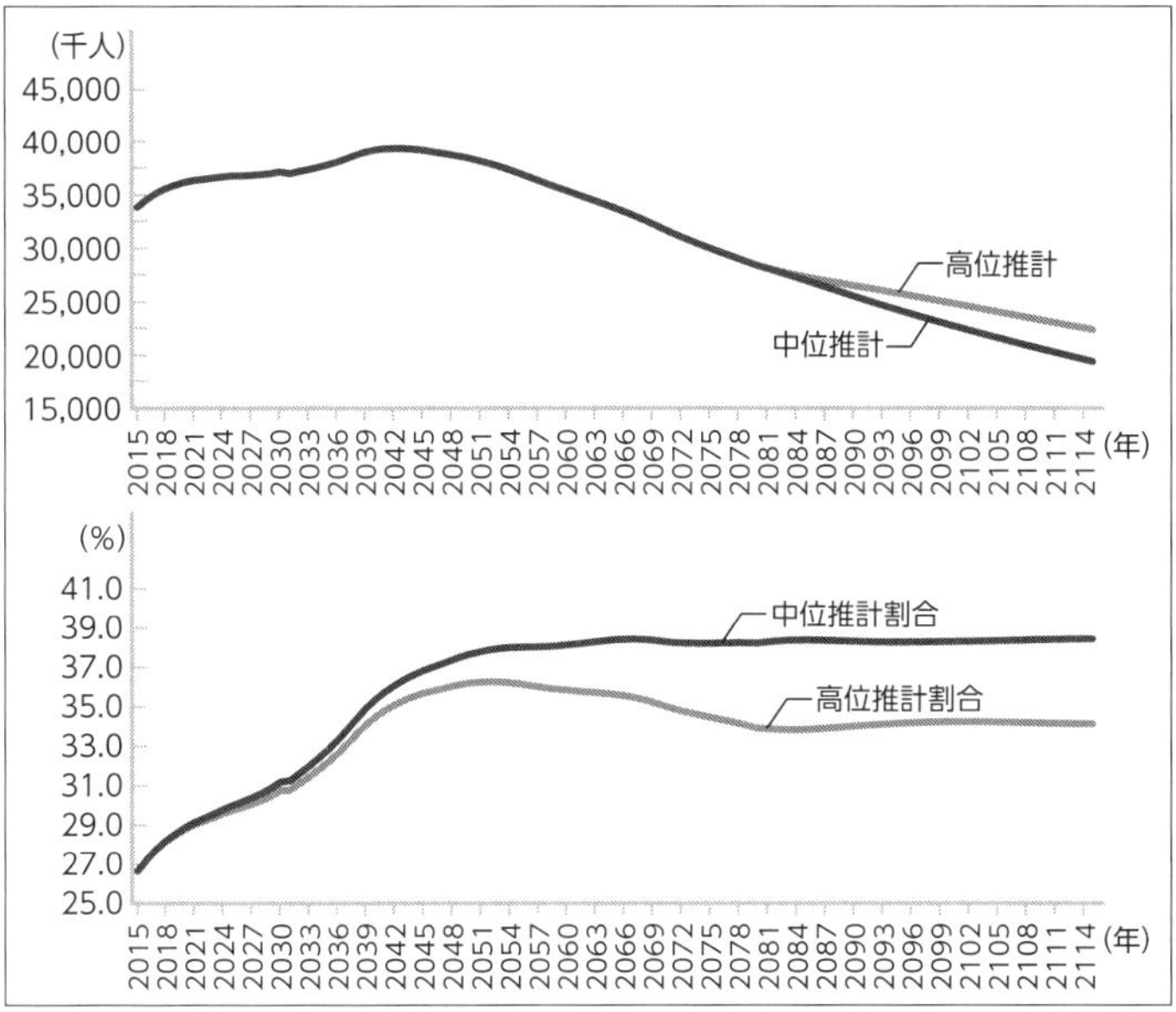

(出典) 国立社会保障・人口問題研究所資料により筆者作成

位推計では、２０３８年に33・6％で３人に１人となり、２０６５年には35・6％、すなわち２・８人に１人が老年人口となります。すでに見たように老年人口の増加は２０４２年をピークにその後減少するにもかかわらず、老年人口割合では２０６５年に至っても増加を続けるのは、年少人口と生産年齢人口が老年人口の減少を相対的に上回って続くことによります。

それでは、シミュレーション結果を表２によって見てみましょう。

出生数増加によって、少子化、高齢化の進行が幾分なりとも緩和されるため、労働生産性に変化がないとしてもマクロの経済成長率が上昇することになります。ただし、それに応じて、負担も受益も増加します。しかし、先に見たように、現在の受益・負担構造を前提とすれば、負担よりも受益の方が大きいため、現在すでに生を受けている各世代では損が減少しています。

このように現在世代の損は減りますが、将来世代の人口も増加しますから、将来世代の損は金額では1500万円弱、対生涯所得比では13ポイント弱軽減されることになります。

しかしながら、総じて見れば、特に現在世代においては、より若い世代の損の改善効果は小さく、中位推計から高位推計に変わる程度の出生増加では世代間格差是正にはほとんど無力です。したがって、**社会保障制度の受益負担構造などに手を付けることなく、人口を増やすことだけで世代間格差を是正しようと思えば、外国人労働者の導入を真剣に検討する必要があると言えます**[41]。

41……ただし、出生対策には追加的なコストが必要となりますし、移民の受け入れに関してもさまざまな社会的なコスト等の増加が懸念されるため、実際の世代間不均衡の是正効果はシミュレーション結果よりも小さくなる可能性が高いです。先行研究では、移民の規模や年齢構成に依存するものの、一時的な移民の受け入れでは財政（社会保障制度）の持続可能性や世代間公平性の確保は困難であるとしています。この理由は直感的には、一時的に受け入れた移民もいずれは高齢者となり受益世代となるためです。

●表２：推計結果（出生数増加シナリオ）

ベースライン(1)					
年齢(歳)	生涯純税負担額(千円)	生涯負担額(千円)	生涯受益額(千円)	生涯所得額(千円)	生涯純税負担率(%)
0	32,343	69,882	37,538	118,476	27.3
5	33,283	74,342	41,058	127,104	26.2
10	35,939	80,353	44,414	135,935	26.4
15	35,671	84,293	48,622	145,065	24.6
20	38,098	89,915	51,817	153,447	24.8
25	38,162	96,492	58,330	157,141	24.3
30	36,373	99,990	63,617	167,244	21.7
35	36,845	103,841	66,996	173,209	21.3
40	38,162	108,892	70,730	187,576	20.3
45	40,585	118,552	77,967	196,881	20.6
50	39,221	128,598	89,377	214,004	18.3
55	36,654	137,109	100,456	231,435	15.8
60	34,303	140,137	105,834	246,317	13.9
65	22,303	138,929	116,626	257,299	8.7
70	11,425	143,083	131,658	260,667	4.4
75	-1,442	139,382	140,825	261,144	-0.6
80	-17,531	137,246	154,777	248,563	-7.1
85	-32,788	131,245	164,033	230,472	-14.2
90	-51,041	121,524	172,565	195,633	-26.1
将来世代	91,583	–	–	116,772	78.4

出生数増加シナリオ(2)					
年齢(歳)	生涯純税負担額(千円)	生涯負担額(千円)	生涯受益額(千円)	生涯所得額(千円)	生涯純税負担率(%)
0	31,996	71,820	39,824	119,048	26.9
5	32,781	76,383	43,602	128,191	25.6
10	35,399	82,495	47,095	137,399	25.8
15	34,978	86,326	51,347	146,745	23.8
20	37,340	91,852	54,512	155,196	24.1
25	37,403	98,301	60,898	158,857	23.5
30	35,543	101,506	65,963	168,813	21.1
35	35,959	105,047	69,088	174,510	20.6
40	37,177	109,743	72,565	188,533	19.7
45	39,570	119,145	79,575	197,500	20.0
50	38,218	128,999	90,782	214,353	17.8
55	35,738	137,390	101,652	231,615	15.4
60	33,512	140,319	106,807	246,416	13.6
65	21,657	139,029	117,372	257,360	8.4
70	10,946	143,171	132,224	260,707	4.2
75	-1,803	139,430	141,234	261,168	-0.7
80	-17,754	137,271	155,026	248,575	-7.1
85	-32,875	131,254	164,129	230,476	-14.3
90	-51,041	121,524	172,565	195,633	-26.1
将来世代	76,830	–	–	117,228	65.5

乖離幅（(3) = (2) - (1)）					
年齢 (歳)	生涯純税負担額 (千円)	生涯負担額 (千円)	生涯受益額 (千円)	生涯所得額 (千円)	生涯純税負担率 (% pt)
0	-347	1,938	2,285	572	-0.4
5	-503	2,041	2,544	1,087	-0.6
10	-539	2,142	2,681	1,464	-0.7
15	-693	2,032	2,725	1,679	-0.8
20	-758	1,938	2,695	1,748	-0.8
25	-759	1,809	2,568	1,716	-0.7
30	-830	1,515	2,346	1,569	-0.7
35	-887	1,206	2,092	1,301	-0.7
40	-985	851	1,835	957	-0.6
45	-1,015	593	1,608	619	-0.6
50	-1,004	401	1,405	349	-0.5
55	-916	280	1,196	180	-0.4
60	-791	182	973	98	-0.3
65	-646	100	746	60	-0.3
70	-479	87	566	40	-0.2
75	-361	48	409	24	-0.1
80	-223	25	248	12	-0.1
85	-87	9	96	3	-0.0
90	0	0	0	0	0.0
将来世代	-14,753	−	−	456	-12.9

（出典）筆者試算

※四捨五入の関係で -0.0 となっていますが、実際にはわずかながら損は減っていることを意味しています（以下同じ）。

◇消費税増税シナリオ

次に、消費税率の引き上げによって、世代別の損得勘定がどう変化するのかについて検討します。2019年10月に消費税率が8％から10％に引き上げられました。安倍首相は、昨年7月の参院選に先立つ記者会見で、「今後10年間は消費税を引き上げる予定はない」と発言されています。しかし、財政学者の間では今後の高齢化の進行を考えると、社会保障にかかる費用を賄い、財政を健全化するためには、10％では不足するというのが共通理解です[42]。そこで、ここでは、2020年4月以降、消費税率を10％から15％にまで5ポイント引き上げるシナリオについてシミュレーションを行ってみます。

シミュレーション結果は表3の通りです。

消費税率の引き上げは、現在世代の負担を大きくしますから、将来世代の負担が軽減されることがわかります。その意味では、消費税の引き上げは政府の言う通り、世代間公平性の回復に資するものと言えそうです。しかし、表3から明らかなように、若い世代ほど純負担の増加幅が大きくなっています。例えば、70歳世代では負担増加額は141万円程度に過ぎないのに対して20歳世代では828万円程度の負担増となっています。これは、若い世代ほど残りの人生が長いので、消費額も多くなることによります。つまり、消費税は、政府の言う「薄く広く世代間で負担を分かち合う」わけではなく、一生涯を通してみれば、引き上げ時点で残りの人生が長い、より若い世代に負担が集中してしまうことになるのです。

したがって、**消費税増税が世代別の損得勘定に与える影響としては、現在世代の損は大きくなり将来世代の損は小さくなりますが、一方で、現在世代内を見れば、高齢世代よりもより若い世代の損の拡大幅の方が大きく、世代間格差は拡大することになるのです。**

42……財政の持続可能性を確保するために必要な消費税率の水準については、OECD（2015）は20％、Braun and Joines（2014）は30～60％、Hansen and Imrohoroglu（2016）では40～60％と試算しています。

●表3：推計結果（消費増税シナリオ）

ベースライン⑴					
年齢(歳)	生涯純税負担額(千円)	生涯負担額(千円)	生涯受益額(千円)	生涯所得額(千円)	生涯純税負担率(%)
0	32,343	69,882	37,538	118,476	27.3
5	33,283	74,342	41,058	127,104	26.2
10	35,939	80,353	44,414	135,935	26.4
15	35,671	84,293	48,622	145,065	24.6
20	38,098	89,915	51,817	153,447	24.8
25	38,162	96,492	58,330	157,141	24.3
30	36,373	99,990	63,617	167,244	21.7
35	36,845	103,841	66,996	173,209	21.3
40	38,162	108,892	70,730	187,576	20.3
45	40,585	118,552	77,967	196,881	20.6
50	39,221	128,598	89,377	214,004	18.3
55	36,654	137,109	100,456	231,435	15.8
60	34,303	140,137	105,834	246,317	13.9
65	22,303	138,929	116,626	257,299	8.7
70	11,425	143,083	131,658	260,667	4.4
75	-1,442	139,382	140,825	261,144	-0.6
80	-17,531	137,246	154,777	248,563	-7.1
85	-32,788	131,245	164,033	230,472	-14.2
90	-51,041	121,524	172,565	195,633	-26.1
将来世代	91,583	−	−	116,772	78.4

消費増税シナリオ (2)					
年齢 (歳)	生涯純税負担額 (千円)	生涯負担額 (千円)	生涯受益額 (千円)	生涯所得額 (千円)	生涯純税負担率 (%)
0	39,053	76,591	37,538	118,476	33.0
5	40,293	81,352	41,058	127,104	31.7
10	43,778	88,192	44,414	135,935	32.2
15	43,609	92,231	48,622	145,065	30.1
20	46,084	97,901	51,817	153,447	30.0
25	46,438	104,767	58,330	157,141	29.6
30	43,696	107,314	63,617	167,244	26.1
35	43,337	110,333	66,996	173,209	25.0
40	43,275	114,005	70,730	187,576	23.1
45	45,119	123,086	77,967	196,881	22.9
50	43,482	132,859	89,377	214,004	20.3
55	40,891	141,347	100,456	231,435	17.7
60	37,777	143,611	105,834	246,317	15.3
65	24,444	141,070	116,626	257,299	9.5
70	13,665	145,324	131,658	260,667	5.2
75	-29	140,796	140,825	261,144	-0.0
80	-16,523	138,255	154,777	248,563	-6.6
85	-32,213	131,820	164,033	230,472	-14.0
90	-51,041	121,524	172,565	195,633	-26.1
将来世代	83,834	－	－	116,772	71.8

乖離幅 ((3) = (2) - (1))					
年齢 (歳)	生涯純税負担額 (千円)	生涯負担額 (千円)	生涯受益額 (千円)	生涯所得額 (千円)	生涯純税負担率 (% pt)
0	6,709	6,709	0	0	5.7
5	7,010	7,010	0	0	5.5
10	7,839	7,839	0	0	5.8
15	7,937	7,937	0	0	5.5
20	7,987	7,987	0	0	5.2
25	8,275	8,275	0	0	5.3
30	7,323	7,323	0	0	4.4
35	6,492	6,492	0	0	3.7
40	5,113	5,113	0	0	2.7
45	4,534	4,534	0	0	2.3
50	4,261	4,261	0	0	2.0
55	4,237	4,237	0	0	1.8
60	3,474	3,474	0	0	1.4
65	2,141	2,141	0	0	0.8
70	2,241	2,241	0	0	0.9
75	1,413	1,413	0	0	0.5
80	1,008	1,008	0	0	0.4
85	575	575	0	0	0.2
90	0	0	0	0	0.0
将来世代	-7,749	－	－	0	-6.6

（出典）筆者試算

◇消費増税遅延シナリオ

消費税が導入されたのは１９８９年４月で、当時は３％でした。その後１９９７年４月に５％に引き上げられましたので、２ポイント引き上げるのに８年要しています。さらに、８％に引き上げられたのは２０１４年４月ですから、３ポイント引き上げるのに17年かかっています。さらに、10％になったのは、２０１９年10月なので、４・５年かかりました。つまり、３％から10％になるまでには、30年経過したように、消費税率の引き上げにはかなりの時間が必要になります。

消費税の引き上げに時間がかかる場合、世代別の損得勘定に与える影響は

●表４：推計結果（消費増税遅延シナリオ）

消費増税シナリオ (1)					
年齢 (歳)	生涯純税負担額 (千円)	生涯負担額 (千円)	生涯受益額 (千円)	生涯所得額 (千円)	生涯純税負担率 (%)
0	39,053	76,591	37,538	118,476	33.0
5	40,293	81,352	41,058	127,104	31.7
10	43,778	88,192	44,414	135,935	32.2
15	43,609	92,231	48,622	145,065	30.1
20	46,084	97,901	51,817	153,447	30.0
25	46,438	104,767	58,330	157,141	29.6
30	43,696	107,314	63,617	167,244	26.1
35	43,337	110,333	66,996	173,209	25.0
40	43,275	114,005	70,730	187,576	23.1
45	45,119	123,086	77,967	196,881	22.9
50	43,482	132,859	89,377	214,004	20.3
55	40,891	141,347	100,456	231,435	17.7
60	37,777	143,611	105,834	246,317	15.3
65	24,444	141,070	116,626	257,299	9.5
70	13,665	145,324	131,658	260,667	5.2
75	-29	140,796	140,825	261,144	-0.0
80	-16,523	138,255	154,777	248,563	-6.6
85	-32,213	131,820	164,033	230,472	-14.0
90	-51,041	121,524	172,565	195,633	-26.1
将来世代	83,834	–	–	116,772	71.8

消費増税遅延シナリオ (2)					
年齢（歳）	生涯純税負担額（千円）	生涯負担額（千円）	生涯受益額（千円）	生涯所得額（千円）	生涯純税負担率（%）
0	39,053	76,591	37,538	118,476	33.0
5	39,565	80,624	41,058	127,104	31.1
10	42,273	86,688	44,414	135,935	31.1
15	41,427	90,049	48,622	145,065	28.6
20	43,702	95,519	51,817	153,447	28.5
25	43,550	101,879	58,330	157,141	27.7
30	40,538	104,155	63,617	167,244	24.2
35	40,132	107,128	66,996	173,209	23.2
40	40,566	111,296	70,730	187,576	21.6
45	42,681	120,647	77,967	196,881	21.7
50	41,019	130,395	89,377	214,004	19.2
55	38,138	138,594	100,456	231,435	16.5
60	35,248	141,081	105,834	246,317	14.3
65	22,773	139,399	116,626	257,299	8.9
70	11,738	143,397	131,658	260,667	4.5
75	-1,442	139,382	140,825	261,144	-0.6
80	-17,531	137,246	154,777	248,563	-7.1
85	-32,788	131,245	164,033	230,472	-14.2
90	-51,041	121,524	172,565	195,633	-26.1
将来世代	87,356	–	–	116,772	74.8

乖離幅 ((3) = (2) - (1))					
年齢（歳）	生涯純税負担額（千円）	生涯負担額（千円）	生涯受益額（千円）	生涯所得額（千円）	生涯純税負担率（% pt）
0	0	0	0	0	0.0
5	-728	-728	0	0	-0.6
10	-1,505	-1,505	0	0	-1.1
15	-2,182	-2,182	0	0	-1.5
20	-2,382	-2,382	0	0	-1.6
25	-2,888	-2,888	0	0	-1.8
30	-3,159	-3,159	0	0	-1.9
35	-3,205	-3,205	0	0	-1.9
40	-2,709	-2,709	0	0	-1.4
45	-2,438	-2,438	0	0	-1.2
50	-2,464	-2,464	0	0	-1.2
55	-2,753	-2,753	0	0	-1.2
60	-2,530	-2,530	0	0	-1.0
65	-1,671	-1,671	0	0	-0.6
70	-1,927	-1,927	0	0	-0.7
75	-1,413	-1,413	0	0	-0.5
80	-1,008	-1,008	0	0	-0.4
85	-575	-575	0	0	-0.2
90	0	0	0	0	0.0
将来世代	3,522	–	–	0	3.0

（出典）筆者試算

異なります。つまり、世代によっては消費税による負担増に直面することなく逃げ切ることが可能になるのです。そこで、ここでは15％への引き上げが２０２０年から２０３５年へと15年遅延する場合の世代別の損得勘定への影響を確認してみることにします。シミュレーション結果は表４の通りです。

表４から明らかなように、現在世代に関しては高齢世代も若い世代も損が軽減され、その分将来世代の損が増加します。つまり、財政再建遅延のコストは将来世代に押しつけられ、世代間不均衡も拡大してしまうのです。現実的には、消費増税が遅れれば遅れるほど、逃げ切れる確率が低下し、かつ財政再建に必要となる消費税率の引き上げ幅が大きくなると予想されますから、**将来世代だけでなく、現在世代の中でもより若い世代の損がかえって増す可能性も否定できないことには留意する必要があります。**

◇所得税増税シナリオ

次に、所得税増税シナリオを考えます。このシナリオの推計に当たっては、消費税増税シナリオとの比較を可能にするため、所得増税総額の現在価値の流列が消費増税総額の現在価値の流列と同一になるように調整を行っています。つまり、増税規模は両シナリオで同じにしています。

●表5：推計結果（所得税増税シナリオ）

ベースライン (1)					
年齢(歳)	生涯純税負担額(千円)	生涯負担額(千円)	生涯受益額(千円)	生涯所得額(千円)	生涯純税負担率(%)
0	32,343	69,882	37,538	118,476	27.3
5	33,283	74,342	41,058	127,104	26.2
10	35,939	80,353	44,414	135,935	26.4
15	35,671	84,293	48,622	145,065	24.6
20	38,098	89,915	51,817	153,447	24.8
25	38,162	96,492	58,330	157,141	24.3
30	36,373	99,990	63,617	167,244	21.7
35	36,845	103,841	66,996	173,209	21.3
40	38,162	108,892	70,730	187,576	20.3
45	40,585	118,552	77,967	196,881	20.6
50	39,221	128,598	89,377	214,004	18.3
55	36,654	137,109	100,456	231,435	15.8
60	34,303	140,137	105,834	246,317	13.9
65	22,303	138,929	116,626	257,299	8.7
70	11,425	143,083	131,658	260,667	4.4
75	-1,442	139,382	140,825	261,144	-0.6
80	-17,531	137,246	154,777	248,563	-7.1
85	-32,788	131,245	164,033	230,472	-14.2
90	-51,041	121,524	172,565	195,633	-26.1
将来世代	91,583	−	−	116,772	78.4

所得増税シナリオ (2)					
年齢(歳)	生涯純税負担額(千円)	生涯負担額(千円)	生涯受益額(千円)	生涯所得額(千円)	生涯純税負担率(%)
0	42,291	79,830	37,538	118,476	35.7
5	43,456	84,514	41,058	127,104	34.2
10	46,336	90,751	44,414	135,935	34.1
15	46,307	94,930	48,622	145,065	31.9
20	48,363	100,180	51,817	153,447	31.5
25	47,856	106,185	58,330	157,141	30.5
30	45,458	109,076	63,617	167,244	27.2
35	44,777	111,773	66,996	173,209	25.9
40	44,648	115,378	70,730	187,576	23.8
45	45,345	123,311	77,967	196,881	23.0
50	41,949	131,326	89,377	214,004	19.6
55	37,297	137,752	100,456	231,435	16.1
60	34,330	140,164	105,834	246,317	13.9
65	22,312	138,938	116,626	257,299	8.7
70	11,430	143,088	131,658	260,667	4.4
75	-1,440	139,385	140,825	261,144	-0.6
80	-17,530	137,248	154,777	248,563	-7.1
85	-32,788	131,246	164,033	230,472	-14.2
90	-51,041	121,524	172,565	195,633	-26.1
将来世代	83,241	−	−	116,772	71.3

乖離幅（(3) = (2) - (1)）					
年齢（歳）	生涯純税負担額（千円）	生涯負担額（千円）	生涯受益額（千円）	生涯所得額（千円）	生涯純税負担率（% pt）
0	9,948	9,948	0	0	8.4
5	10,173	10,173	0	0	8.0
10	10,397	10,397	0	0	7.6
15	10,636	10,636	0	0	7.3
20	10,265	10,265	0	0	6.7
25	9,693	9,693	0	0	6.2
30	9,085	9,085	0	0	5.4
35	7,932	7,932	0	0	4.6
40	6,486	6,486	0	0	3.5
45	4,759	4,759	0	0	2.4
50	2,728	2,728	0	0	1.3
55	643	643	0	0	0.3
60	27	27	0	0	0.0
65	9	9	0	0	0.0
70	5	5	0	0	0.0
75	3	3	0	0	0.0
80	1	1	0	0	0.0
85	0	0	0	0	0.0
90	0	0	0	0	0.0
将来世代	-8,342	－	－	0	-7.1

（出典）筆者試算

シミュレーション結果は表5の通りです。

所得増税の場合も、現在世代に属するすべての世代で損が増す一方、将来世代の損は減っています。しかし、**所得税増税シナリオの場合、若年世代・中年世代・高齢者世代では各々影響が異なります。若年世代においては、消費税増税の場合よりもより損が大きくなっているのに対して、中高年世代では消費税増税の場合よりも損は小さくなります。**

また、将来世代の損に関しては、所得増税を行わない場合の生涯純税負担率78・4％から71・3％へと、▲7ポイント程度縮小し、現在世代と将来世代の間の世代間格差は是正されます。

◇高生産性実現シナリオ

次に、生産性促進策が世代別の損得勘定に与える効果を検討します。これまでは、消費増税や所得増税といった負担増を伴う政策の効果を主に見てきました。世代間不均衡の是正にとっては、生産性促進策も有効です。

したがって、ここでは、2020年度以降、生産性の上昇率がベースラインの試算の想定1％から4ポイント上昇し5％となった場合の効果を見てみます。

シミュレーション結果は表6の通りです。

生産性の改善は、負担の増加、受益の増加そして生涯所得の増加という3つの経路を通じて、世代別の損得勘定に影響を与えます。

まず、出生増加シナリオでも述べたように、成長率の上振れによっても、受益額と負担額の双方とも、増加します。シミュレーション結果を見ますと、現在世代のどの世代も得（受益額）と損（負担額）の双方がともに増加していることが分かります。世代別には、35歳以上の世代ではネット（全体）で見た損が減る一方、将来世代を含むそれより若い世代ではネットで見た損が増加しています。これは、成長率の上昇は得も損も増加させるものの、それぞれの世代が受払いをするタイミングが異なることが影響するやや技術的な要因に起因するものです。つまり、一般的に、日本の社会保障制度を前提に、ライフサイクルで得と損の時間的経路を考えますと、損の大部分を人生の前半になし、得については人生の後半になすことになりますから、後半に受け取る金額ほどより大きく割り引かれてしまうことになるからです[43]。

しかし、生涯所得は、生産性が向上していくわけですから、全ての世代で当然増加します。したがって、生涯純税負担率に関しては、全ての世代で押し下げる方向に作用します。

こうした結果、現在世代トータルで見た場合、得が損を上回るのでネットで見た損が減ります。これはつまり、将来世代の損が増加することを意味します。しかし、将来世代に関しても、生涯所得が大幅に増加することになる

●表6：推計結果（高生産性実現シナリオ）

ベースライン(1)					
年齢(歳)	生涯純税負担額(千円)	生涯負担額(千円)	生涯受益額(千円)	生涯所得額(千円)	生涯純税負担率(%)
0	32,343	69,882	37,538	118,476	27.3
5	33,283	74,342	41,058	127,104	26.2
10	35,939	80,353	44,414	135,935	26.4
15	35,671	84,293	48,622	145,065	24.6
20	38,098	89,915	51,817	153,447	24.8
25	38,162	96,492	58,330	157,141	24.3
30	36,373	99,990	63,617	167,244	21.7
35	36,845	103,841	66,996	173,209	21.3
40	38,162	108,892	70,730	187,576	20.3
45	40,585	118,552	77,967	196,881	20.6
50	39,221	128,598	89,377	214,004	18.3
55	36,654	137,109	100,456	231,435	15.8
60	34,303	140,137	105,834	246,317	13.9
65	22,303	138,929	116,626	257,299	8.7
70	11,425	143,083	131,658	260,667	4.4
75	-1,442	139,382	140,825	261,144	-0.6
80	-17,531	137,246	154,777	248,563	-7.1
85	-32,788	131,245	164,033	230,472	-14.2
90	-51,041	121,524	172,565	195,633	-26.1
将来世代	91,583	–	–	116,772	78.4

高生産性実現シナリオ(2)					
年齢(歳)	生涯純税負担額(千円)	生涯負担額(千円)	生涯受益額(千円)	生涯所得額(千円)	生涯純税負担率(%)
0	33,651	73,929	40,278	192,437	17.5
5	34,488	78,283	43,794	192,678	17.9
10	37,090	84,233	47,143	192,721	19.2
15	36,645	87,971	51,326	192,653	19.0
20	38,883	93,362	54,479	192,216	20.2
25	38,725	99,652	60,927	188,042	20.6
30	36,584	102,711	66,126	191,001	19.2
35	36,717	106,123	69,406	190,485	19.3
40	37,635	110,672	73,037	199,130	18.9
45	39,739	119,930	80,191	203,808	19.5
50	38,074	129,610	91,537	217,693	17.5
55	35,258	137,805	102,547	233,323	15.1
60	32,757	140,576	107,819	247,343	13.2
65	20,829	139,182	118,353	257,911	8.1
70	10,250	143,321	133,071	261,069	3.9
75	-2,463	139,532	141,995	261,370	-0.9
80	-18,365	137,347	155,712	248,649	-7.4
85	-33,370	131,303	164,673	230,479	-14.5
90	-51,238	121,537	172,775	195,633	-26.2
将来世代	91,877	−	−	192,375	47.8

乖離幅 ((3) = (2) - (1))					
年齢(歳)	生涯純税負担額(千円)	生涯負担額(千円)	生涯受益額(千円)	生涯所得額(千円)	生涯純税負担率(% pt)
0	1,308	4,048	2,740	73,961	-9.8
5	1,205	3,941	2,736	65,574	-8.3
10	1,152	3,880	2,729	56,786	-7.2
15	974	3,678	2,704	47,587	-5.6
20	785	3,448	2,663	38,768	-4.6
25	563	3,160	2,598	30,902	-3.7
30	211	2,720	2,509	23,757	-2.6
35	-128	2,282	2,410	17,276	-2.0
40	-527	1,780	2,307	11,554	-1.4
45	-846	1,378	2,225	6,928	-1.1
50	-1,148	1,013	2,160	3,689	-0.8
55	-1,396	695	2,091	1,888	-0.7
60	-1,546	439	1,985	1,026	-0.7
65	-1,474	253	1,727	612	-0.6
70	-1,175	238	1,413	402	-0.5
75	-1,021	150	1,171	226	-0.4
80	-834	101	935	85	-0.3
85	-582	58	640	7	-0.3
90	-197.3	12.8	210.1	0	-0.1
将来世代	294	−	−	75,603	-30.7

（出典）筆者試算

ので、生涯純税負担率は大きく低下します。つまり、**生涯所得の増加額に対してネットで見た損の拡大幅が小さいわけですから、生産性の向上によって将来世代が自由に使えるお金が増えるのです。**

43……ここで割引現在価値（単に現在価値とも言います）という概念が登場します。ここで、「現在価値」とは、「将来支払うもしくは得られる金額を、今日支払うもしくは得られるとしたら、いくらになるか」を表すものです。例えば、いま金利が5％だとします。あなたは、来年、1千万円である郊外の農村にある畑付きの一軒家を購入する計画を立てているものとしましょう。その計画が実現すれば、あと数年後に迫った定年以降、念願だった晴耕雨読の日々を送れるのです。これまでコツコツと貯めてきた資金はあと1年銀行に預けておけば目標の1千万円に達するものと思われます。

では、金利5％のもとで、来年1千万円銀行から受け取れるようにするためには、いくら預けておけばよいでしょうか。答えは、1千万円を1＋金利（今の例では0・05）で割った約952万3809円です。なぜなら、いま、この952万3809円を銀行に預けたとすると、来年受け取れる利子は、952万3809円×0・05で47万6191円になります。この利子を元本の952万3809円に加えると、ちょうど1千万円です。

つまり、来年1千万円を受け取るためにいま必要なのは、952万3809円というわけです。言い換えれば、金利5％のもとでは、今年の952万3809円と来年の1千万円の価値は同値であり、将来の1千万円の現時点での価値―現在価値―は、952万3809円ということになります。一般化すれば、ある金額X円の1年後の現在価値は、金利がr％のもとでは、X円÷（1＋r／100）で求められるのです。

◇ベーシックインカムの導入

続いてベーシックインカムの導入が世代別の損得勘定に与える影響について評価してみましょう。

ベーシックインカムは、年齢・性別・所得を問わず、政府がすべての国民に対して最低限の生活を送るのに必要とされる一定額の現金を定期的に支給する制度のことです。もちろん、制度設計に依存しますが、現行の社会保障制度の大半は整理統合されるはずです。

検討にあたり、日本でベーシックインカムが導入される予定はいまのところまったくありませんので、ベーシックインカムの導入が世代別の損得勘定にどのような影響を与えるのかを見るためには適切なベーシックインカム制度をこちらで考える必要があります。

ここでは、現在の制度と比較しやすいようなベーシックインカムを考えます。

具体的には、年金・医療・介護・生活保護・児童手当等社会保障・福祉政策のうち、現金給付にかかる部分はすべてベーシックインカムに統合し、現物給付（サービス給付）は現行のまま維持されるものと想定しています。このとき、ベーシックインカムの導入前後では、つまり現行の社会保障・福祉の給付総額・負担総額とベーシックインカム導入後の給付総額・負担総額とに変化はないものとしています。制度導入の前後で給付総額や負担総額が変わってしまえば、適切な比較はできなくなってしまうからです。

●表7：推計結果（ベーシックインカムシナリオ）

ベースライン (1)					
年齢(歳)	生涯純税負担額(千円)	生涯負担額(千円)	生涯受益額(千円)	生涯所得額(千円)	生涯純税負担率(%)
0	32,343	69,882	37,538	118,476	27.3
5	33,283	74,342	41,058	127,104	26.2
10	35,939	80,353	44,414	135,935	26.4
15	35,671	84,293	48,622	145,065	24.6
20	38,098	89,915	51,817	153,447	24.8
25	38,162	96,492	58,330	157,141	24.3
30	36,373	99,990	63,617	167,244	21.7
35	36,845	103,841	66,996	173,209	21.3
40	38,162	108,892	70,730	187,576	20.3
45	40,585	118,552	77,967	196,881	20.6
50	39,221	128,598	89,377	214,004	18.3
55	36,654	137,109	100,456	231,435	15.8
60	34,303	140,137	105,834	246,317	13.9
65	22,303	138,929	116,626	257,299	8.7
70	11,425	143,083	131,658	260,667	4.4
75	-1,442	139,382	140,825	261,144	-0.6
80	-17,531	137,246	154,777	248,563	-7.1
85	-32,788	131,245	164,033	230,472	-14.2
90	-51,041	121,524	172,565	195,633	-26.1
将来世代	91,583	−	−	116,772	78.4

ベーシックインカムシナリオ (2)					
年齢(歳)	生涯純税負担額(千円)	生涯負担額(千円)	生涯受益額(千円)	生涯所得額(千円)	生涯純税負担率(%)
0	9,901	62,699	52,797	118,476	8.4
5	13,018	66,016	52,998	127,104	10.2
10	19,866	72,621	52,755	135,935	14.6
15	21,632	74,809	53,177	145,065	14.9
20	28,830	81,680	52,851	153,447	18.8
25	35,061	91,290	56,229	157,141	22.3
30	34,997	93,914	58,918	167,244	20.9
35	38,756	98,563	59,807	173,209	22.4
40	42,918	103,549	60,632	187,576	22.9
45	53,069	116,725	63,657	196,881	27.0
50	62,530	131,830	69,300	214,004	29.2
55	72,215	146,191	73,976	231,435	31.2
60	73,299	149,621	76,322	246,317	29.8
65	54,713	144,887	90,174	257,299	21.3
70	40,633	149,890	109,257	260,667	15.6
75	25,890	143,733	117,843	261,144	9.9
80	7,571	140,379	132,807	248,563	3.0
85	-15,090	133,048	148,138	230,472	-6.5
90	-51,041	121,524	172,565	195,633	-26.1
将来世代	67,471	−	−	116,772	57.8

乖離幅 ((3) = (2) - (1))					
年齢 (歳)	生涯純税負担額 (千円)	生涯負担額 (千円)	生涯受益額 (千円)	生涯所得額 (千円)	生涯純税負担率 (% pt)
0	-22,442	-7,183	15,259	0	-18.9
5	-20,265	-8,325	11,940	0	-15.9
10	-16,073	-7,732	8,341	0	-11.8
15	-14,039	-9,484	4,554	0	-9.7
20	-9,268	-8,234	1,034	0	-6.0
25	-3,102	-5,202	-2,101	0	-2.0
30	-1,377	-6,076	-4,699	0	-0.8
35	1,911	-5,279	-7,189	0	1.1
40	4,756	-5,342	-10,098	0	2.5
45	12,483	-1,827	-14,310	0	6.3
50	23,309	3,232	-20,076	0	10.9
55	35,561	9,081	-26,480	0	15.4
60	38,996	9,484	-29,512	0	15.8
65	32,410	5,958	-26,451	0	12.6
70	29,208	6,806	-22,402	0	11.2
75	27,332	4,350	-22,982	0	10.5
80	25,102	3,132	-21,970	0	10.1
85	17,698	1,802	-15,896	0	7.7
90	0	0	0	0	0.0
将来世代	-24,112	−	−	0	-20.6

（出典）筆者試算

　また、ベーシックインカムの財源としましては、既存の社会保障給付の財源と同じく、税金（消費税）と社会保険料（社会負担）のうちサービス給付に使用しない部分、そして国債発行が考えられます。ここでは、現行の社会保険料のうち、サービス給付に使用しない部分を廃止する代わりに新たにベーシックインカム消費税を創設し、既存の財源と代替させる形でベーシックインカムの財源にします。

　シミュレーション結果は表7の通りです。

　まず、現在世代の損得勘定の変化を生涯純税負担率で評価してみますと、30才より若い世代のネットで見た損は軽減され、35歳以上世代のネットで見た損を増加させます。損（生涯負担額）と得（生涯受益額）が増えたり減ったりする境界となる世代は異なっているのが分かります。具体的には、損の場合、45歳世代より年齢が若い世代では軽減される一方、得については、25歳より年齢が上の世代では減少しています。

この点について、以下の仮想例を用いて見てみましょう。まず、図4によって、負担（損）について見てみます。ベーシックインカムの導入前にはa歳から負担をはじめc歳に達した時点では本格的な負担はなくなりますから、生涯負担額は①＋②＋③＋④です。しかし、制度が導入されると、①＋②の負担が軽減される一方、新たに⑤の負担が課せられますので、生涯負担額は③＋④＋⑤となります。

このとき、制度導入までに引退する世代では、すでに制度の導入前までになした負担額①＋②＋③＋④に加えて、⑤だけ新たに負担が追加されることになりますから、生涯の総負担額は①＋②＋③＋④＋⑤となってしまい、負担総

●図4：改革と世代別負担への影響

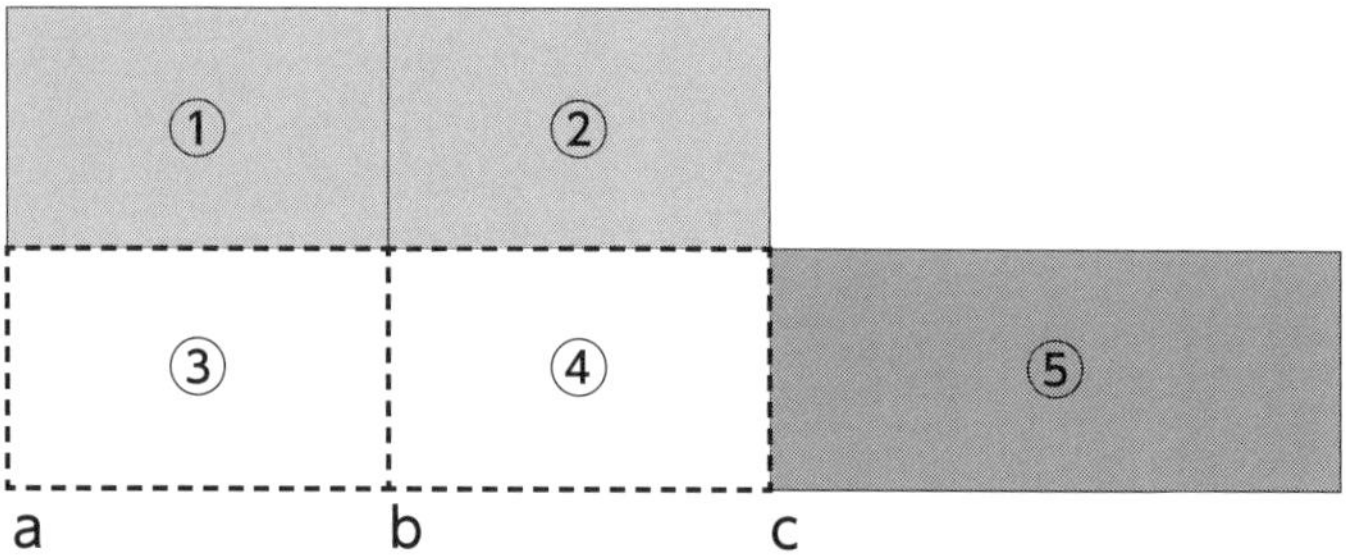

（出典）筆者作成

額は増加します。

一方、ベーシックインカム導入後に就労を始める世代（a歳世代）では、負担総額は③＋④＋⑤となります。このとき、ベーシックインカムの導入によって削減された負担額①＋②の大きさと新たな負担額⑤の大きさの大小により生涯負担額の増減が決まります。さらに、本格的に就労を始めた後にベーシックインカムが導入される世代（b歳世代）を見てみますと、すでに負担した金額は①＋③、軽減される負担は②で、今後負担することになる金額は④＋⑤ですから、総負担額は①＋③＋④＋⑤となり、この場合は、負担総額が増えることになります。

以上のことを一般化すれば、負担が軽減されるか増えるかは、制度の導入前後における薄いグレーの長方形の面積（削減される負担額）と濃いグレーの長方形の面積（増加する負担額）の大小関係に依存することになります。

今度は、図５で、受益（得）について見てみましょう。

●図５：改革と世代別受益への影響

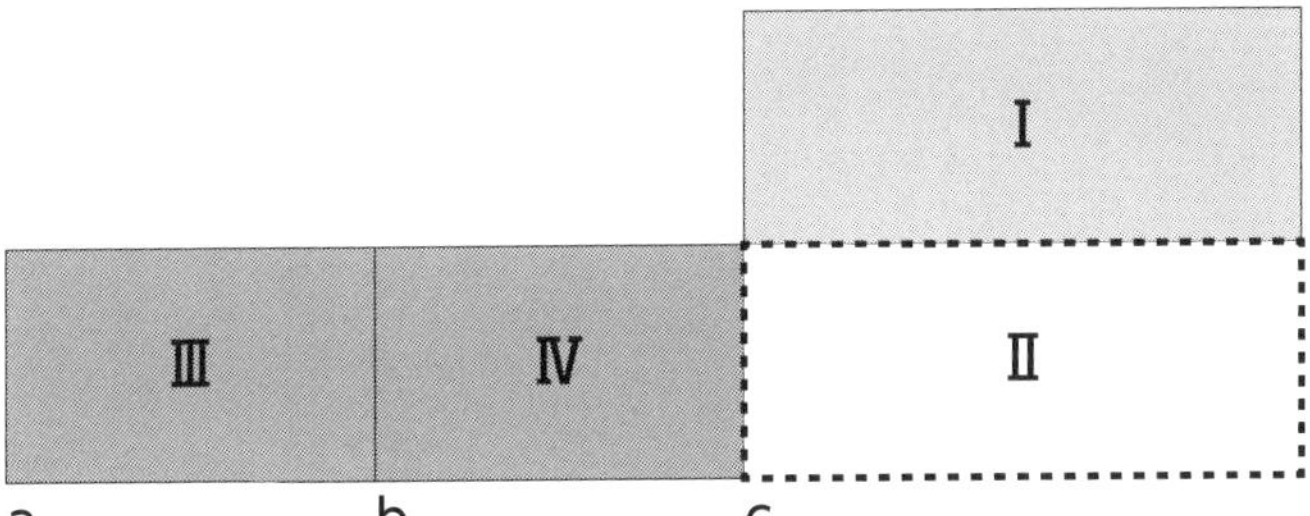

（出典）筆者作成

ベーシックインカム導入前には受益はc歳に達した後Ⅰ＋Ⅱだけ貰えますが、ベーシックインカム導入後にはa歳からⅢ＋Ⅳ＋Ⅱだけ貰えることになります。

このとき、制度導入時点でc歳に達している世代は、給付がⅠだけ削られてⅡだけになってしまいます。したがって、この世代は制度導入前後では、確実に受益が減少します。次に、制度導入時点ではまだc歳に達していない世代については、a歳世代の場合はⅢ＋Ⅳ＋Ⅱ、b歳世代の場合はⅣ＋Ⅱとなります。このとき、総受益額が増えるか減るかは、増える受益額（a世代：Ⅲ＋Ⅳ、b世代：Ⅳ）と減る受益額Ⅰとの大小関係に依存することが分かります。

以上のことを一般化して考えると、受益が増えるか減るかは、制度の導入前後における薄いグレーの長方形の面積（増加する受益額）と濃いグレーの長方形の面積（削減される受益額）の大小関係に依存します。

つまり、ベーシックインカム導入によって、それぞれの世代の生涯純税負担額（ネットで見た損）が増えるか減るかは、生涯負担額（損）の増減と生涯受益額（得）の増減の大小関係に依存することになります。具体的には、生涯負担額（損）が減少し、生涯受益額（得）が増加する世代では生涯純税負担額（ネットで見た損）が減少（試算結果では0歳世代から20歳世代）、生涯受益（得）が減少するものの生涯負担額（損）も減少し、かつ生涯負担額（損）の減少が生涯受益額（得）の減少を上回る世代では生涯純税負担額（ネットで見た損）が減少（25歳世代と30歳世代）、生涯受益額（得）が減少し、かつ生涯負担額（損）も減少するものの、生涯受益額（得）の減少が生涯負担額（損）の減少を上回る世代では生涯純税負担額（ネットで見た損）が増加（40歳世代と45歳世代）、生涯負担額（損）も、生涯受益額（得）が減少する世代では、生涯純税負担額（ネットで見た損）が増加する（50歳世代以上）ことになります。

この結果、将来世代の生涯純税負担（ネットで見た損）は、金額では２４００万円強、対生涯所得比では21ポイント弱も減少することになります。これは、ベーシックインカム導入前には所得に依存しその結果現在世代が負担する期間が短い社会保険料収入への依存が大きかったのに対し、導入後では消費税に切り替わるため、現在世代トータルで見れば負担する期間が長くなり、将来世代に付け回される負担が減少するためです。

ベーシックインカムに関しては、40歳以上の世代にとっては、生涯純税負担額（ネットで見た損）が増加するため、その導入には反対するのは当然なのに対して、40歳未満の世代にとってはベーシックインカムの導入は得になるので、その結果、ベーシックインカムの導入の是非を民主的に決定しようとすれば、世代間闘争を惹起する可能性を秘めていることが分かります。

消費増税や所得増税は、将来世代の損は軽減するものの、現在の若者世代の損が拡大してしまうことが分かりました。つまり、消費増税策などは若者の犠牲の上に将来世代を救う政策と言えます。現在世間でも問題視されているのは、高齢世代の貰い過ぎであって、若者世代の負担が少ないことではありません。そこで、ここでは高齢世代の貰い過ぎの象徴ともいえる、年金給付を削減するシナリオが世代別の損得勘定にどのような影響を与えるのか検討します。

◇年金給付削減

現行制度のもとで年金給付を削減する場合問題となるのは、既裁定者の受給額の扱いです。つまり、既裁定の年金受給権は、金銭給付を受ける権利である、憲法第29条に規定する財産権で保護されています。もっとも、憲法上保証される財産権といえども、公共の福祉を実現あるいは維持するためには、法律による制限を加えることに合理的な理由があれば、憲法上許されるとの立場が判例等により支持されていますし、実際、これまでの年金制度改革においても既裁定年金の減額を行った事例が存在します[44]。ただし、これまでの年金改革においては、総じて見れば、高齢有権者や政治家からの抵抗を見越して、既裁定年金は最大限に尊重されてきたのが現実です。

しかし、ここでは一切高齢者に忖度することなく、新規裁定者に加え既裁定者の年金給

●表８：推計結果（年金給付削減シナリオ）

ベースライン(1)					
年齢(歳)	生涯純税負担額(千円)	生涯負担額(千円)	生涯受益額(千円)	生涯所得額(千円)	生涯純税負担率(%)
0	32,343	69,882	37,538	118,476	27.3
5	33,283	74,342	41,058	127,104	26.2
10	35,939	80,353	44,414	135,935	26.4
15	35,671	84,293	48,622	145,065	24.6
20	38,098	89,915	51,817	153,447	24.8
25	38,162	96,492	58,330	157,141	24.3
30	36,373	99,990	63,617	167,244	21.7
35	36,845	103,841	66,996	173,209	21.3
40	38,162	108,892	70,730	187,576	20.3
45	40,585	118,552	77,967	196,881	20.6
50	39,221	128,598	89,377	214,004	18.3
55	36,654	137,109	100,456	231,435	15.8
60	34,303	140,137	105,834	246,317	13.9
65	22,303	138,929	116,626	257,299	8.7
70	11,425	143,083	131,658	260,667	4.4
75	-1,442	139,382	140,825	261,144	-0.6
80	-17,531	137,246	154,777	248,563	-7.1
85	-32,788	131,245	164,033	230,472	-14.2
90	-51,041	121,524	172,565	195,633	-26.1
将来世代	91,583	－	－	116,772	78.4

年金給付削減シナリオ(2)					
年齢(歳)	生涯純税負担額(千円)	生涯負担額(千円)	生涯受益額(千円)	生涯所得額(千円)	生涯純税負担率(%)
0	40,193	69,882	29,688	118,476	33.9
5	41,341	74,342	33,000	127,104	32.5
10	44,204	80,353	36,149	135,935	32.5
15	44,135	84,293	40,158	145,065	30.4
20	46,770	89,915	43,145	153,447	30.5
25	47,068	96,492	49,424	157,141	30.0
30	45,515	99,990	54,475	167,244	27.2
35	46,254	103,841	57,587	173,209	26.7
40	47,891	108,892	61,001	187,576	25.5
45	50,740	118,552	67,812	196,881	25.8
50	49,942	128,598	78,656	214,004	23.3
55	48,065	137,109	89,045	231,435	20.8
60	45,247	140,137	94,890	246,317	18.4
65	31,806	138,929	107,123	257,299	12.4
70	19,360	143,083	123,723	260,667	7.4
75	4,766	139,382	134,616	261,144	1.8
80	-13,045	137,246	150,292	248,563	-5.2
85	-30,445	131,245	161,690	230,472	-13.2
90	-51,041	121,524	172,565	195,633	-26.1
将来世代	79,899	－	－	116,772	68.4

乖離幅（(3)＝(2)-(1)）					
年齢（歳）	生涯純税負担額（千円）	生涯負担額（千円）	生涯受益額（千円）	生涯所得額（千円）	生涯純税負担率（% pt）
0	7,850	0	-7,850	0	6.6
5	8,058	0	-8,058	0	6.3
10	8,265	0	-8,265	0	6.1
15	8,464	0	-8,464	0	5.8
20	8,672	0	-8,672	0	5.7
25	8,906	0	-8,906	0	5.7
30	9,142	0	-9,142	0	5.5
35	9,409	0	-9,409	0	5.4
40	9,729	0	-9,729	0	5.2
45	10,155	0	-10,155	0	5.2
50	10,720	0	-10,720	0	5.0
55	11,411	0	-11,411	0	4.9
60	10,943	0	-10,943	0	4.4
65	9,503	0	-9,503	0	3.7
70	7,935	0	-7,935	0	3.0
75	6,208	0	-6,208	0	2.4
80	4,486	0	-4,486	0	1.8
85	2,343	0	-2,343	0	1.0
90	0	0	0	0	0.0
将来世代	-11,683	—	—	0	-10.0

（出典）筆者試算

付額も含めて、消費増税シナリオで考えたのと同額だけ、毎年の年金給付額を削減するシナリオを検討します。

シミュレーション結果は表8の通りです。

表8から、年金給付額の削減により高齢世代、現役世代問わずすべての現在世代の損得勘定は悪化するものの、将来世代の損得勘定は金額では1200万円弱、対生涯所得比では10ポイント改善することが分かります。

また、消費増税シナリオと比べても、現在世代ではすべての世代の損得勘定が悪化し、特に50歳世代を中心にして純負担率が3ポイント程度増加します。

つまり、**年金給付の削減も結局は若者**

世代の損得勘定にマイナスの影響を与えますが、消費増税と比べると、高齢世代の年金給付を直接削減するため、高齢世代にも多少なりとも負担増をお願いすることが可能になることも分かります。ただし、年金給付の削減はやはり若者世代の損を拡大させる結果になります。

44……2006年4月1日に施行された国会議員互助年金廃止法により既裁定年金の減額が行われました。また、2007年4月に国会に提出されたものの審議未了のまま衆院が解散され2009年7月に廃案になった被用者年金一元化法案は、原則恩給期間にかかる給付額を一律27%減額する内容でした。唯一の例外と言っていいのは、マクロ経済スライドです。先述した通り、マクロ経済スライドは、一定の条件のもと、新規裁定年金だけでなく、既裁定年金も含めて、自動的に減額する仕組みであり、当然年金の財産権の侵害と言わざるを得ないのですが、あまり表立った批判は聞こえてきません。

◇年金保険料削減

ここでは、若者の負担軽減策として、消費増税シナリオと同じスケジュールで同額だけ、年金保険料負担を削減するシナリオを考えてみます。

シミュレーション結果は表9の通りです。

表9によれば、現在世代の損得勘定が改善し、将来世代の損得勘定が悪化しています。

しかも、現在世代内についてのみ見ますと、より若い世代ほど損の改善幅が大きくなっています。これは、年金保険料は所得にかけられるため、負担が勤労期に集中し、かつ世代人口が少なくなるほど重くなることに起因します。ですから、年金保険料が削減されればその分負担が集中していた勤労世代の中でも、より残りの勤労期間が長い若い世代の負担が軽減されることになります。**その結果、現在世代内では、より若い世代ほど大きく損得勘定が改善し、世代間格差が是正されるのです。ただし、この場合には、将来世代が犠牲になっていることを忘れてはなりません。**

●表9：推計結果（年金保険料削減シナリオ）

ベースライン(1)					
年齢(歳)	生涯純税負担額(千円)	生涯負担額(千円)	生涯受益額(千円)	生涯所得額(千円)	生涯純税負担率(%)
0	32,343	69,882	37,538	118,476	27.3
5	33,283	74,342	41,058	127,104	26.2
10	35,939	80,353	44,414	135,935	26.4
15	35,671	84,293	48,622	145,065	24.6
20	38,098	89,915	51,817	153,447	24.8
25	38,162	96,492	58,330	157,141	24.3
30	36,373	99,990	63,617	167,244	21.7
35	36,845	103,841	66,996	173,209	21.3
40	38,162	108,892	70,730	187,576	20.3
45	40,585	118,552	77,967	196,881	20.6
50	39,221	128,598	89,377	214,004	18.3
55	36,654	137,109	100,456	231,435	15.8
60	34,303	140,137	105,834	246,317	13.9
65	22,303	138,929	116,626	257,299	8.7
70	11,425	143,083	131,658	260,667	4.4
75	-1,442	139,382	140,825	261,144	-0.6
80	-17,531	137,246	154,777	248,563	-7.1
85	-32,788	131,245	164,033	230,472	-14.2
90	-51,041	121,524	172,565	195,633	-26.1
将来世代	91,583	−	−	116,772	78.4

年金保険料削減シナリオ(2)					
年齢(歳)	生涯純税負担額(千円)	生涯負担額(千円)	生涯受益額(千円)	生涯所得額(千円)	生涯純税負担率(% pt)
0	18,531	56,070	37,538	118,476	15.6
5	19,171	60,229	41,058	127,104	15.1
10	21,540	65,954	44,414	135,935	15.8
15	21,051	69,674	48,622	145,065	14.5
20	24,403	76,220	51,817	153,447	15.9
25	25,726	84,055	58,330	157,141	16.4
30	25,258	88,875	63,617	167,244	15.1
35	27,446	94,442	66,996	173,209	15.8
40	30,650	101,380	70,730	187,576	16.3
45	35,187	113,154	77,967	196,881	17.9
50	36,033	125,410	89,377	214,004	16.8
55	35,572	136,028	100,456	231,435	15.4
60	34,202	140,035	105,834	246,317	13.9
65	22,265	138,891	116,626	257,299	8.7
70	11,404	143,062	131,658	260,667	4.4
75	-1,455	139,369	140,825	261,144	-0.6
80	-17,540	137,237	154,777	248,563	-7.1
85	-32,791	131,243	164,033	230,472	-14.2
90	-51,041	121,524	172,565	195,633	-26.1
将来世代	102,288	–	–	116,772	87.6

乖離幅（(3) = (2) - (1))					
年齢(歳)	生涯純税負担額(千円)	生涯負担額(千円)	生涯受益額(千円)	生涯所得額(千円)	生涯純税負担率(%)
0	-13,812	-13,812	0	0	-11.7
5	-14,112	-14,112	0	0	-11.1
10	-14,399	-14,399	0	0	-10.6
15	-14,620	-14,620	0	0	-10.1
20	-13,695	-13,695	0	0	-8.9
25	-12,437	-12,437	0	0	-7.9
30	-11,115	-11,115	0	0	-6.6
35	-9,399	-9,399	0	0	-5.4
40	-7,512	-7,512	0	0	-4.0
45	-5,398	-5,398	0	0	-2.7
50	-3,188	-3,188	0	0	-1.5
55	-1,082	-1,082	0	0	-0.5
60	-101	-101	0	0	-0.0
65	-38	-38	0	0	-0.0
70	-21	-21	0	0	-0.0
75	-13	-13	0	0	-0.0
80	-9	-9	0	0	-0.0
85	-3	-3	0	0	-0.0
90	0	0	0	0	0.0
将来世代	10,705	–	–	0	9.2

（出典）筆者試算

◇結局、若者にはどの政策が望ましいのか？

結局、この7つのシナリオのうち、どの政策オプションが若者世代にとって望ましいかを考えてみますと、①生産性の向上、②出生対策の成功、③ベーシックインカムの導入、そして④年金保険料削減の順となります。しかし、生産性の向上といっても現状の1％からいきなり4ポイントも改善させることや、出生対策にしても、中位推計から高位推計なみに出生率を改善するのも、ともに政府の累次にわたる政策的なてこ入れによってもほとんど効果を得ていないことを考え合わせますと、ほとんど実現不可能であると言わざるを得ません。さらに、ベーシックインカムについては、50歳以上世代の圧倒的な反対多数によって否決されるでしょうし、そもそも、ベーシックインカムの効果に関しては、一部の国で地域的な導入による実験例はありますが、全国家的な規模での導入は前例もなく、理論的にもまだ議論が行われている途上ですので、筆者は導入に関してはより慎重になるべきと考えます。

したがって、本章で考えた政策オプションでは、民主主義的な意思決定を考えると、若者世代の損を解消する妙案はないことになりますが、発想を変えればヒントが見えてくるのも事実です。

これまでのところ政府の意気込みに反して、日本人人口を増やす出生対策は成功していませんが、外国人を移民として受け入れれば、即座に若者人口が増加するため、出生対策と同じ効果を持ちます。しかも、若くてスキルの高い外国人材を受け入れることが可能になれば、生産性の改善も期待できますから、一石二鳥となるでしょう。この場合の世代別の損得勘定に与える影響は、先の出生増加シナリオの結果（表２）と高生産性実現シナリオの結果（表６）を足し合わせることで確認できます。表10によれば、すべての世代で損得勘定は改善し、しかも改善幅は若い世代ほど大きくなります。

要するに、**国民的な合意を得て、外国人材の鎖国を解き、若くてスキルの高い外国人材の受け入れを進めることができれば、人口増と生産性の向上が一挙に実現できるので、より若い世代ほどその損を大きく軽減できる可能性が高まるのです。**

最後は、年金保険料の削減ですが、現行の年金制度では、現役世代の負担の範囲内で年金給付が行われることを勘案しますと、年金保険料が削減されるのと同額だけ、年金給付額が削減されるシナリオを考えなければならないことになります。そこで、年金給付削減シナリオの結果（表８）と年金保険料削減シナリオの結果（表９）を足し合わせてみますと（表11）、30歳世代までは削減される年金給付額が軽減される年金保険料額を上回りますから生涯純税負担が増加し、損得勘定が悪化することになる一方、それより若い世代では逆に削減される年金給付額を軽減される年金保険料額を上回りますから生涯純税負担が軽減され、損得勘定は改善します。ですから、現在世代内で見れば、世代間格差は是正されることになります。また、将来世代の損得勘定も改善していきます。ただし、この場合も、ベーシックインカムと同様、民主主義的な政治プロセスを考慮に入れた実現可能性を考えますと、損を被る30歳代以上の反対を受けることになりますので、残念ながら採用は難しいと考えられます。

●表10：推計結果（移民＋高生産性シナリオ）

ベースライン(1)					
年齢(歳)	生涯純税負担額(千円)	生涯負担額(千円)	生涯受益額(千円)	生涯所得額(千円)	生涯純税負担率(%)
0	32,343	69,882	37,538	118,476	27.3
5	33,283	74,342	41,058	127,104	26.2
10	35,939	80,353	44,414	135,935	26.4
15	35,671	84,293	48,622	145,065	24.6
20	38,098	89,915	51,817	153,447	24.8
25	38,162	96,492	58,330	157,141	24.3
30	36,373	99,990	63,617	167,244	21.7
35	36,845	103,841	66,996	173,209	21.3
40	38,162	108,892	70,730	187,576	20.3
45	40,585	118,552	77,967	196,881	20.6
50	39,221	128,598	89,377	214,004	18.3
55	36,654	137,109	100,456	231,435	15.8
60	34,303	140,137	105,834	246,317	13.9
65	22,303	138,929	116,626	257,299	8.7
70	11,425	143,083	131,658	260,667	4.4
75	-1,442	139,382	140,825	261,144	-0.6
80	-17,531	137,246	154,777	248,563	-7.1
85	-32,788	131,245	164,033	230,472	-14.2
90	-51,041	121,524	172,565	195,633	-26.1
将来世代	91,583	–	–	116,772	78.4

移民＋高生産性シナリオ(2)					
年齢(歳)	生涯純税負担額(千円)	生涯負担額(千円)	生涯受益額(千円)	生涯所得額(千円)	生涯純税負担率(%)
0	33,304	75,867	42,564	193,009	17.3
5	33,986	80,324	46,338	193,765	17.5
10	36,551	86,375	49,824	194,185	18.8
15	35,952	90,003	54,051	194,332	18.5
20	38,126	95,300	57,175	193,964	19.7
25	37,966	101,461	63,495	189,758	20.0
30	35,754	104,226	68,472	192,570	18.6
35	35,831	107,329	71,498	191,786	18.7
40	36,650	111,523	74,872	200,086	18.3
45	38,724	120,523	81,799	204,428	18.9
50	37,070	130,012	92,942	218,042	17.0
55	34,342	138,085	103,743	233,503	14.7
60	31,966	140,758	108,792	247,441	12.9
65	20,183	139,282	119,099	257,972	7.8
70	9,771	143,408	133,637	261,109	3.7
75	-2,824	139,580	142,404	261,394	-1.1
80	-18,588	137,372	155,960	248,660	-7.5
85	-33,457	131,312	164,769	230,482	-14.5
90	-51,238	121,537	172,775	195,633	-26.2
将来世代	77,124	−	−	192,831	40.0

乖離幅 ((3) = (2) - (1))					
年齢(歳)	生涯純税負担額(千円)	生涯負担額(千円)	生涯受益額(千円)	生涯所得額(千円)	生涯純税負担率(% pt)
0	960	5,986	5,025	74,533	-10.0
5	702	5,982	5,280	66,662	-8.6
10	612	6,022	5,409	58,250	-7.6
15	281	5,710	5,429	49,267	-6.1
20	28	5,386	5,358	40,517	-5.2
25	-197	4,969	5,166	32,618	-4.3
30	-619	4,236	4,855	25,326	-3.2
35	-1,015	3,487	4,502	18,577	-2.6
40	-1,512	2,631	4,143	12,510	-2.0
45	-1,861	1,971	3,832	7,547	-1.7
50	-2,151	1,414	3,565	4,038	-1.3
55	-2,312	976	3,288	2,068	-1.1
60	-2,337	621	2,958	1,124	-1.0
65	-2,120	353	2,473	672	-0.8
70	-1,654	325	1,979	442	-0.6
75	-1,382	197	1,580	250	-0.5
80	-1,057	126	1,183	97	-0.4
85	-669	67	736	10	-0.3
90	-197	13	210	0	-0.1
将来世代	-14,459	−	−	76,059	-38.4

（出典）筆者試算

●表 11：推計結果（年金相殺シナリオ）

ベースライン (1)					
年齢(歳)	生涯純税負担額(千円)	生涯負担額(千円)	生涯受益額(千円)	生涯所得額(千円)	生涯純税負担率(%)
0	32,343	69,882	37,538	118,476	27.3
5	33,283	74,342	41,058	127,104	26.2
10	35,939	80,353	44,414	135,935	26.4
15	35,671	84,293	48,622	145,065	24.6
20	38,098	89,915	51,817	153,447	24.8
25	38,162	96,492	58,330	157,141	24.3
30	36,373	99,990	63,617	167,244	21.7
35	36,845	103,841	66,996	173,209	21.3
40	38,162	108,892	70,730	187,576	20.3
45	40,585	118,552	77,967	196,881	20.6
50	39,221	128,598	89,377	214,004	18.3
55	36,654	137,109	100,456	231,435	15.8
60	34,303	140,137	105,834	246,317	13.9
65	22,303	138,929	116,626	257,299	8.7
70	11,425	143,083	131,658	260,667	4.4
75	-1,442	139,382	140,825	261,144	-0.6
80	-17,531	137,246	154,777	248,563	-7.1
85	-32,788	131,245	164,033	230,472	-14.2
90	-51,041	121,524	172,565	195,633	-26.1
将来世代	91,583	−	−	116,772	78.4

年金給付削減＋年金保険料削減シナリオ (2)					
年齢(歳)	生涯純税負担額(千円)	生涯負担額(千円)	生涯受益額(千円)	生涯所得額(千円)	生涯純税負担率(%)
0	26,381	56,070	29,688	118,476	22.3
5	27,229	60,229	33,000	127,104	21.4
10	29,805	65,954	36,149	135,935	21.9
15	29,515	69,674	40,158	145,065	20.3
20	33,076	76,220	43,145	153,447	21.6
25	34,632	84,055	49,424	157,141	22.0
30	34,400	88,875	54,475	167,244	20.6
35	36,855	94,442	57,587	173,209	21.3
40	40,379	101,380	61,001	187,576	21.5
45	45,342	113,154	67,812	196,881	23.0
50	46,753	125,410	78,656	214,004	21.8
55	46,983	136,028	89,045	231,435	20.3
60	45,145	140,035	94,890	246,317	18.3
65	31,769	138,891	107,123	257,299	12.3
70	19,339	143,062	123,723	260,667	7.4
75	4,753	139,369	134,616	261,144	1.8
80	-13,054	137,237	150,292	248,563	-5.3
85	-30,448	131,243	161,690	230,472	-13.2
90	-51,041	121,524	172,565	195,633	-26.1
将来世代	77,124	−	−	116,772	66.0

乖離幅（(3)＝(2)-(1)）					
年齢（歳）	生涯純税負担額（千円）	生涯負担額（千円）	生涯受益額（千円）	生涯所得額（千円）	生涯純税負担率（% pt）
0	-5,962	-13,812	-7,850	0	-5.0
5	-6,054	-14,112	-8,058	0	-4.8
10	-6,134	-14,399	-8,265	0	-4.5
15	-6,156	-14,620	-8,464	0	-4.2
20	-5,022	-13,695	-8,672	0	-3.3
25	-3,531	-12,437	-8,906	0	-2.2
30	-1,973	-11,115	-9,142	0	-1.2
35	10	-9,399	-9,409	0	0.0
40	2,217	-7,512	-9,729	0	1.2
45	4,757	-5,398	-10,155	0	2.4
50	7,532	-3,188	-10,720	0	3.5
55	10,329	-1,082	-11,411	0	4.5
60	10,842	-101	-10,943	0	4.4
65	9,466	-38	-9,503	0	3.7
70	7,914	-21	-7,935	0	3.0
75	6,195	-13	-6,208	0	2.4
80	4,477	-9	-4,486	0	1.8
85	2,340	-3	-2,343	0	1.0
90	0	0	0	0	0.0
将来世代	-14,459	－	－	0	-12.4

（出典）筆者試算

コラム2　消費税10%への引き上げの一番の負け組は30歳より若い・低所得層

コラム1では、税収のうち消費税への依存度が高まるにつれ、税と社会保障の世代内扶養が低下し、その結果、世代間格差も拡大したことを見ました。しかし、政府は、少子化、高齢化が進行する中で、今後も増大する一方の社会保障需要を賄うためには、細り行く現役世代に負担が集中する所得税ではなく、広く薄くすべての世代で負担を分かち合える消費税に財源を求めようとしています。読者の皆さんもご承知の通り、消費税は対生涯所得比で見れば逆進的ですから、今後消費増税を進めていくのであれば当然世代内格差は縮小、つまり世代内扶養機能が低下して行くことになります。

そこでここでは消費税が世代内格差に与える影響について定量的に把握してみたいと思います。

まず、各世代の平均的な個人間の格差（世代間格差）については、第四章でも見た通り、若い世代ほど生涯純税負担率が大きくなり、現在世代内の世代間格差は拡大してしまいます。

次に、コラム2図1により、所得階層別に世代間格差の推移を見ますと、低所得層については、70歳世代（団塊の世代）と0歳世代の生涯純税負担率の格差で測った世代間格差は、消費税率を8％に据え置く場合では54・2ポイント、消費税率を10％に引き上げた場合は56・8ポイントであり、消費税率を引き上げた方が世代間格差は2・6ポイント悪化、低中所得層については、70歳世代と0歳世代の生涯純税負担率の格差で測った世代間格差は、消費税率を8％に据え置く場合では30・6ポイント、消費税率を10％に引き上げた場合は32・8ポイントであり、消費税率を引き上げた方が、世代間格差は2・2ポイント悪化、中所所得層は、70歳世代と0歳世代の生涯純税負担率の格差で測った世代間格差は、消費税率を8％に据え置く場合では22・3ポイント、消費税率を10％に引き上げた場合は24・1ポイントであり、消費税率を引き上げた方が世代間格差は1・9ポイント悪化、中高所得層は、70歳世代と0歳世代の生涯純税負担率の格差で測った世代間格差は、消費税率を8％に据え置く場合では18・4ポイント、消費税率を10％に引き上げた場合は20・1ポイントであり、消費税率を引き上げた方が世代間格差は1・7ポイント悪化、高所所得層は、70歳世代と0歳世代の生涯純税負担率の格差で測った世代間格差は、消費税率を8％に据え置く場合では0・4ポイント、消費税率を10％に引き上げた場合は2・1ポイントであり、消費税率を引き上げた方が世代間格差は1・6ポイント悪化と、**より若い世代ほど、かつより所得の低い階層ほど、生涯純税負担率の増加幅は大きく世代間格差は拡大しています。**

●コラム２図１：消費増税による世代別生涯純税負担率の変化幅

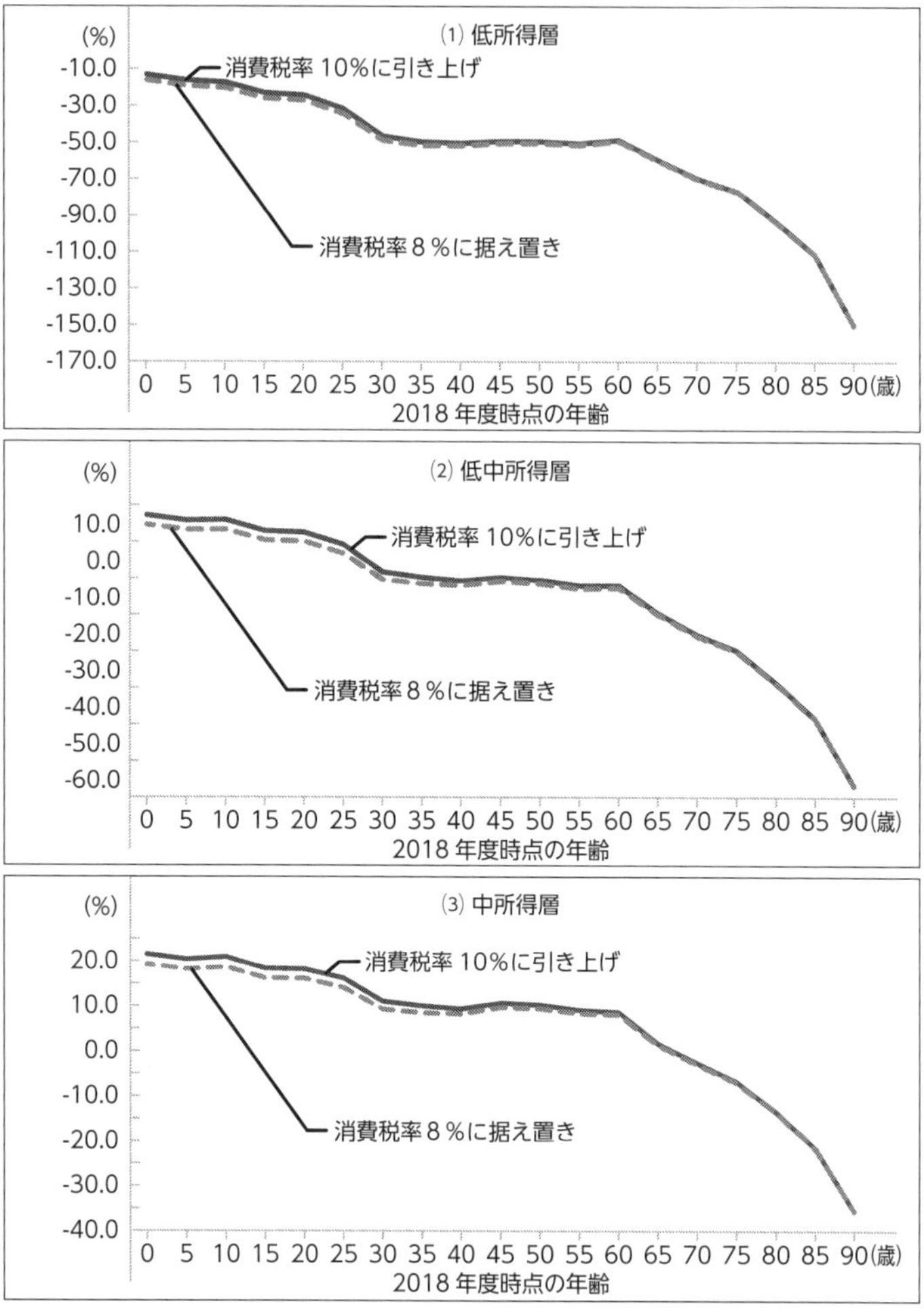

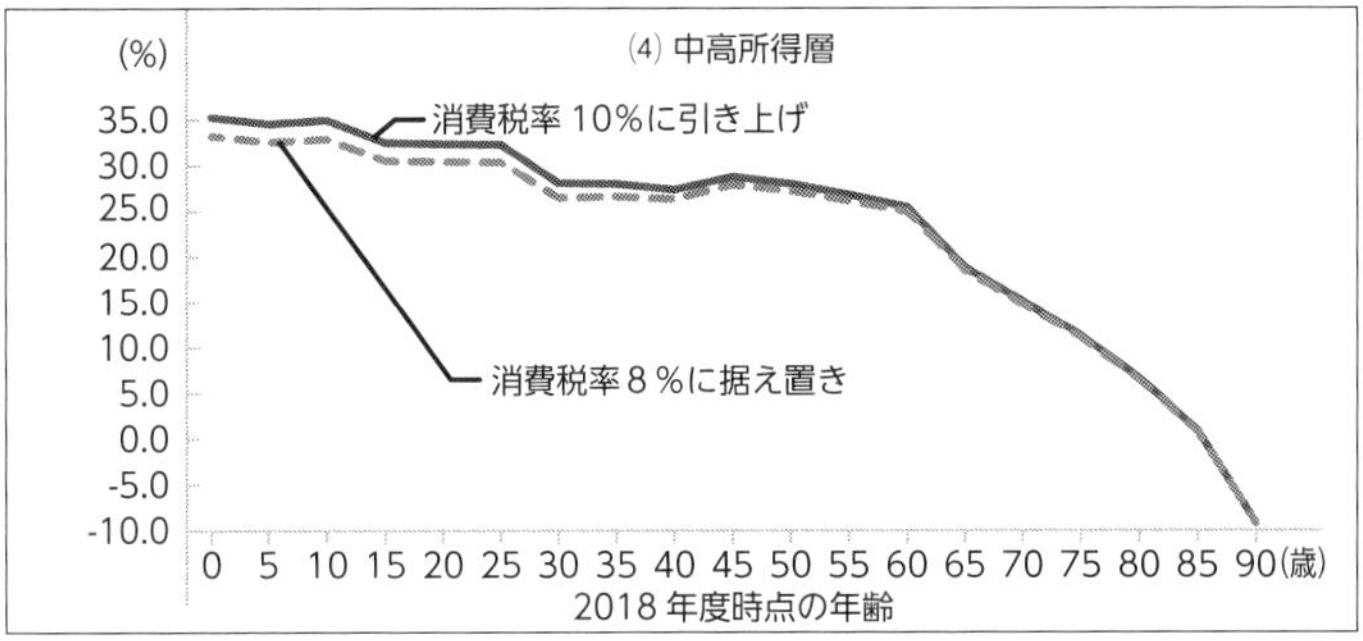
⑷ 中高所得層
(%)
35.0
30.0
25.0
20.0
15.0
10.0
5.0
0.0
-5.0
-10.0
消費税率 10%に引き上げ
消費税率８%に据え置き
0 5 10 15 20 25 30 35 40 45 50 55 60 65 70 75 80 85 90(歳)
2018 年度時点の年齢

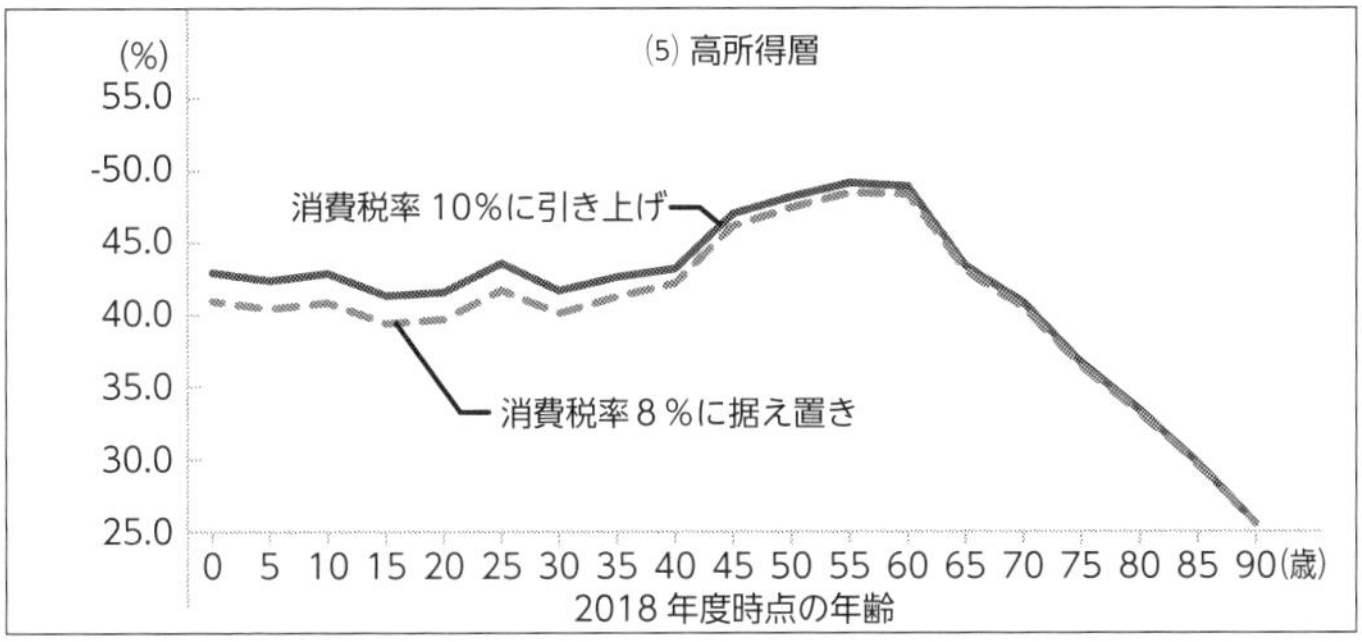
⑸ 高所得層
(%)
55.0
-50.0
45.0
40.0
35.0
30.0
25.0
消費税率 10%に引き上げ
消費税率８%に据え置き
0 5 10 15 20 25 30 35 40 45 50 55 60 65 70 75 80 85 90(歳)
2018 年度時点の年齢

（出典）筆者試算

続いて、同一世代における所得階層間の格差についてて見ますと、世代が若くなるにつれ、例えば、30歳世代では、低所得層、中低所得層、中所得層、中高所得層、高所得層でそれぞれ5・8ポイント、5・1ポイント、4・3ポイント、4・0ポイント、3・9ポイントと、より低い所得階層の方が消費増税による生涯純税負担率の増加幅が大きくなっていて、世代内格差が縮小していることが分かります。

つまり、**消費増税は逆進性を持つがゆえに、税制が持つ世代内扶養機能を弱体化させ、結果として世代間格差を悪化させることにつながるのです。**

●コラム2図2：消費増税による同一世代内の所得階層別生涯準税負担率の変化幅

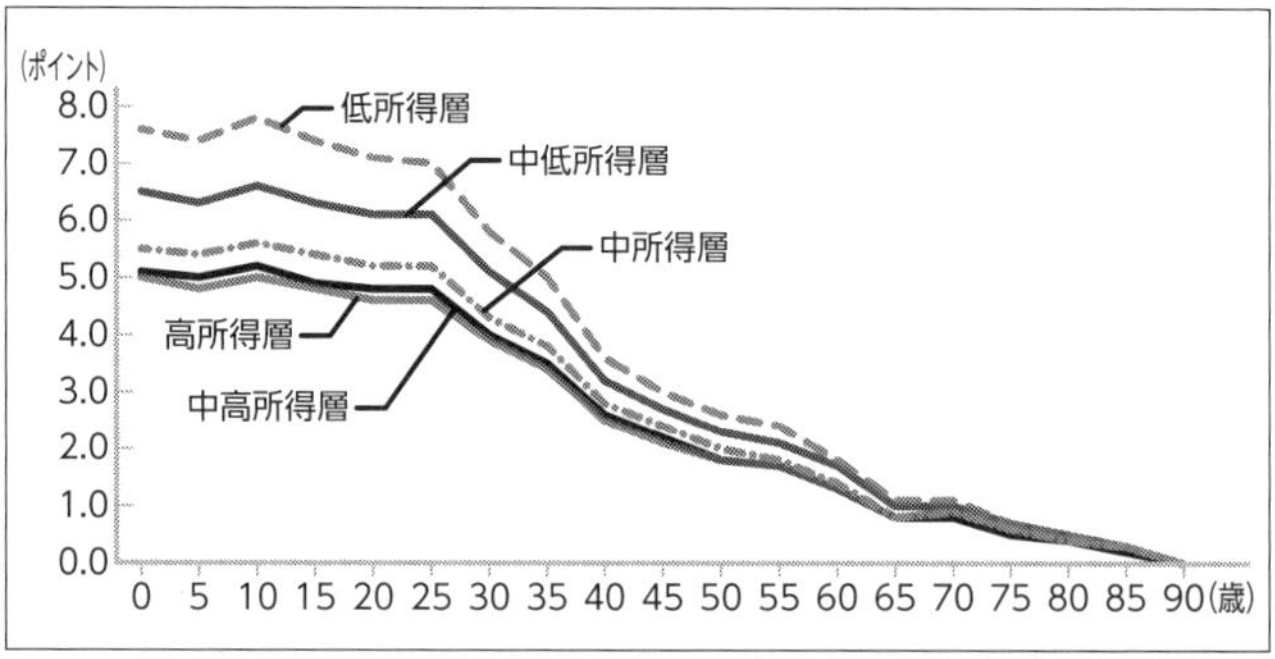

（出典）筆者試算

コラム3　MMT（現代貨幣理論）と世代間格差

最近、自国通貨建てで国債を発行できる国では、財政が破綻することがないので、インフレにならない限り、中央銀行（日本の場合は日本銀行）が直接政府から国債を引き受け（政府に返済を求めず事実上債務を帳消しにする）ることで、国民負担なしで、いくらでも財源調達が可能だとする夢のような理論「Modern Monetary Theory（現代貨幣理論、略してMMT）」が、ニューヨーク州立大のステファニー・ケルトン教授などによって提唱され、アメリカや日本で流行しています。

こうして調達した財源によって、アメリカでは環境政策、日本では社会保障を充実させることができるとされています。

MMTに対しては、「民主主義的な政策決定プロセスを前提とすると、インフレになったからと言って、速やかに国債発行による財源調達から税金による財源調達に転換できるのか？」「そもそも政策転換の目安となるインフレ率は何パーセントなのか？」「政策転換後、環境政策や社会保障政策の財源をどうするのか（裏を返せば、環境政策や社会保障を削減できるのか）？」等々多くの批判が寄せられていますが、ここでは現実的な妥当性を考慮しないで、MMTが採用された場合、世代間格差にどのような影響が及ぶのかについて検討します。もし、本当にMMTが主張するように、日銀引き受けによる国債発行による財源調達が国民負担をもたらさないのであれば、経済学の大原則である「ノーフリーランチの原則」に抵触しますが、コストなしで若者世代への給付を増やすことで、世代間格差を解消することができることになります。

しかし、本当にこんな夢のような話は実現できるのでしょうか。

MMTの詳細については、専門家による解説をご覧いただくとして、本コラムでは、筆者の理解によるMMTの本質をバランスシートを用いて説明してみたいと思います[45]。

まず、政府が国債を発行し、それを全額日銀が引き受けます。このとき、政府は国債という債務を負ったので、政府のバランスシートの右側に国債発行額と同額だけ債務が立ちます。同時に、政府は日銀から国債の対価として同額だけおカネ（日本銀行券）を受け取りますから資産に算入されます。一方、日銀のバランスシートでは政府のバランスシートと正反対の事態が発生し、政府から購入した国債が資産側に、政府に引き渡した日本銀行券が債務側に記載されます。次に、国債の扱いですが、MMTで主張されるように、日銀が国債の償還を政府に求めることはしないとすれば、政府の債務としての国債と日銀が保有する資産としての国債が、事実上、相殺されるのと同じ効果を持つことになりますから、政府のバランスシートから債務が消え、同時に日銀のバランスシートから資産が消えます。そして、政府は保有するおカネを使って、若者世代に限定した社会保障給付を行えば、世代間格差が解消されることになります。これで終わればハッピーエンドです。しかし、そう簡単な話ではありません。政府のバランスシートは資産も債務も釣り合っていますので、問題はありません。しかし、日銀のバランスシートを見てみると、債務にあるおカネに見合った資産がありません。つまり、日銀のバランスシートは債務超過に陥っているのです。日銀が債務超過に陥れば何が起きるでしょうか。そうです、インフレです。MMTがインフレを限度として中央銀行に自国通貨建ての国債を買わせることができると主張するのに合致します。インフレの背後では通貨価値が下落します。つまり、通貨価値の下落は通貨保有者から購買力を奪うことになりますから、実質的には課税と同じとみなせます。これをインフレ課税と呼びます。インフレ課税は当然世代ごとに異なる影響を与えます。場合によっては、インフレ課税による負担は、若者世代で相対的に大きくなることも考えられます。しかも、日銀のバランスシートが毀損されているわけですから、インフレを止めるには、債務超過額に等しいだけ債務を解消することでバランスシートを修復しなければなりません。その方法としては、政府に対して、それまで塩漬けされていた国債の償還を求めるか、政府に追加的な出資をお願いする手段が考えられます。しかし、政府が、日銀の要請に応

●コラム３図１：MMTと政府及び中央銀行のバランスシート

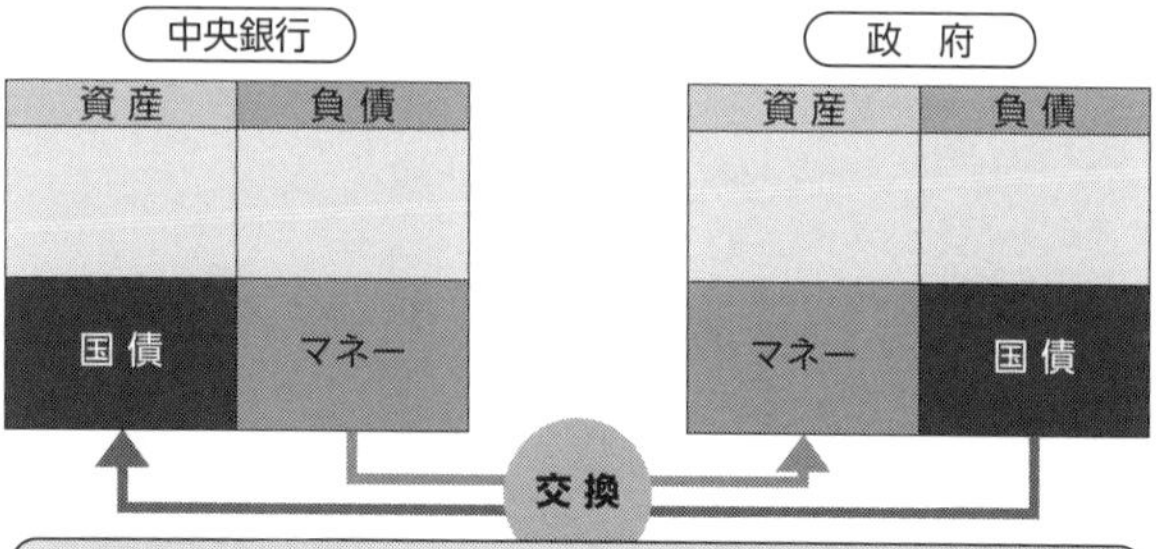

▶政府が国債を発行し、日本銀行が直接引き受けることでマネーを発行し、政府は中央銀行からマネーを調達する。
▶このとき、政府のバランスシートには、新たに負債側に国債が、資産側にマネーが計上される。
▶中央銀行のバランスシートには、新たに資産側に国債が、負債側にマネーが計上される。

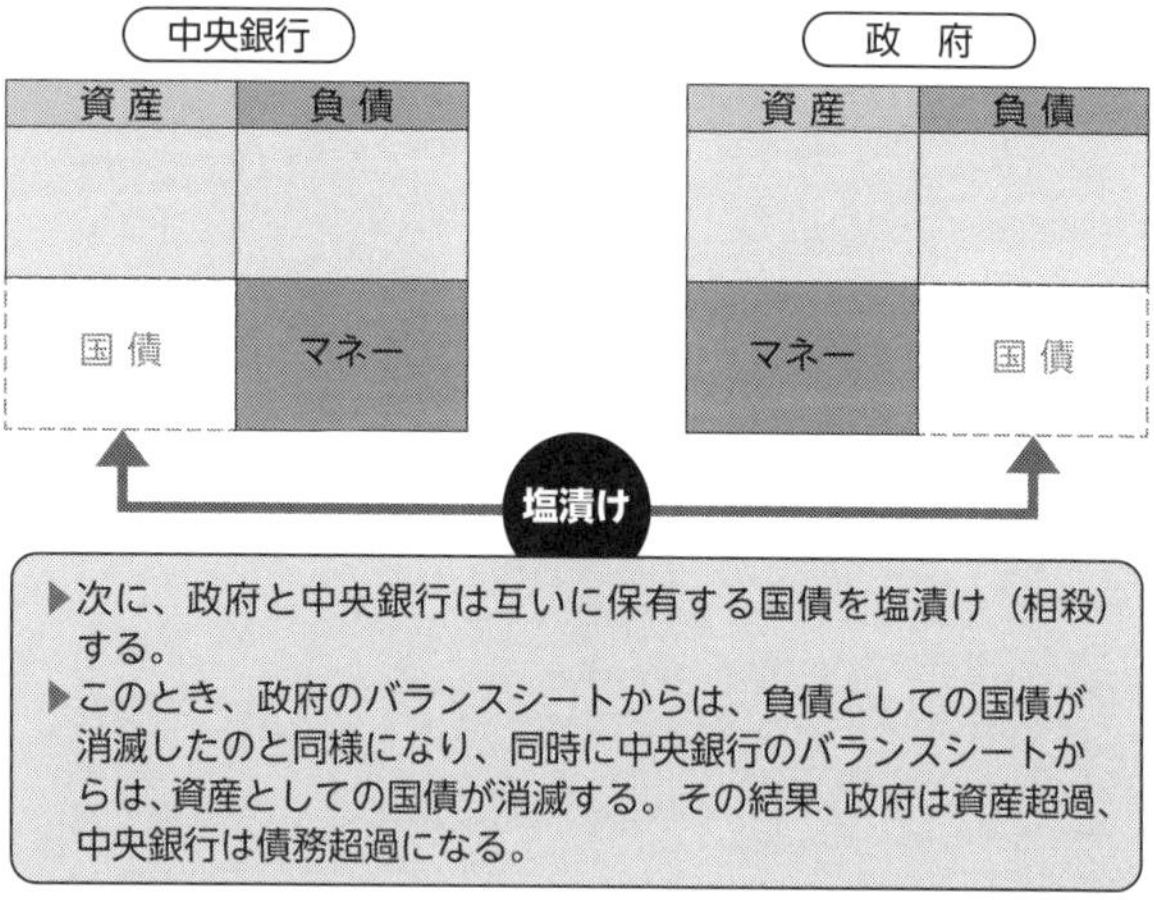

▶次に、政府と中央銀行は互いに保有する国債を塩漬け（相殺）する。
▶このとき、政府のバランスシートからは、負債としての国債が消滅したのと同様になり、同時に中央銀行のバランスシートからは、資産としての国債が消滅する。その結果、政府は資産超過、中央銀行は債務超過になる。

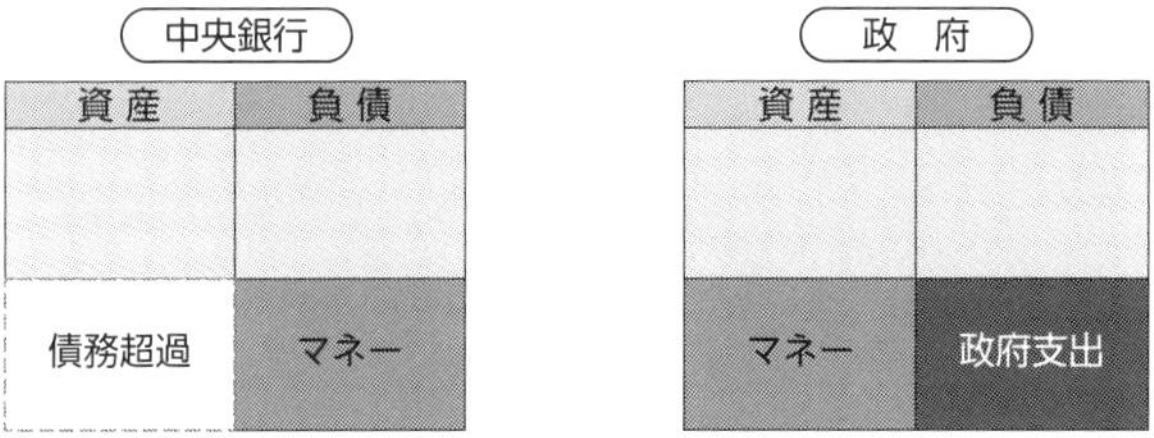

▶資産超過となった政府は民間から財やサービスを購入したり、現金を配布するなどの財政政策を行う。
▶一方、債務超過となった中央銀行は、バランスシートが毀損されるため、次第にインフレ圧力が強くなる。
▶つまり、MMT ではどの程度のインフレまでなら甘受するのか、そしてどの程度のインフレを超えたら政策転換するのかを事前に決定しておく必要がある。

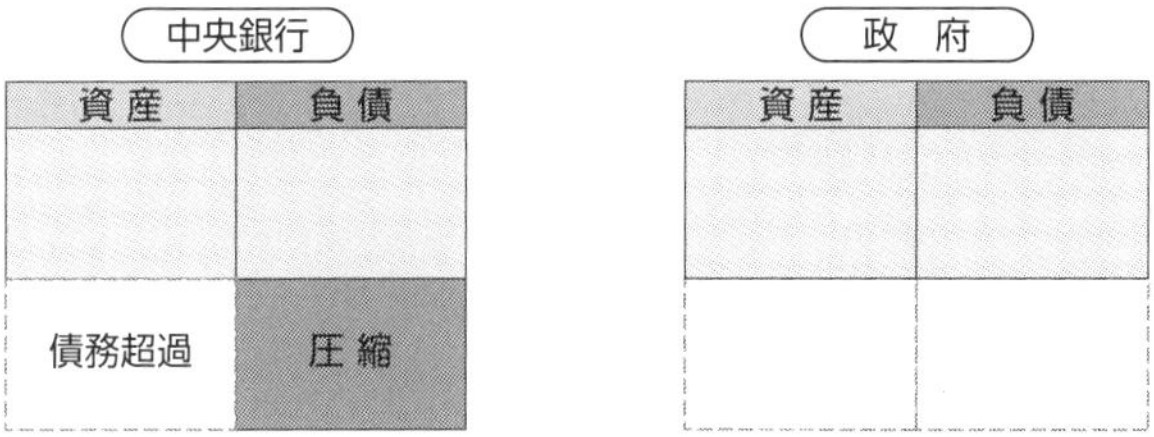

▶債務超過となった中央銀行は、負債を圧縮するか、新たに資産を政府から調達する必要がある。
▶政府は、国債の直接引き受けで中央銀行から調達していた財源が途絶えるので、その財源に見合った支出の削減を余儀なくされる。

えるには、国債を償還するにしても追加出資をするにしても、同額だけ直ちに増税しなければなりません。同時に、これまで日銀から直接調達していた財源がなくなったわけですから、大盤振る舞いしてきた若者世代限定支出をカットする必要が出てきます。結局、若者世代への給付が削られますから、世代間格差は拡大する方向に作用します。当然、若者世代限定の支出のしりぬぐいをするのにその恩恵を受けていない他の世代が増税に応じるかは定かではありません。もし、ほかの世代が増税に応じなければ若者世代に限定した増税を行う必要が出てきます。これは結局若者世代の負担を増やすことになりますから、せっかく解消された世代間格差は元に戻ってしまいます。

したがって、**ＭＭＴは、全ての世代についてインフレ課税だけで世代勘定が悪化するだけで、世代間格差の解消には役に立たない可能性が高いと考えられます。**

45……ＭＭＴの提唱者であるレイ『ＭＭＴ 現代貨幣理論入門』（２０１９年、東洋経済新報社）や、真壁昭夫『ＭＭＴ（現代貨幣理論）の教科書』（２０１９年、ビジネス教育出版社）、永濱利廣『ＭＭＴとケインズ経済学』（２０２０年、ビジネス教育出版社）を参照。

第五章

シルバーデモクラシーという誤解

第五章のまとめ

▼データからは
シルバーデモクラシー仮説は否定される

▼高齢世代と現役世代が暗黙裡に共謀して
将来世代に損を押し付けている

▼所得階層別・年齢別にみると
有権者は一枚岩ではなく、
政府の目論見に反して
消費増税は民主主義的な手続きからは選択されない

◇シルバーデモクラシーとは何だろうか？

最近、わが国では、高齢者に不利な政治的決断がなされず、その結果、特に社会保障制度において、高齢者が優遇されていると指摘されています。いわゆるシルバーデモクラシー仮説です。

シルバーデモクラシーに関しては、様々な論者が様々に定義しています。ただし、「経済成長が見込めず、厳しい財政制約下にあること」、「有権者の高齢化と高齢有権者の相対的に高い投票率とによる高齢有権者の政治的プレゼンスの高まり」を背景としていることは共通しています。本書では、こうした状況を前提としたうえで、**「高齢者が政治に直接圧力をかけることで、あるいは、政治が高齢者の意向を付度することで、高齢者の利益を優先する高齢者迎合の政治現象」**と定義します。

◇シルバーデモクラシーで集団自殺に向かう？

もし、本当に、シルバーデモクラシーに日本が席巻されているのだとしたら、社会保障**制度の抜本的な改革は絶望的です。膨らむ一方の負担を、人口が少なくなる現役世代が抱えきれずに、現役世代と高齢世代が共倒れしてしまうことになりかねません。**

シルバーデモクラシーの罠にはまったが最後、野末陳平氏が言うように「老人栄えて国滅ぶ」です。なぜなら、シルバーデモクラシー仮説によれば、現状を改革しようにも、高齢者が政治プロセスを「支配」しているのですから、高齢者の間で財政や社会保障制度の先行きに関して、よほどの危機感が醸成され共有されない限り、高齢者たちは、一切の改革を拒否します。あたかも集団自殺に向かうレミングのように日本全体が破滅に向かうのでしょうか。

◇高齢者優遇とは何か

シルバーデモクラシー仮説の核には、高齢者は傍若無人にふるまうとの前提があります。そしてその前提の上に立って、利己的な高齢者は自分たちの利益のみを要求し、自分の票のことしか頭にない政治家は唯々諾々とその要求にしたがうはずだと考えるのです。もし、そうした前提が正しいとしても、シルバーデモクラシー仮説が念頭に置く「高齢者優遇」とは具体的にはどのような状況を指すのでしょうか。単に高齢者が他の世代に比べて優遇されるというだけであれば、そうした高齢者優遇策は、実は今に始まったことではなく、非難するに値しません。むしろ、高齢者を政策的に優遇するのが正義に適っていた時代もあったのです。

たとえば、公的年金制度の導入がその最たるものといえます。

現在の日本の公的年金財政は、形式的には積立方式で開始されましたが、実質的には賦課方式で運営されてきています。

積立方式というのは、わたしたちが就労している間に政府が徴収した保険料を、政府が資産として運用して、退職した後に、わたしたちが納めた保険料に利息を付けて年金として支給する仕組みです。それに対して、賦課方式というのは、わたしたちが就労している間に政府が徴収した保険料を、同時代の高齢者の年金としてそっくりそのまま横流しする仕組みです。

したがって、積立方式では、利子率が納めた保険料に対する配当となりますが、賦課方式では、人口成長率が配当になります[46]。したがって、賦課方式では、後に続く世代の数が増えれば後続世代の一人当たりの負担は軽くなりますし、後に続く世代の数が減れば後続世代の負担は増加することになります。

実は、１９７０年のノーベル経済学賞受賞者故サミュエルソン教授が１９５８年の論文で明らかにしたように、利子率よりも経済成長率の方が高くなる高度経済成長期においては、賦課方式の方が合理的な仕組みなのです[47]。実際、高度成長が開始して国民皆年金が実現された期間の平均的な経済成長率と利子率の大きさを比較してみますと、経済成長率が11％弱であるのに対して、利子率は８％強でした。ですから、当時、賦課方式の年金を導入したことで、老親の面倒を見ることから解放された勤労世代も、老後の生活不安から解放された高齢世代もウィンウィンの関係になれたのです。

このように、その時々の社会保障政策が外見上単に高齢者を優遇しているというだけでは、シルバーデモクラシーであると断定し非難するのは適切ではありません。逆に、当時の政治的多数派であった現役世代が、高齢者を貧困なまま放置し自らの利益のみを追求していたのであれば、それこそ現役世代による「多数派の横暴」との誹りは免れ得なかったことでしょう。

シルバーデモクラシー仮説を採用している論者が指摘する「高齢者優遇」とは、**若者が、今日よりも明日、明日よりも明後日に必ずしも豊かになるわけではない、あるいはより深刻なことに今日よりも明日により貧しくなる世界において、貧しい若者から裕福な高齢者への逆所得再分配が行われる状態が生じていなければならないのです。**

46……正確には、人口成長率に生産性を足して計算できる経済成長率に近似できます。

47……Paul A. Samuelson, "An Exact Consumption-Loan Model of Interest with or without the Social Contrivance of Money", Journal of Political Economy, Vol. 66, No.6 (Dec., 1958), pp. 467-482.

◇中位投票者の定理とは何か

シルバーデモクラシーの存在を肯定する論者の多くは、その根拠として、意識するしないにかかわらず、中位投票者の定理を採用していることになります。中位投票者の定理は、

1948年にスコットランドの経済学者ダンカン・ブラックによって考え出されました。中位投票者の定理によれば、**「ある一定の条件の下では、多数決投票においては、中位投票者に最も好まれる選択肢が、社会的に選択される」**ことになります。

中位投票者の定理からは、①中位投票者が選挙結果を支配する、②二大政党から提案される政策は同じものになる、③有権者の母集団に変化が生じれば中位投票者も変化し、社会的選択もそれに応じて変化する、ことが導かれます[48]。

48……正確には、二大政党制の下では、政策が次第に同じものに収斂していくという含意は、中位投票者の定理を応用したダウンズの功績です。

◆中位投票者って誰？

ところで、中位投票者とは誰でしょうか。ここでは簡単数値例を使って考えてみたいと思います。いま、ある市に有権者が5人いて、うち4人（a、b、c、d）の所得がそれぞれ50万円、100万円、150万円、200万円（タイプⅠの有権者）、残りの1人（e）の所得が4000万円（タイプⅡの有権者）だとします。このとき、政権を争う二大政党はどのような公約を提案すべきでしょうか。政党Aは5人の平均所得900万円に近い1000万円層向けの政策「富裕層の所得税減税」を公約し、政党Bは5人の有権者を所得の低い順に並べた真ん中の有権者、つまりこの場合は所得150万円の有権者向けの政策「富裕層に増税して貧困層に給付金を支給」を公約したとします。このとき、選挙に勝つのはどちらの政党でしょうか。政党Aの公約を検討したタイプⅠの有権者は誰一人政党Aには投票しませんが、タイプⅡの有権者は政党Aに投票します。一方、政党Bには、タイプⅠの有権者4人が投票しますが、タイプⅡの有権者は投票しません。政党Bの公約にはまさにタイプⅠの有権者にドンピシャの政策が並んでいるからです。この結果、政党Bが選挙に勝つことになります。

つまり、今の例で言えば、有権者aからeまで5人が左から右に向かって横一列に並んでいるとすれば、左から3番目（つまりちょうど真ん中）に位置する個人cが中位投票者に当たります。

このように、**中位投票者とは、各々の投票者の境遇や好みに沿って横一列に並べたとき、ちょうど真ん中に位置する投票者のことを言います。**

◇8つの仮定

右の例では、中位投票者の定理をやや先走って説明してしまいました。

これから、中位投票者の定理の仮定のうち重要な仮定を取り上げて、その仮定の持つ意味について説明してみたいと思います。

仮定1 投票者の選好は単峰性を満たす。

仮定2 投票の対象となる政策課題は1つだけ。

仮定3 投票者は、自分にとって最も望ましい政策かそれに最も近い政策を公約する政党に必ず投票する。

仮定4 投票者は公約（将来必ず実行される政策）に基づき投票する。

仮定5 二大政党間で政権が争われる。

仮定6 二大政党からは必ず候補者が立てられる。

仮定7 二大政党にとっては、あくまでも政権獲得が政治活動の目的であり、イデオロギーに固執する党派的行動は取らず、柔軟に政策を変更する。

仮定8 中位点に位置する有権者が好む政策については、政党にとっては既知である。つまり、不確実性は存在しない。

◇仮定の持つ意味

中位投票者の定理の8つの仮定のうち、特に、重要な仮定1、仮定2、仮定7に関して解説したいと思います。

まず、仮定1「投票者の選好は単峰性を満たす」について、単峰性とは、政策から得られるわたしたちの効用（満足度）の大きさが、ある特定の政策において最大となり、その政策から離れるほど小さくなっていくことをいいます。

例えば、われわれ有権者は政府に対して、あの政策も実現してほしい、この政策も実現してほしいというように数多くの要求を持っています。例えば、ある有権者は子供の将来のため教育にたくさんの財政資金を投入して欲しいと考えているかもしれません。また別の有権者は失業中であり景気対策や失業給付の増額を望むかもしれません。さらに高齢有権者は教育や景気対策にお金を使うのではなく年金給付の増額を実現してもらいたいと考えているかもしれません。政府に期待することはなにもなく、一円でも多く税金を下げて欲しい有権者もいるでしょう。

このように、わたしたちは、政府に対して様々な要求を持っているのです。ここでは、そうしたたくさんの要求を、**一番実現してほしい政策から実現するのは一番後回しでもよい政策まで整合的に順位づけられるとします。**

こうした政策の順位付けは、現実的には、性別や年齢など置かれた立場によって異なるでしょう。

実際、公益財団法人明るい選挙推進協会の「第48回衆議院議員総選挙全国意識調査」によると、年齢別に重視した政策課題は異なっており、40代までの現役世代では景気対策がもっとも重視され、子育て・教育、雇用対策が上位に位置している一方、50代以上の世代では医療・介護が最も重視され年金がその次に重視される結果となっています。

結局、わたしたちの選好が単峰性の仮定を満たすときには、「選択肢の集合の中に最善の選択肢が必ず一つあり、その選択肢から遠くにある選択肢ほど望ましくない」ことになります。ですから、わたしたちの選好をヴィジュアル化すれば、最も実現してほしい選択肢を頂上とする逆U字型の山なりのカーブを描くのです。

仮定2「投票の対象となる政策課題は1つだけ」というのは、たとえば、「政府の規模」が争点である場合には同時に「憲法改正の是非」が争点にはならないことを意味します。ただし、「政府の規模」が唯一の争点であれば、政府の規模に関する選択肢については、「大きな政府」「中庸な政府」「小さな政府」というように複数あっても構いません。あくまでも**投票の対象となる政策課題が一つであることが大事なのです。**

仮定7「二大政党は柔軟に政策を変更する」に関しては、政党は本来、ある共通の理念を持った政治家から構成される団体ですから、政党が提案する政策は、各政党が立脚するイデオロギー（哲学）の相違によって差別化されるはずです。そして有権者は各自のイデオロギーに基づいて、支持する政党を決めます。したがって、この仮定のように、政党が、政権を取るためとはいえ、際限なく公約を修正することは、その政党の存在意義をも否定してしまう可能性にもつながりますし、構成員たる政治家や支持者の離反を招くリスクもあります。そこで、政党は、公約修正により失われるコスト（票・イデオロギー）と新たに得られるベネフィット（票）を比較衡量しつつ政権獲得のために譲歩できる限界を見定めたり、場合によっては、公約をあいまいにすることで有権者をごまかそうとする可能性もあります。

このように、実際の政党は、政権獲得行動と党派的行動の間で揺れ動きつつ、自らの立ち位置（公約）を決定するはずなのですが、本書では、簡略化のため、**二大政党はともに政権獲得だけを目指し、過半数の票を得られる公約を実現するため、公約の修正には一切躊躇しないことを仮定する**ことにします。

◇中位投票者の定理の条件が満たされた世界を考える

ある世界には、たくさんの有権者が一列に並んでいて[49]、その選好する社会保障の規模に応じて、左翼に位置するほど充実した社会保障（大きな社会保障）を好み、右翼ほど最低限の社会保障（小さな社会保障）を好み、中間層は中規模の社会保障（適度な社会保障）を選好しています。そして、有権者は各々、単峰性の選好を持っています（仮定1）。しかも、二大政党はこうした有権者の分布を完全に知っているものとします（仮定8）。

いま、この世界で社会保障の大きさについて投票が行われるのですが、争点となる社会保障の規模は、大きな社会保障と小さな社会保障の二つです（仮定2）。投票に際して、有権者は、もし、政党L（R）の公約の位置より左（右）に政党R（L）の公約がない場合には、公約の位置より左（右）の有権者はその政党L（R）に投票します。つまり、有権者は自分の好む社会保障の規模に近い公約を掲げる政党に、必ず投票します（仮定3）。

投票の結果、過半数の票（議席）を得た政権が与党となり、公約を必ず実行するものとします（仮定4）。

この世界には、政党Lと政党Rの二つの政党のみが存在するとします（仮定5）。そして、スタートラインでは、政党Lは大きな社会保障、政党Rは小さな社会保障を公約として掲げます。

しかしながら、初期時点では、政党Rも政党Lも、各々が提案する社会保障の規模に近い選好を持った有権者を獲得するだけでは、全有権者の過半数を占めることができない状況にあります。

ですから、政党Lも政党Rも、政権獲得を目指し一票でも多くの票を獲得するために、イデオロギーにはこだわらずに、公約やマニュフェストで自らの社会保障の大きさを修正しつつ、支持を訴えることになります（仮定6・仮定7）。

49……より正確には有権者は正規分布しています。

◇選挙戦略を考える

このときどちらかの政党が政権の座を射止めるためには、どうすればよいでしょうか。まず、政党Rの立場に立って必勝戦略を考えてみましょう。政党Rは小さな社会保障を公約しています。これでは、政権を獲得するには十分な支持が集まりません。しかし、政党Rはいまよりも少し大きい社会保障の規模（したがって左寄り）を提案すれば、今まで以上の有権者を獲得できます。

なぜなら、有権者は一列に並んでいますから、社会保障の大きさを少し左寄りに移すだけで今までより多くの有権者が獲得できるからです。最終的に政党Rは社会保障の規模を当初の公約よりどんどん大きくして、従来の支持層に加えて中間層を取り込めるほどまで政策スタンスを左に広げれば政権を獲得できるのです。

このように有権者を選好に基づいて横一列に並べた場合、その配列の中間点に自らの選好が位置している人々のことを中位投票者と呼びます。

●図１：中位投票者の定理と政策の収れん

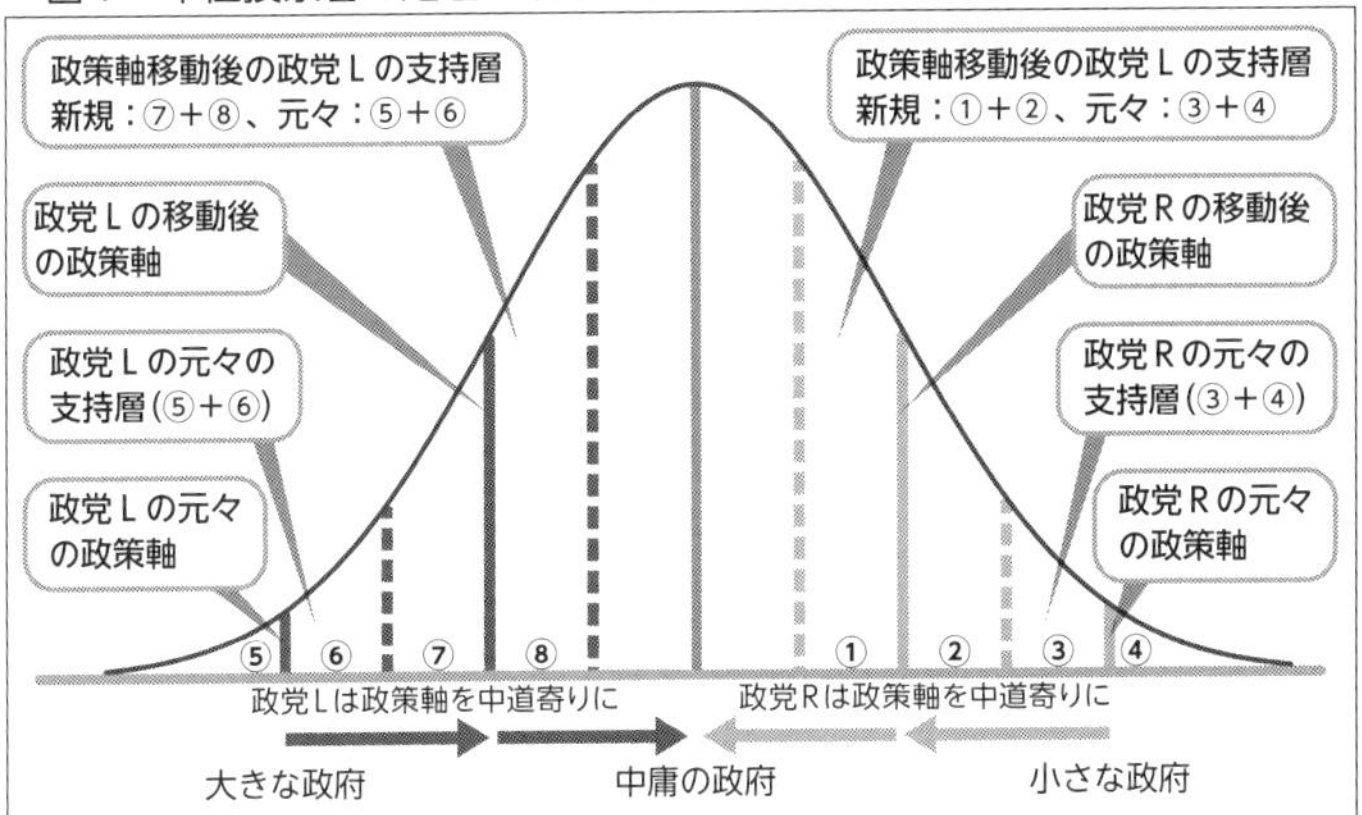

有権者には、社会保障の規模に関して、小さな規模を好む者、大きな規模を好む者、中庸の規模を好む者がいる。それに対して、小さな社会保障を目指す政党Rと大きな社会保障を目指す政党Lとがある。

いま、政党Rも政党Lもそれぞれの支持者の票だけでは過半数を得られないものとする。

このとき、政党Rは支持者を増やすために政策を中道寄りに移した結果、従来の支持層である③と④に加え、新たに①と②の支持層獲得に成功する。これにより、政党Rは政党Lより支持を広げる結果となる。このとき、政党Lは政党Rと同様に、政策を中道寄りに移せば、支持を広げられる。

結局、政党Rも政党Lもより多くの票を求めて次第に政策を中道に移すことになるが、これは各政党が提案する政策が中庸の規模を選好する有権者に近付いていくことを意味する。

つまり、政党Rも政党Lも政権を獲得するには中庸の社会保障を選好する有権者の支持が欠かせないため、政策軸を中道寄りに移していくこととなる。

要するに、(1) 中庸の社会保障の規模を選好する有権者（中位投票者）が選挙結果を支配し、(2) 二大政党により提案される社会保障の規模は最終的には同一になる。

有権者には、社会保障の規模に関して、小さな規模を好む者、大きな規模を好む者、中庸の規模を好む者がいる。それに対して、小さな社会保障を目指す政党Rと大きな社会保障を目指す政党Lとがある。

いま、政党Rも政党Lもそれぞれの支持者の票だけでは過半数を得られないものとする。

このとき、政党Rは支持者を増やすために政策を中道寄りに移した結果、従来の支持層である③と④に加え、新たに①と②の支持層獲得に成功する。これにより、政党Rは政党Lより支持を広げる結果となる。このとき、政党Lは政党Rと同様に、政策を中道寄りに移せば、支持を広げられる。

結局、政党Rも政党Lもより多くの票を求めて次第に政策を中道に移すことになるが、これは各政党が提案する政策が中庸の規模を選好する有権者に近付いていくことを意味する。

つまり、政党Rも政党Lも政権を獲得するには中庸の社会保障を選好する有権者の支持が欠かせないため、政策軸を中道寄りに移していくこととなる。

要するに、(1) 中庸の社会保障の規模を選好する有権者（中位投票者）が選挙結果を支配し、(2) 二大政党により提案される社会保障の規模は最終的には同一になる。

（出典）筆者作成

当然、政党Lも同じことに気がつきますから、中位投票者の選好に応じるため、社会保障の規模を当初の公約より小さくしていき、結局、**従来の支持層に加えて中間層を取り込めるほどまで政策スタンスを右に広げ、政権獲得を実現するのです。**

◇人気投票と化す選挙

こうして、政党Lは公約を右寄りに、政党Rは公約を左寄りにしますから、両政党が提案する社会保障の規模はやがて、中位投票者が選好する平均的な規模に収れんしていくので、両政党の提案する社会保障の規模は、最終的には同じ大きさになります。

つまり、二**大政党は、政権獲得のため、中間的な選好を持つ中位投票者の獲得に熱心なあまり、**元々は「大きな社会保障」と「小さな社会保障」を公約していたのですが、最終的には政党名以外、**区別がなくなってしまうのです。**

例えば、田中角栄内閣は、保革伯仲国会への危機感から、社会党をはじめとした革新勢力の福祉重視政策を意識し、1973年を福祉元年と位置づけ、老人医療費無料制度の創設、高額療養費制度の導入、年金給付水準の大幅な引き上げ等社会保障制度の大胆な拡充を実施し、それまでの自民党の福祉政策を左寄りに変化させました。また、リーマン・ショックの混乱などによって政権維持が厳しくなってきた麻生太郎内閣では、当時の民主党政権の社会保障政策を意識し、現在に至る全世代型社会保障の実現に舵を切るなど、これまではどちらかというと蚊帳の外に置かれてきた、勤労世代への給付の拡充を目指しました。

このように、中位投票者の定理が教えるのと同様、政権交代の恐れが高まるたびに、自民党は福祉政策を左寄りに柔軟に変化させることで、従来の支持者以外にまで支持を広げようとしてきたのです。

余談ではありますが、二大政党制を目指す小選挙区制が導入されてから、選挙が近づくたびに、政党の看板の架け替えや党首のすげ替えが繰り返されますし、国会では、何か不祥事が起きる度、本質から外れたネガティブキャンペーンばかりが繰り返されています。これは、中位投票者の定理から類推されますように、各政党の公約は同じものに収れんするため、政策で差別化できなくなってしまうことに原因があります。

◇還暦に近づく日本の中位年齢

日本の政治の現状に中位投票者の定理を当てはめるならば、政治プロセスを支配するのは中位投票者ということになります。ただし、単に中位投票者と言っても、所得や資産など何を指標とするかでいろいろな中位投票者が考えられます。ここでは、年齢（世代）に着目してみます。

日本国民全体の中位年齢の推移をみると、高度成長が始まった１９５５年には23・7歳だったものが、２０１８年には48・1歳と63年間で25歳弱伸び、２０５０年には54・7歳とさらなる中位年齢の高齢化が見込まれています。

次に、有権者の中位年齢の推移については、同38・2歳、53・6歳、60・2歳と、２０５０年には有権者の中位年齢は還暦を迎えることが予想されています。当然ですが、有権者の方が全国民の平均よりも中位年齢は高くなっています。

さらに、有権者のうち、実際に投票した投票者の中位年齢の推移を見ると、55年では39・6歳、足元では58・3歳とほぼ還暦に近く、そして足元の年齢別の投票率を前提とすると２０５０年には64・2歳とさらなる高齢化の進行が予想されます。**選挙で政党が重視する民意はほぼ還暦**とは驚きです。

◇還暦世代を中心に日本の政治は回る

このように、日本の中位年齢（国民・有権者・投票者）は、高齢化が着実に進行しており、今後も高齢化の進行が見込まれます。特に、政治家や政党にとって重要な投票者の中位年齢はほぼ還暦となっているのです。つまり、**現代日本の政治を支配するのは、年金受**

給間近な還暦世代なのです。中位投票者の定理を前提に政治を見れば、還暦世代の利益を無視した政策を打ち出しにくいということになります。

中位投票者モデルの枠組みから見たシルバーデモクラシー論が指摘するように、最近の政治が高齢者の意向に過剰に敏感になっているとすれば、それはこのような投票者の中位年齢の高齢化の影響が大きいためであると考えるのが自然です。つまり、日本の有権者年齢は今後も高齢化し続けるため、各政党とも政権維持／奪取のために、中位投票者である高齢者の選好に合致した政策ばかり掲げ、あるいは高齢者に痛みを強いる政策を打ち出さず、高齢者に対する大盤振る舞いを競うようになると予想できます。

◇高齢者優遇を検証してみた

シルバーデモクラシー仮説が主張するように、**社会保障制度において、実際に高齢者が他の世代に比べて優遇されているか否かは、社会保障全体の動きから高齢者のみが受け取る給付の動きを取り出して確認する必要があります。**

そこで、以下では、国立社会保障・人口問題研究所が公表している『社会保障費用統計（平成29年度）』にある高齢者関係給付費（年金保険給付費、高齢者医療給付費、老人福祉サービス給付費、高年齢雇用継続給付費の合計額）をはじめとするデータを用いて検証してみることにします。

◆高齢者優遇をデータで検証するための下準備

実際にデータを検証する前に、データを検証する方針と内容を確認しておきましょう。

いま、高齢者関係給付費総額をTとしますと、Tが増えていれば、高齢者向けの給付が増えていることになり、高齢者優遇と言えそうです。しかし、日本全体の所得水準がGDPで近似できるとすれば、GDPが増えればTも増えていくものと考えられます。このとき、GDPをYとして、YとTの関係は、①Yが増えた以上にTが増える、②YとTは同程度の増加、③Yが増えた割にはTは増えない、の3つのケースが考えられます。いずれにしても、Tは増えていますから、高齢者関係給付費総額Tは増加することになりますが、GDPとの関係で見ると、GDPが増えた割には高齢者関係給付費総額Tが増えていないとすれば、相対的に見て高齢者向けの給付が減ったのと同じ効果を持ちますから、高齢者関係給付費総額Tが増加しているからと言って、高齢者が優遇されていることにはなりません。GDPとの関係を見る必要が出てきます。ただし、これでも十分ではありません。

いま、高齢者数をP、高齢者一人当たり高齢者関係給付費総額をcとしますと、高齢者関係給付費総額TはT＝P×cと分解することができます。したがって、高齢者関係給付費総額の変化は△T／T＝△P／P＋△c／cと書け、高齢者一人当たり高齢者関係給付費総額cが一定もしくは減少していても高齢者人口の増加率がそれを上回れば、高齢者関係給付費総額Tが増加するのです。

つまり、高齢者関係給付費総額Tが増えていたとしても、高齢者一人当たり高齢者関係給付費総額cが減っていれば、それは高齢者優遇とは言えないでしょう。ですから、高齢者一人当たり高齢者関係給付費総額cの推移を見る必要があります。

しかし、この場合も、高齢者関係給付費総額Tの時と同様、国民全体の一人当たり名目GDP（以下ではyとします）との相対関係で見ることが大切です[50]。なぜなら、高齢者一人当たり高齢者関係給付費cが減少しているとは言っても、それ以上に国民全体の一人当たり名目GDP（y）が減少しているのなら、高齢者優遇と判断できるからです。

50……国民一人当たり名目GDPはおおむね国民一人当たりの平均的な生活水準とみなすことができます。

◇高齢者関係給付費総額は右肩上がりで増加している

高齢者関係給付費総額は、1973年には1・6兆円だったものが、右肩上がりで上昇を続け、2017年では79・7兆円と、44年間で51倍となっています。ただし、伸び率の推移を見ると、足元での伸びは2000年代の3・3％から10年代では1・8％と鈍化していることが分かります。

◇高齢者関係給付費総額はＧＤＰの拡大と整合的

次に、高齢者関係給付費対名目ＧＤＰ比の推移を見ると、１９７３年には１・３％だったものが上昇を続け、２０１７年では14・6％に達しています。こうした対名目ＧＤＰ比の動きに、１９７３年から２０１４年までの期間で推計したトレンド線を重ね合わせてみると、対名目ＧＤＰ比はトレンド線を上回って推移している時期もあれば下回って推移している時期もあり、総じて見れば名目ＧＤＰとほぼ同じ動きを示してきていましたが、近年ではＧＤＰを下回って推移していることが確認できます。つまり、対名目ＧＤＰ比で見ると、**社会保障給付費は、ＧＤＰの増え方よりも少なくしか増えておらず、近年特に高齢者に対して過剰な配分が継続的になされているわけではないことが分かります。**

◇高齢者一人当たり高齢者関係給付費は減少傾向

高齢者一人当たり高齢者関係給付費の推移を見てみますと、社会保障の充実とともに、１９７３年に19万円だったものが、右肩上がりに上昇し２００２年には２４７万円となりました。しかし、それ以降は総じて見れば減少に転じ、２０１４年では２３２万円となり

●図２：高齢者関係給付費総額の推移

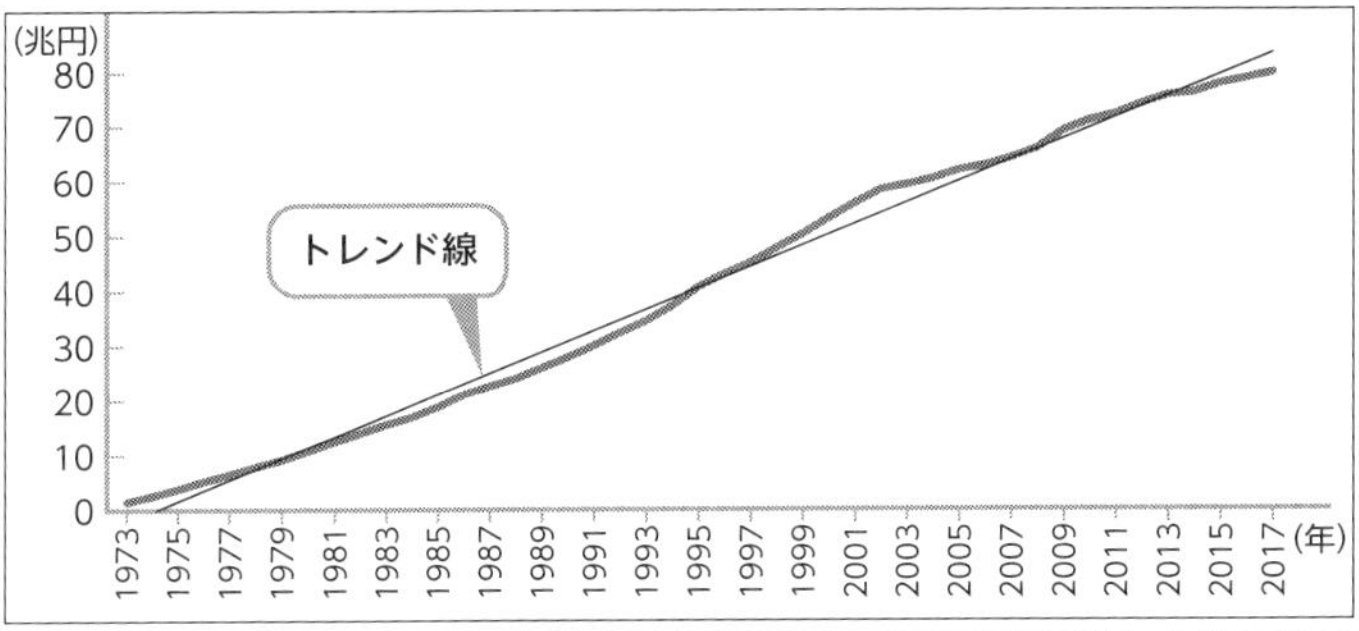

（出典）国立社会保障・人口問題研究所資料により筆者作成

●図３：高齢者関係給付費総額対名目 GDP 比の推移

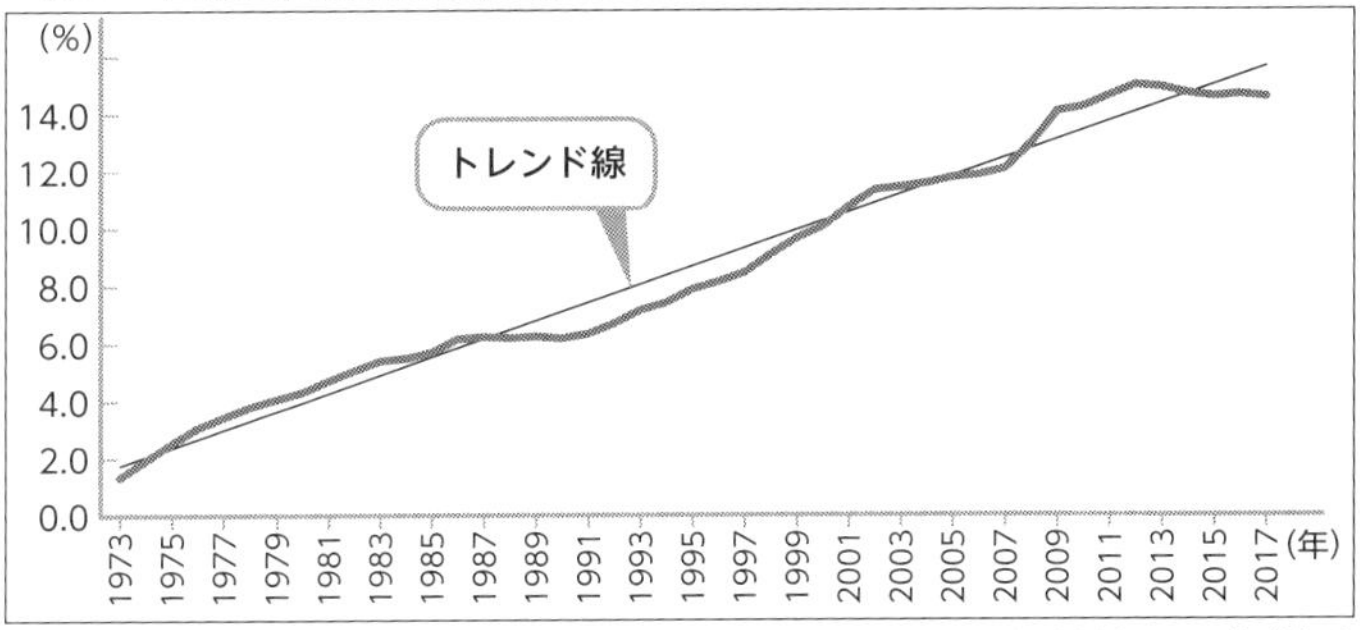

（出典）国立社会保障・人口問題研究所資料により筆者作成

●図４：高齢者一人当たり高齢者関係給付費の推移

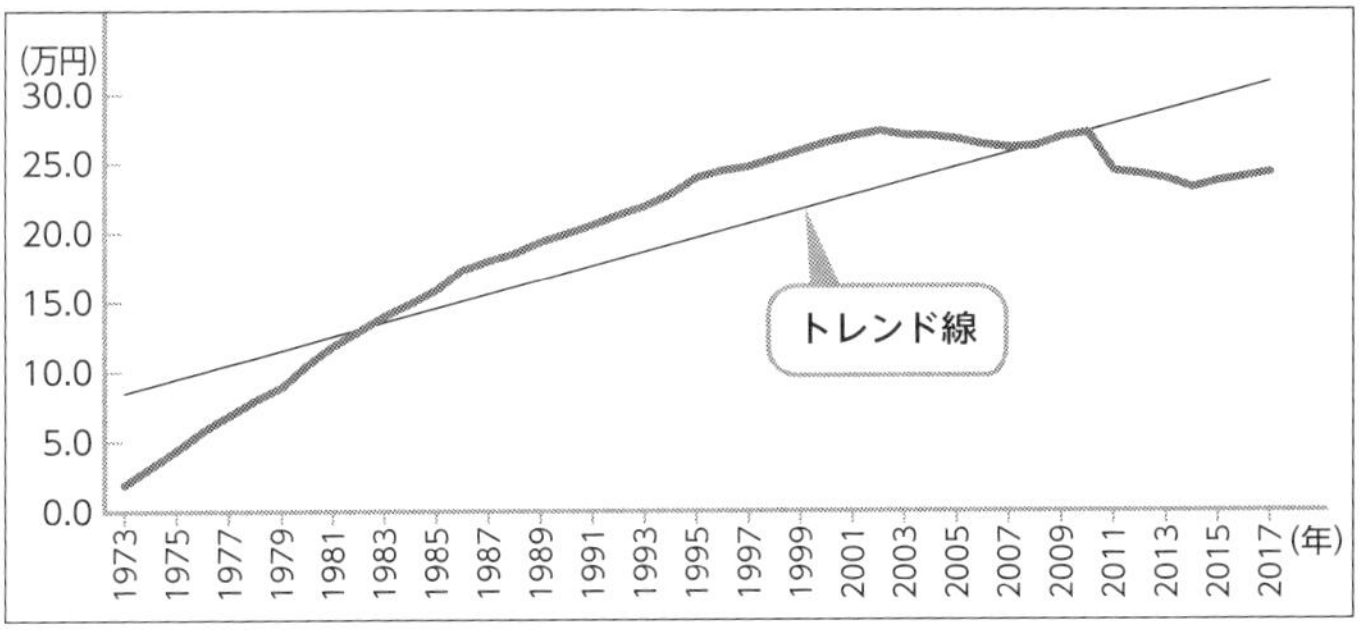

（出典）国立社会保障・人口問題研究所資料により筆者作成

ました。しかし、再度上昇に転じ、2017年では243万円に増加しています。

いま、高齢者関係給付費を、高齢者一人当たり実質給付額要因、高齢者要因、物価要因に分けて寄与度分解を行った結果、1970年代半ばから1980年代半ばまでは高齢者一人当たり給付額と物価要因が高齢者関係給付費の高い伸びを支えていましたが、それ以降は高齢者の伸びが給付総額伸びを支えているのが分かります。さらに、2000年代以降は総じてみれば一**人当たり給付額はマイナスに寄与しています。**

つまり、先に見た総額の増加は、実は、高齢者一人当たり高齢者関係給付額では減少しているにもかかわらず、高齢者つまり受給者数が増えたことによりもたらされているのです。このような、**高齢者一人当たり高齢者関係給付額が減っている現状を指し**

●図5：高齢者関係給付費の寄与度分解

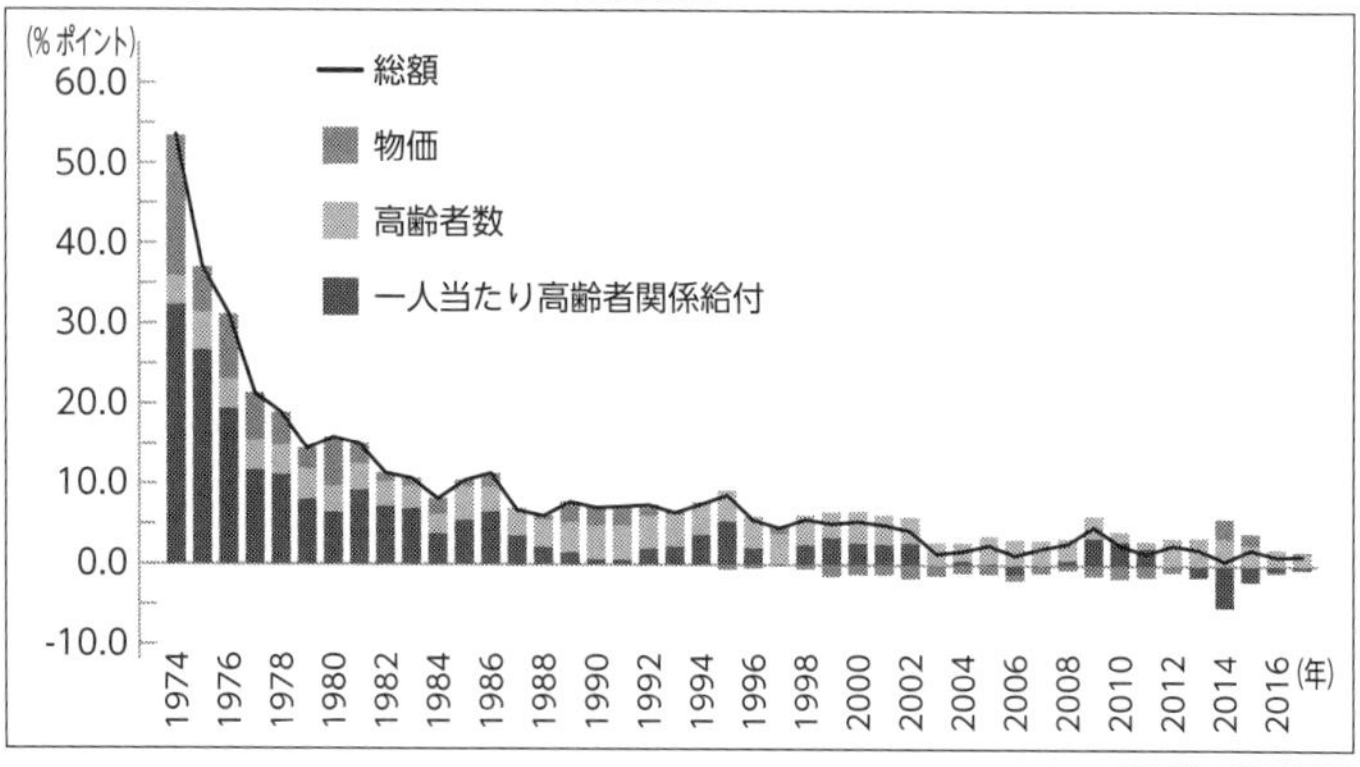

（出典）筆者試算

て、高齢者優遇とまで言い切るのは困難でしょう。

◇高齢者一人当たりの高齢者関係給付費対国民一人当たりの名目GDP比は低下している

高齢者一人当たりの高齢者関係給付費を、国民一人当たりの名目GDPで除した数値の推移を見ると、１９７３年には18％弱の水準だったものが１９８０年代半ばまでは、一人当たりの所得の伸びを大きく上回って増加し、１９８６年には６割弱の水準に達しました。これは高い経済成長を受けて社会保障制度の充実がなされ、また制度の導入から時間が経過し、成熟期を迎えたことが大きな理由として挙げられます。１９８０年代後半以降は総じてみればトレンド線に沿って推移し、２０１１年には65％弱となりました。しかし、２０１２年以降はトレンド線を下回って推移し、足元の実績値は55.6％と６割を下

●図６：高齢者一人当たり高齢者関係給付費対国民一人当たり名目 GDP 比の推移

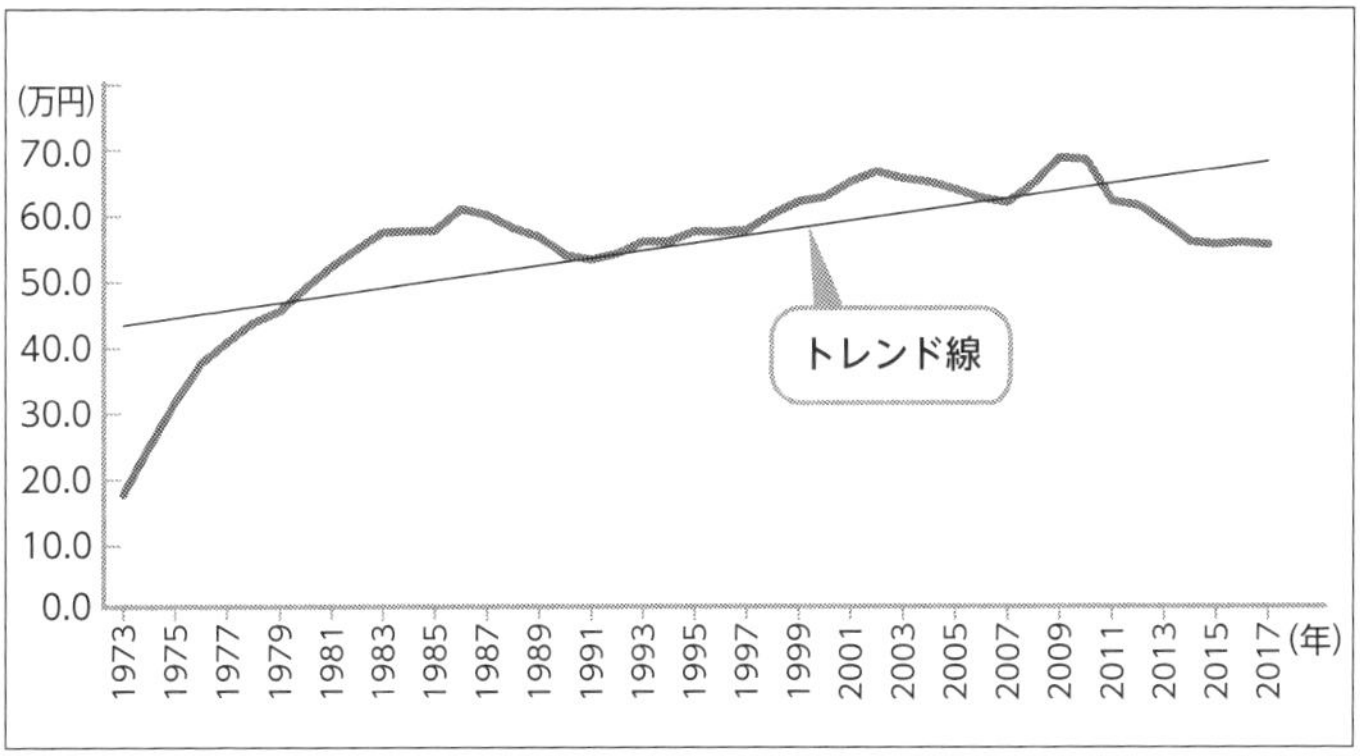

（出典）国立社会保障・人口問題研究所資料により筆者作成

回り、さらにトレンドから割り出される68・1%からは12・5ポイントも下方に乖離していることが分かります。

つまり、高齢者一人当たりの高齢者関係給付費は、国民一人当たりの所得の伸びよりも低い伸びを示していることを意味しています。

平均的な国民の生活水準と比較して削減されているわけですから、高齢者の社会保障給付は優遇されていないと結論できます。

◇高齢者関係給付費対児童・家族関係給付費は低下している

さらに厳密に突き詰めて考えていけば、高齢者向け給付が増えているとしても、同時に、子育て世代向けの社会保障給付が同等かそれ以上に増加しているのであれば、当然、高齢者優遇とは言えません。

●図7：高齢者関係給付費対児童・家族関係給付費比の推移

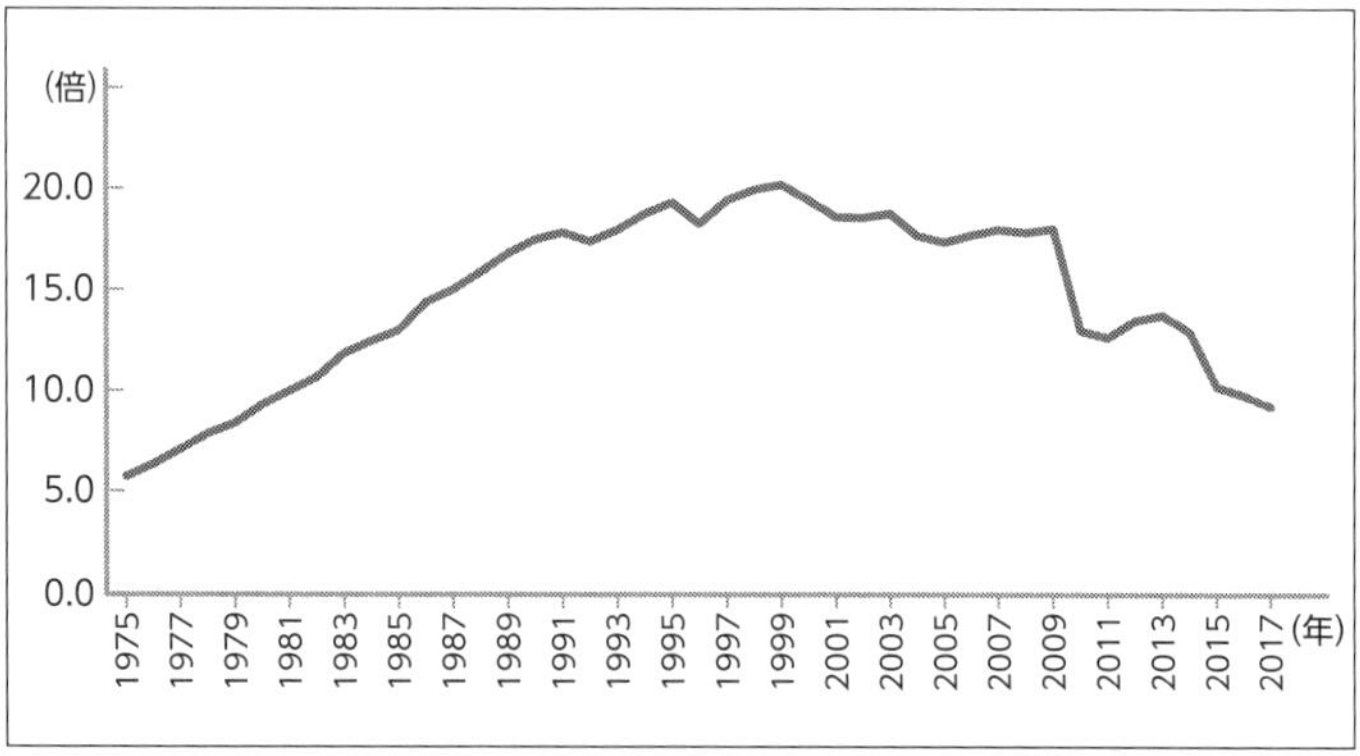

（出典）国立社会保障・人口問題研究所資料により筆者作成

反対に、高齢者向け給付が減っているとしても、同時に、子育て世代向けの社会保障給付が同等かそれ以上に減っているのであれば、高齢者優遇と言えます。つまり、現在の日本の社会保障制度が高齢者優遇であると結論付けるためには、子育て世代向けの社会保障給付の動きと比べてみる必要もあります。

そこで、ここでは、児童手当、児童扶養手当等、児童福祉サービス、育児休業給付、出産関係費から構成される児童・家族関係給付費を、子育て世代向けの社会保障給付と考え、高齢者向け給付と対比させて、高齢者優遇について検証してみます。

児童・家族関係給付費に対する高齢者関係給付費の比の推移を見ると、1975年には高齢者関係給付費と児童・家族関係給付費の比は6倍だったものが、99年まで右肩上がりに増加を続け、20倍となって以降は、少子化対策の強化もあり低下傾向となり、

●図８：児童・家族関係給付費の寄与度分解

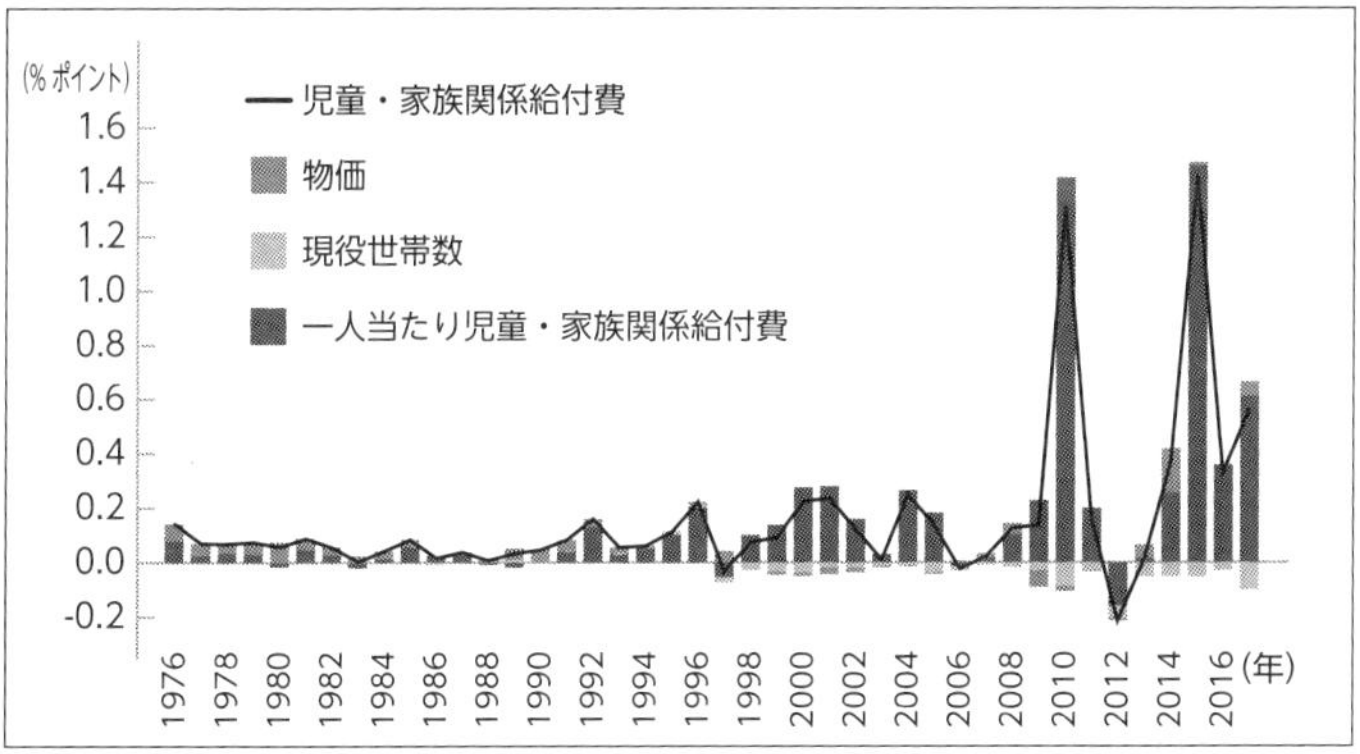

（出典）筆者試算

特に、２０１０年に子ども手当（現在は児童手当）の支給が開始されたことにより大幅な低下を示し、足元の２０１７年では9倍にまで低下してきています。

社会保障制度導入時とは異なり、高齢者の生活水準も向上し、逆に経済の低迷が続き、現役世代の生活水準が低下し始めたため、現役世代への給付を相対的に増加させた結果です。

いま、児童・家族関係給付費を、一人当たりの実質給付額要因、人口要因、物価要因に分けて寄与度分解を行った結果、２０１０年に当時の民主党政権が子ども手当てを創設して以降は、一人当たりの給付額が大きくプラスに寄与しているのが分かります。

つまり、**児童・家族関係給付費との対比で見ても、高齢者優遇とは結論できません。**

●図9：高齢者一人当たり高齢者関係給付費対現役一人当たり児童・家族関係給付費の推移

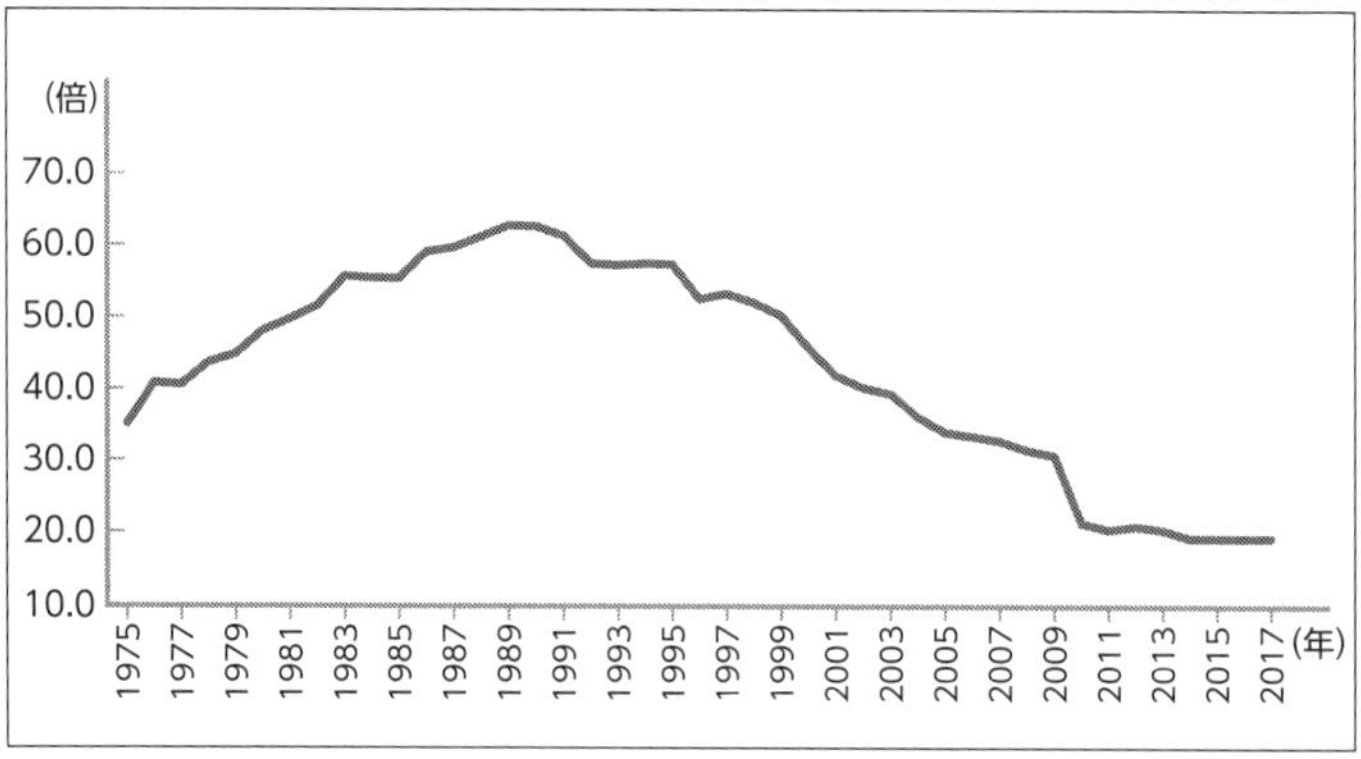

（出典）国立社会保障・人口問題研究所資料により筆者作成

◇高齢者一人当たり高齢者関係給付費対現役一人当たり児童・家族関係給付費は低下傾向

その他の条件がもし一定であれば、日本では少子化、高齢化が進行しているので、総額で見れば、児童・家族関係給付費が減少し、高齢者関係給付費が増加することで、児童・家族関係給付費に対する高齢者関係給付費の比が上昇することは十分考えられるのですが、実際には、低下していました。

しかし、近年の児童・家族関係給付費の拡充を勘案しますと、一人当たりの支給額の動きに関係なく、支給対世帯が増加したため、総額で見て増加した可能性も捨てきれません。

そこで、高齢者一人当たりの高齢者関係給付費対現役一人当たりの児童・家族関係給付費の比率を見てみます。１９７５年には現役世代一人当たり１・２万円だった児童・家族関係給付費はほぼ一貫して増加を続け、２０１７年には12・1万円となったため、高齢者一人当たり高齢者関係給付費対現役一人当たり児童・家族関係給付費は１９８９年の63倍をピークに低下しており、足元では19倍と大幅に低下しています。

したがって、高齢者関係給付に対して、現役世代向け給付が、一人当たりで見ても増加しており、近年は、高齢者優遇一辺倒というよりは現役世代も重視する傾向が存在することが分かります。

以上から判断する限り、シルバーデモクラシー論者の主張とは異なって、**現在の日本の**

社会保障制度において、高齢世代の給付が増やされたり、あるいは削減されない聖域であるという意味で高齢世代が優遇されていないことが分かりました。

◇世代間格差は二つある

以上のように、シルバーデモクラシー仮説の根拠として挙げられる社会保障における高齢者優遇について、データを用いて検証しましたが、高齢者が優遇されている証拠は見つかりませんでした。実は、シルバーデモクラシー仮説の根拠としては、世代間格差の存在が挙げられることもあります。例えば、第1次安倍内閣で経済財政諮問会議民間委員を務めた昭和女子大学の八代尚宏特命教授は、著書『シルバー民主主義』（中公新書）の中で、日本のシルバーデモクラシーの三つの主要な特徴の一つとして、「社会保障制度や企業の雇用慣行において、若者より高齢者を優先することによる世代間格差の広がり」を挙げています。

また、第二章では、わが国には、高齢世代ほど得が大きく、若い世代ほど損が重くなる深刻な世代間格差が存在することを見ました。例えば、団塊の世代の70歳（１９４８年生まれ）とその子供に当たる団塊ジュニア世代40歳（１９７８年生まれ）とを比較すると、金額では、２７００万円弱、生涯所得との対比では、16ポイント、団塊ジュニア世代の方がその親世代よりも損が大きくなっています。

少し技術的になりますが、世代会計の計算上では、2018年に生まれたばかりの0歳世代と2018年には未出生の将来世代とは、他の世代とは異なって、マクロ経済環境も、財政・社会保障制度の受益負担構造も、全く同一の条件に直面しています。しかし、それにもかかわらず、将来世代の生涯純税負担率は、0歳世代よりも51ポイント大きくなっています。つまり、世代間の垂直的公平性はもとより、「等しい担税力を持つ者は課税時には等しく扱われなければならない」とする水平的公平性に関しても、0歳世代と将来世代の間では満足されていません。しかも、将来世代は生涯所得のうち、社会保障給付等の受益を考慮したとしても、実に生涯所得の8割近くを、政府を介して他の世代に強制的に移転させられてしまうことがすでに決められているのです。巨額な政府債務残高の存在や、毎年大量の赤字国債が発行され続けているにもかかわらず、現在世代の純負担額が大きくないのは、将来世代からの資源搾取が行われているからです。また、現在世代の負担不足もしくは過大給付から発生する潜在的純債務額は、2018年度現在の価値に換算すると1412兆円と試算されました。これは現在の受益負担構造は、今後予定されている改革・施策を考慮しても、将来世代に対して1412兆円という巨額な純負担を課すものであり、現在予定されている制度変更・施策は将来世代の負担を軽減するのにはまったく不十分であることを意味しています。

　以上から、日本の現在世代及び将来世代が直面する世代間格差に関しては、「現在世代内における世代間格差」と「現在世代と将来世代の間の世代間格差」の2つが存在する点を指摘できます。現在世代内の世代間格差に関しては、確かに90歳世代から80歳世代までの方々は、支払う額よりも受け取る額が多い受け取り超過なのですが、これら世代は第2次世界大戦の影響により人的・物的・金融的蓄積が不十分であり、現行の年金制度の骨格が固まった時期との関係で、勤労期間中に十分な額の保険料を拠出できなかったり、自分の年金のための負担と、自分の親世代の年金の負担を同時に課せられたこともあり、別格の存在であるとみなせます。敢えて言えば、こうした世代を救うために社会保障制度が整備されてきたと言っても過言ではありません。

　そこで、80歳代以上の世代を外して、戦後生まれで、かつ高度成長期には労働市場に参入していた団塊の世代（概ね70歳世代から65歳世代）から0歳世代までの現在世代での損得勘定の違い（格差）を見ると、最大で23ポイントほどです。これに対して、団塊の世代と将来世代間の損得勘定の違いは、74ポイント弱もあり、現在世代内の格差の3倍強にのぼります。つまり、現在世代内の損得勘定の違いよりも、将来性世代と現在世代との間の損得勘定の違いの方がより深刻なのです。この発見の意味するところは、弱い世代がさらに弱い世代を叩いている現状を表しているのです。要するに、**現在世代の中では高齢世代が現役世代に負担を先送りし、現役世代はより若い世代に負担を先送りし、そして若い世代も将来世代に負担を先送りしているのです。現役世代や若者世代だけが一方的な被害者というわけではなさそうです。**

このように、**世代会計で示される世代間の損得勘定から見ると、シルバーデモクラシー仮説の主張とは異なって、高齢世代だけが優遇されているわけではないのです。**

◇日本はシルバーデモクラシーではない

以上のように、日本の現状は、必ずしも高齢世代だけが優遇されているわけではなく、まだ生まれていない将来世代と比べると、現役世代も十分優遇されていました。シルバーデモクラシー仮説の主張とは、どうも状況が異なるようです。

さらに、現在の日本政治を、単純に「シルバーデモクラシー」とレッテルを貼って分かった気になっている立場では説明の付かない事象が、最近の日本では様々発生しています。つまり、全世代型社会保障確立の掛け声の下、相変わらず高齢者の給付に関しては手つかずのままですが、18歳選挙権の導入、子育て支援や、幼児教育無償化、大学生等への給付型奨学金制度の創設等、若者世代や勤労世代にも目配りした政策が充実しつつあります。

日本が本当に「シルバーデモクラシー」に覆いつくされているとすれば、高齢世代は、政治家に対して、非高齢世代に回せる余剰資金があるのなら、そっくりそのまま自分たちに使うよう陰に陽に圧力をかけるはずです。また、自分たちの政治的パワーを保持する観点からは、18歳選挙権の導入は失策と言えます。政治の側でも、政策を票になる高齢世代に集中したほうが政権に近づけるはずですから、票にならない非高齢世代には見向きもしないはずです。しかし、先述のように、日本では、若者世代向けの施策の拡充が進んでいます。

実は、このような全世代型社会保障の推進に代表される最近の政治的潮流は、シルバーデモクラシー仮説では、合理的に説明するのが困難なのです。

こうした**政治的潮流や、先に見たデータ分析の検証結果を素直に認めれば、日本には、シルバーデモクラシーは存在しないとの結論にたどり着きます。**

◇改革先送りのそれぞれの事情

日本にシルバーデモクラシーが存在していないとすれば、財政や社会保障制度の改革を阻むものは何でしょうか。財政や社会保障制度の持続可能性リスクが顕在化しつつあり、これ以上の改革先送りは、限界に達しつつあるにもかかわらず、高齢世代も現役世代もこれまで通り、自分たちより年齢が下の世代に負担のバトンパスを続けているのは、どうしてなのでしょうか。

一見非合理な行動にも見えますが、実は、各世代なりに「合理的」な理由が存在しているのです。

(1)高齢者の逃げ切り期待

まず、高齢（退職）世代の利害状況ついて考えてみましょう。高齢世代の期待余命は現役（勤労）世代よりも短いことから、増税による財政収支の改善開始時期を先送りすることにより、自らの負担を免れる可能性があります。厚生労働省「国民生活基礎調査（平成30年）」によれば、高齢（65歳以上）世帯の8割以上がその収入の6割以上を公的年金等給付に依存している実態があります。改革によって、社会保障給付が大幅に削減されれば他に収入のないこともあって困窮化は避けられません。しかし、仮にそうなっても、生活保護の受給が期待されることも考えられますので、早急な消費税率引上げの必要性を感じないのかもしれません。また、高齢低所得世帯にとって、消費税率の引上げは負担感が大きいのも事実です。**主な収入が年金や貯蓄の取崩しの高齢（退職）世代は、自らも負担する消費税ではなく、もっぱら現役（勤労）世代が負担する所得税による財政収支の改善が望ましいと考えるのが合理的でしょう。**

⑵一枚岩ではない現役世代

一方、現役（勤労）世代は、もっぱら自らだけが負担することを避けるため、高齢（退職）世代にも負担を求めることが最適な戦略になるはずです。ただ、現実の現役（勤労）世代は、自らが財政負担の担い手になるとは考えていないようにも見えます。現在の現役（勤労）世代の状況を民間企業に勤める給与所得者の給与水準で見てみますと、平均は、１９９６年の４１８万円から２０１６年には３５６万円へ、20年間で62万円も減少しています[51]。２０１６年の年齢階層別平均給与額（男性）は、何れの階層においても、20年前から１割弱の減少となっています。また、20歳から59歳までの世代のうち、親と同居する未婚者は１３６０万人弱、そのうち20歳から54歳までの基礎的生活条件を親に依存しているいわゆるパラサイト・シングルは２１７万人もおり[52・53]、親の年金・所得を当てにせざるを得ない者も少なくありません。勤労世代といえども、社会保障給付の削減や消費税の増税が行われると、自らの生活に支障をきたす、あるいは困窮する老親への私的な仕送りが重くのしかかり、親子共倒れのリスクが顕在化する世帯も見込まれますから、抜本的な財政・社会保障改革を回避するか、回避しない際には消費税の増税ではなく、高所得層の負担で行って欲しいと考えてもまったく不思議はありません。

このように、現役（勤労）世代内においても低所得世帯であれば、実効負担率の大きさから、消費税よりも、所得税による増税を選好することになります。実際、厚生労働省の所得再分配調査によれば、事後的な所得分配は、所得税制と社会保障制度の効果によって比較的安定していますが、当初所得の格差は拡がっています。背景には、マクロ的な労働需給の緩みによる循環的な賃金の下押しだけでなく、非正規雇用比率の上昇や賃金水準の高い雇用機会の喪失といった経済構造の変化があります。また、当初所得の低迷だけでなく、税制や社会保障制度の恩恵が薄い未婚者の増加等、世帯構造の変化も生じています。

(3) 一向に破綻しない日本財政

現代の日本財政は、歴史的に見ても、世界で見ても、最も深刻な状況にあることはまちがいありません。財務省や財政学者は常々「財政破綻待ったなし」と警告しています。しかし、財政破綻のシグナルとなるはずの金利は低いままですし、財政破綻の兆候は一切見られません。そうであれば、どんなに財政当局が、「財政は破たん寸前。消費税を引き上げる必要がある！」と宣伝しても、高齢世代も現役世代も、財政健全化の必要性を自分のことと感じることはできないでしょう。ですから、今まで通り、赤字国債を発行することで、将来世代に負担を先送りしつつ財源を調達し、受益を得続けることを選ぶのです。

本来は、国民より長期的な視野を持って財政運営を行うべき政治も政府も、国民に評判の悪い増税や歳出削減で財源を調達するよりも、赤字国債を発行して、高齢世代にも現役世代にも給付を大盤振る舞いする方が、なんといっても楽ですし、目に見える形では一切軋轢が起きません。

51……国税庁『民間給与実態調査』

52……山田昌弘『パラサイト・シングルの時代』(1999)では、パラサイト・シングルを「学卒後もなお親と同居し、基礎的生活条件を親に依存している未婚者」と定義しています。

53……総務省統計研究研修所の西文彦(「親と同居の未婚者の最近の状況」第69回日本人口学会大会報告資料(http://www.stat.go.jp/training/2kenkyu/pdf/gakkai/jinko/2017/nishi.pdf))参照。

◇投票で消費増税は選ばれるだろうか?

高齢世代も、現役世代も、政治も、政府も、現在の赤字国債を財源とする財政・社会保障運営の仕組みを変えるインセンティブがないことが分かりました。やはり、シルバーデモクラシー仮説が想定する、「高齢世代対現役世代」という世代間対立が存在するのかは、極めて疑わしいのです。

以下では、シルバーデモクラシー仮説が想定するような、年齢を重視した世代間対立により、財政健全化が進まないのではなく、年齢ではなく所得という属性の違いによって、政府が提案する消費増税による財政健全化が拒否されるという点を、シミュレーション分析による消費増税と所得増税の選択問題を通して、明らかにしてみます[54]。

具体的には、①有権者が短期的な射程で自らの効用・厚生（経済的な満足度）を考える場合、②有権者が長期的な射程で自らの効用・厚生を考える場合、③ベンサム型政府が有権者の投票によらずに選択を行う場合、のそれぞれにおいて、年齢別・所得階層別に有権者がどのように対応するのかを分析することで、選挙で選ばれるのは所得増税なのか消費増税なのか、明らかにしてみます。

①短期的な射程で自らの効用・厚生を考える有権者の場合

いま、選挙権を有する18歳以上の者は、労働所得税の増税か消費税の増税かを選択する際、近視眼的に行動するものとします。つまり、労働所得税であろうが消費税であろうが、増税されたその一時点における自分の効用変化を比較して、より効用を減少させる程度が小さい選択肢に投票すると仮定するのです[55]。具体的には、年齢別・所得階層別の有権者は、労働所得税の増税による効用低下が、消費の増税による効用低下を下回れば、労働所得税の増税に投票し、消費税の増税による効用低下が、労働所得税の増税による効用低下を下回れば、消費税の増税に投票します。何れに投票するかは、投票時点の生涯で平準化された、消費額に課せられる消費税負担額と、稼得労働所得に課せられる労働所得税負担額の大小により決定されます。つまり、基本的には、投票時点で収入が消費を上回り、貯蓄がプラスの有権者は、消費税の増税に賛成し、逆に投票時点で収入が消費を下回る、貯蓄がマイナスの有権者は、労働所得税の増税に賛成します。投票時点で、貯蓄がプラスかマイナスかは、属する世代・所得階層によって異なり、年齢と所得階層の組み合わせによって違いが生じます[56]。

以上を念頭にシミュレーション結果をみると、高所得層・55歳世代以下、中高所得層・42歳世代以下、中低所得層・38歳世代以下、そして低所得層・34歳世代以下の有権者は、消費税の増税を労働所得税の増税より選好するため、全有権者の56％の賛成によって成立することになります。

②長期的な射程で自らの効用・厚生を考える有権者の場合

長期的な射程で考える有権者の場合は、増税開始以降に起きる自らの生涯効用の累積変化を比較することになります。具体的には、有権者は各々の年齢や所得階層に応じて、労働所得税の増税による生涯効用低下が、消費税の増税のそれよりも小さければ、労働所得税の増税に投票し、逆に、消費税の増税による生涯効用低下が、労働所得税の増税のそれよりも小さければ、消費税の増税に投票します。まず、世代（年齢）を軸にみると、所得階層を問わず、増税時期と引退時期が近接しているか、すでに引退している世代では、消費税の増税の選択肢による課税期間が長くなることから負担が増加し、労働所得税の増税を選好することが妥当です。次に、同一世代内で所得階層による違いについてみると、労働所得税の増税は、その累進構造により、低所得階層に属する有権者ほど、負担が軽減されます。消費税の増税は、所得階層共通に同一の税率が適用され、かつ労働所得税より20年も長く増税されるため、低所得階層に属する有権者ほど労働所得税の増税を選好するでしょう。

54……本節以降の分析は、筆者を含めた4人の経済学者による共同研究の結果に依拠しています。詳しくは、一橋大学経済研究所世代間問題研究機構の研究論文、島澤諭・難波了一・堤雅彦・小黒一正（2018）「消費増税を望むのは誰か？」「所得階層別一般均衡型世代重複シミュレーションモデルの開発」をご覧ください。

55……投票が実施される時点で20歳に達していない家計は、モデル内に登場しておらず、したがってその時点ではまだ一切の効用最大化行動を行っていないため、実際には政策変更に対して賛否を決めるための情報を持ち合わせていません。しかし、政策変更はそれ以降の経済・財政環境を変化させるので、投票時点ではモデル内に登場していないとしても、モデル内に登場した時点での消費径路は政策変更前後で当然変化しています。そこで本書では、モデル内に登場した時点でのケース間での比較を通して、投票時点で未存在の家計であるとしても、一時点であろうと生涯全体であろうと、効用水準の変化を認識可能であり、政策変更への賛否を決することができるとの仮想的状況を想定しています。

56……ただし、財政再建に必要な額がシミュレーションケース間で同一規模であるときに、引退世代が勤労世代を上回る場合には、一人当たりの消費税負担額は小さくなり、労働所得税負担額は大きくなります。したがって、貯蓄がプラスであっても、消費税負担額が労働所得税負担額を上回る家計が存在し、逆に貯蓄がマイナスであっても、消費税負担額を労働所得税負担額が上回る家計が存在するため、貯蓄のプラス・マイナスと、いずれの増税策に投票するかが一致しない場合も存在します。

◇忌避される消費増税

このように、投票によって消費税増税と累進型労働所得税増税の何れが選択されるかは、有権者の勘案する射程の長さに依存することが分かりました。つまり、投票時点での効用変化を判断基準とする場合には消費税増税が、生涯計の効用変化を判断基準とする場合には累進型賃金税増税が選ばれるという違いが生じました。

この結果はなかなか衝撃的です。なぜなら、わたしたちが合理的であれば、政府が推奨する消費増税は選択されず、合理的でない場合にのみ、消費増税が選択されるわけですから。つまり、**政府が消費増税を民主的な手続きのもと実行したければ、わたしたちに消費増税の是非を理性的に考えさせることなく情緒に訴えかければよいのです。**

◇将来世代を考慮しても結果は変わらない

以上は政策提案時点で投票権のある有権者を前提とした結果です。そこで、長期的な視座を持つ投票者を前提として、まだ生まれていないはずの将来世代にも投票権があり、

２０１９年時点の投票に参加できる仮想的な状況を仮定した場合、消費税の増税が選択されるために必要になる将来世代数を試算してみました[57]。その結果、政策提案時点である２０１９年から１７２年後に生まれる世代までを考慮してはじめて、消費増税への賛成が賃金増税への賛成を上回ることになりました。

ベンサム型政府の場合

以上の分析では、有権者が投票する際に、自分の効用をどの程度の長さまで勘案するかによって、選択される財政再建策が異なることが明らかになりました。しかし、その時点で投票権を有する者しか参加できない仕組みでは、その後の世代に属する何れの所得階層の有権者についても無視することになってしまいます。そこで、投票権を持つ者だけでなく、投票権を持たない者の利害も考慮できる政府を仮定し、ベンサム型厚生関数に基づいて、全ての有権者の効用水準の変化の総和に基づいて、労働所得税の増税もしくは消費税の増税による財政健全化策を選択する世界を分析してみます[58]。

(a) 一時点の効用変化に基づく場合

ベンサム型政府が、財政健全化策提案時点における、全国民の効用水準の変化の総和に基づいて選択を行う場合、それが一時点の変化であれば、ベンサム型政府は消費税の増税を選択することになります。ただし、消費税の増税による効用変化は、高所得層の寄与が大きく、全所得階層で消費税の増税による効用変化がプラスになるのは34歳世代以降の若い世代となります。

(b) 生涯効用変化に基づく場合

今度は、ベンサム型政府が全国民の生涯効用水準の変化の総和に基づいて政策選択を行う場合、現時点での有権者世代だけの効用変化のみを考慮すると、累進型労働所得税増税が選択されることになります。一方、現在の選挙制度では選挙権を有しない国民も考慮に入れると、13歳世代以降の世代の生涯効用を考慮すれば、消費税の増税が選択されることになります。ただし、この場合、全国民の生涯効用水準の変化の総和がプラスに転じるのは、やはり高所得層の寄与が大きいからです。具体的には、高所得層に属する54歳世代より若い世代の生涯効用変化が、他の所得階層や他の世代の生涯効用変化を上回ることになります。お金持ちの現役世代の利害が、政府の政策選択に色濃く反映されることになるのです。

つまり、**低所得層や高齢世代の生涯効用が消費増税によって悪化したとしても、それを**

上回る高所得層の若者世代の生涯効用の増加があれば、その政策が選ばれることになります。語弊があるかもしれませんが、低所得層や高齢世代の犠牲のもとに、高所得層の若者世代が得をすることになります。こうした状況が果たして公平なのかは議論が分かれるかもしれません。

57……つまり、何年生まれの将来世代までが現在の有権者に加われば消費増税が多数決によって選択されるのかを計算しました。

58……ベンサム型厚生関数によれば、社会の全構成員の経済的な満足度（効用水準）を足し合わせて得られる合計値が最大になる政策が最も望ましいことになります。まさに最大多数の最大幸福です。

◇財政健全化の目的としての将来世代とは誰か？

多くの有識者や政治家、また財政当局者は、財政健全化が「将来世代への先送りを減らす」点を強調しています。貯蓄超過のわが国では、公債発行による財源調達が容易であり、現在世代は直接的な負担を伴う租税よりも赤字国債発行による財源調達を選好する傾向にあるのは先に見たとおりです。その結果、将来世代への負担の先送りから脱却するには意識的な増税が欠かせません。

その増税策としては、少子化、高齢化の進行が今後も見込まれ、現役（勤労）世代が減り高齢（退職）世代が増えるため、労働所得税のような現役（勤労）世代に負担を集中させるのではなく、現存する全ての世代で負担を分かち合う消費増税が、マクロ経済のパフォーマンスの上からも、望ましいことになります。

ところで、消費税の増税による財政健全化策は、将来世代への先送りを減じるとしても、受けるメリットの大きさは、将来世代の間でも異なる可能性もあります。そもそも、一口に将来世代といっても、生年や所得階層が違えば、定常状態に到達するまでの間は、その直面する人口構成やマクロ経済環境が異なるため、各々の受益と負担にも違いが生じることになります。将来世代に属する者が消費税の増税によりメリットが得られ、消費税の増税に賛成するとすれば、消費税の増税によって現在世代や自らに先行する将来世代の負担が増え、自分たちの負担が軽減される場合です[59]。しかし、この場合、将来世代が生まれる年代や所得階層間で享受できるメリットが異なれば、将来世代の中でも消費増税への賛否が分かれる可能性も生じます。

そこで、2019年時点で選挙権を有しない2002年生まれ世代[60]から2140年生まれ世代[61]までを将来世代として取り上げ、消費増税による生年別・所得階層別の効用水準に違いが生じるため、投票結果が異なり得ることを確認します。

シミュレーションでは、2030年度までは財政再建を行わず2031年度以降は2030年度時点の政府債務残高対名目GDP比（320％程度）を維持するように、累進型労働所得税率を内生的に増税するケース[62]と、2019年度に消費増税による財政再建を開始し、2060年度に政府債務残高対名目GDP比150％を達成し、それ以降は同水準を維持するケースの二つについて、生年別・所得階層別将来世代の効用水準の変化を比較することで、消費税の増税による財政健全化に賛成する将来世代の特定を試みることにします。

シミュレーション結果からは、消費税の増税による財政健全化策は、高所得層ではすべての将来世代、中高所得層では2008年生まれ世代[63]以降、中低所得層では2025年生まれ世代[64]以降、低所得層では2049年生まれ世代[65]以降の将来世代の生涯効用を改善させることが分かりました。それらの将来世代は消費税の増税に賛成することになりますが、それ以外の将来世代は反対することになります。つまり、一口に将来世代と言っても、どの所得階層に属するか、また、いつ生まれるかによって、消費税の増税による財政健全化策の影響と賛否は異なるのです。消費税の増税による財政再建策でより早い時期からメリットを享受できる将来世代は、高い所得階層に属する将来世代であり、それ以外の将来世代にとっては、消費税の増税は望ましくない選択肢となるのです。

次に、概ね現状の延長線上と考えられる政策運営から、消費税の増税による財政再建策を投票によって実現するために、現在投票権のある世代に加えて、どの程度まで将来世代を含めれば賛成多数が得られるかについて、シミュレーション分析を行ってみました。その結果、2019年時点において、18歳の世代から2137年生まれの世代までの将来世代を考慮すると、消費税の増税への賛成が過半数を超えることになります。投票時点で出生している将来世代はともかく、未出生の将来世代は自ら投票できない上に、代理人を選定することも困難であるので、将来世代の意思を現在の政策決定に反映できる仕組みを考案しない限り、消費税の増税による財政再建策を投票によって実現することはやはり困難であると結論できます。

以上のように、シミュレーション結果からは、投票者の効用基準がどの程度の時間的射程を持ちつつ政策の望ましさを判断するかによって、さらに、当該投票者の生年や属する所得階層によって、選択結果が異なることが明らかになりました。具体的には、高齢（退職）世代の投票者は、消費税の増税より労働所得税の増税を選好し、現役（勤労）世代でも低所得層では、消費税の増税よりも労働所得税の増税を選好します。

結局、**消費税の増税に賛成する者は、いわゆる中年より若い世代の高所得層だけであり、財政当局が目論む消費税の増税による財政健全化策は、現行の投票制度では実現不可能といえるのです。**

また、実現可能となるためには、生年別・所得階層別の利害状況の対立を乗り越える何らかのルールにしたがって、より長い時間的射程を持ち、投票権を持つ者だけでなく、投票権を未だ持たない者の将来における利害状況をも考慮できる方法・主体により、政策を決定する必要があるのです。

59……消費増税で得た財源を債務返済に回すのではなく、現在世代のために使ってしまう場合には、将来世代の負担は軽減されず、当然将来世代はそのような消費増税に賛成する余地はないためここでは考慮しません。

60……2002年生まれ世代とは、2019年時点では17歳であり、2020年には18歳に達し選挙権を持つ世代を指します。

61……2140年生まれ世代とは、2019年時点では未出生ですが、2158年には18歳に達し選挙権を持つ世代を指します。

62……本ケースを比較対象としたのは、消費増税が再延期されて以降の現実の主要な増税対象は高所得層であったからです。

63……2009年生まれ世代とは、2019年時点では10歳ですが、2027年には18歳に達し選挙権を持つ世代を指します。

64……2025年生まれ世代とは、2019年時点では未出生ですが、2043年には18歳に達し選挙権を持つ世代を指します。

65……2049年生まれ世代とは、2019年時点では未出生ですが、2067年には18歳に達し選挙権を持つ世代を指します。

◇高齢者対若者という虚像

高齢世代も現役世代も、自らの受益を自らの負担で賄うことなく、赤字国債を発行し、負担を先送りし続けることで、受益だけをつまみ食いする選択をしているのです。先の世代会計の推計結果にしたがえば、その割を食うのが、将来世代です。厳しい言葉を使えば、高齢世代と現役世代が暗黙裡に結託して、負担を将来世代に押し付けていると言えます。つまり、現役世代は高齢世代だけが良い思いをしているといいつつ、その一方で、実は、自らも将来世代に負担を付け回し、おいしいところだけをつまみ食いしようとしているのですから、自分たちが批判する高齢者と同罪です。

つまり、高齢（退職）世代や現役（勤労）世代の何れにおいても、低所得層は消費増税ではなく、高所得層に対する所得税の増税をより好み、現役（勤労）世代の高所得層だけは、国民全体で広く薄く負担する消費税の増税を好む傾向があると見込まれます。

すでに引退した高齢世代は、所得税か消費税かという選択においては一枚岩であっても、現役世代では所得階層の違いにより、一枚岩にはなれません。その結果、高齢世代と低中所得層の現役世代がそれぞれ消費増税に反対するため、意図的にではないにしても、あたかも高齢世代と低中所得層の現役世代が結託しているかのように、財政や社会保障制度改革は遅々として進まなくなるのです。したがって、消費税が社会保障目的税とされ、消費増税による財政・社会保障の再建が指向される限り、高齢世代と低中所得層の反対によって、政府は財政健全化と社会保障制度改革を成し遂げるのは不可能なのです。

このように、**高齢世代と現役世代が手を握り合って、抜本的な改革を拒否するのですから、高齢世代対若者世代という世代間対立は虚像に過ぎないのです。**

第十八章

一票の格差是正の欺瞞

第六章のまとめ

▼一票の格差を是正しても、
ゼロ票世代の権利は保護されない

▼ゼロ票世代の権利を守るには、
積極的に一票の価値に格差をつける必要あり
ただし、シルバーデモクラシーのパラドクスが存在するため、
ゼロ票世代の権利は選挙制度改革では守れない

▼高齢者の定義を変えるなど、ゲームのルールを変更することで、
ゼロ票世代の権利を守ることができる

▼国会議員は日本国憲法の精神に立ち返り
国民代表としての自覚を持つべき

◇若者の投票率は低いのだろうか？

シルバーデモクラシー仮説では、高齢世代に比べて若者世代の投票率が低いことで、少子化、高齢化の進行と相まって高齢世代の政治的影響力が増していることを問題視しています。若者世代の投票率が低いので、政治家は若者ではなく確実に投票所へ行ってくれそうな（そして自分たちに投票してくれそうな）高齢世代のご機嫌取りに熱心だというのです。こうした認識からは、シルバーデモクラシーを回避したければ、若者が投票に行くしかないのです。

しかし、本当に、若者の投票率は低いのでしょうか。あるいは若者の投票率が低いことは問題なのでしょうか。もっと言えば、若者が投票すれば政治は高齢世代から若者世代に乗り換えるのでしょうか？

◇若者の投票率は低い

実際のところ、若者の投票率は低いのでしょうか。そして、若者の投票率が低いとして、一体何と比べて低いのでしょうか。つまり、ある数値が他の数値に比べて高い状態にあるとか、低い状態にあると判断されるには、当然比較対象がなければなりません。したがって、ここでは、まず、同時点の他の年齢と比べて、若者の投票率の位置を見てみたいと思います。

年齢別の投票率を見ますと、衆院選においても、参院選においても、年齢が若いほど投票率が低く、加齢とともに投票率が高くなり、70歳代前半辺りでピークを付け、それ以降は低下する傾向にあることが分かります。確かに、若者の投票率は同時点の他の年齢層よりは低いようです。

次に、世代間での比較を行います。現時点では、若者の投票率は確かに他の年齢層に比べると低いのですが、この現象は次のように2つに分けて考察する必要があります。(1)最近の若者世代にだけ特徴的な現象なのか、(2)すべての世代で若い時には投票率が低い、世代共通の現象なのか、です。

もし、最近の若者世代だけ投票率が低いという現在特有の現象なのであれば、主権者教育なり若者の投票率向上啓蒙などに政策の力点を置けばよいでしょう。

●図1：年齢別投票率

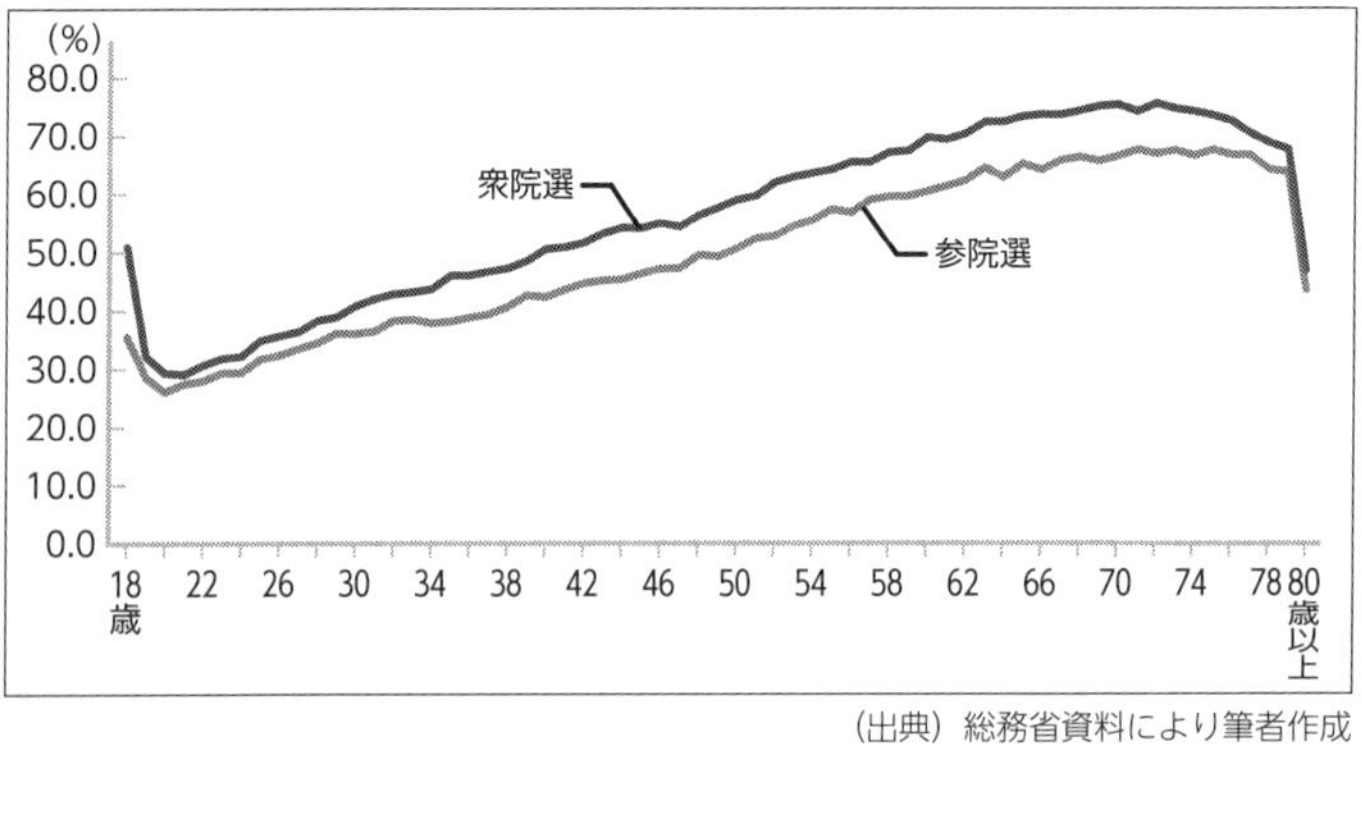

（出典）総務省資料により筆者作成

教育によって若者を政治に向かわせるのです。

一方、若い頃投票率が低いのはすべての世代に共通した現象なのであれば、それはいまの若者世代だけの問題なのではなく、構造的な問題と言えます。「いつか来た道」ですので若者を叱るだけでは解決しません。若者の投票率が低いことと、少子化、高齢化の進行を念頭に置けば、政治に若者の声がどんどん届かなくなってしまうのを避けるためには、若者の声を拡大して政治に届ける制度的な保障が必要になります。

図2を見ると、時々の争点の有無などによる程度の差はありますが、現在、「若者の投票率が低いから高齢者優遇政治も仕方ない」と若者叩きに熱心な高齢世代も、実は若かった頃は、同時点の年齢が上の世代に比べると投票率は低かったわけです。つまり、**最近の若者だけが急に投票に行かなくなったわけではないのです。**

●図2：世代別投票率

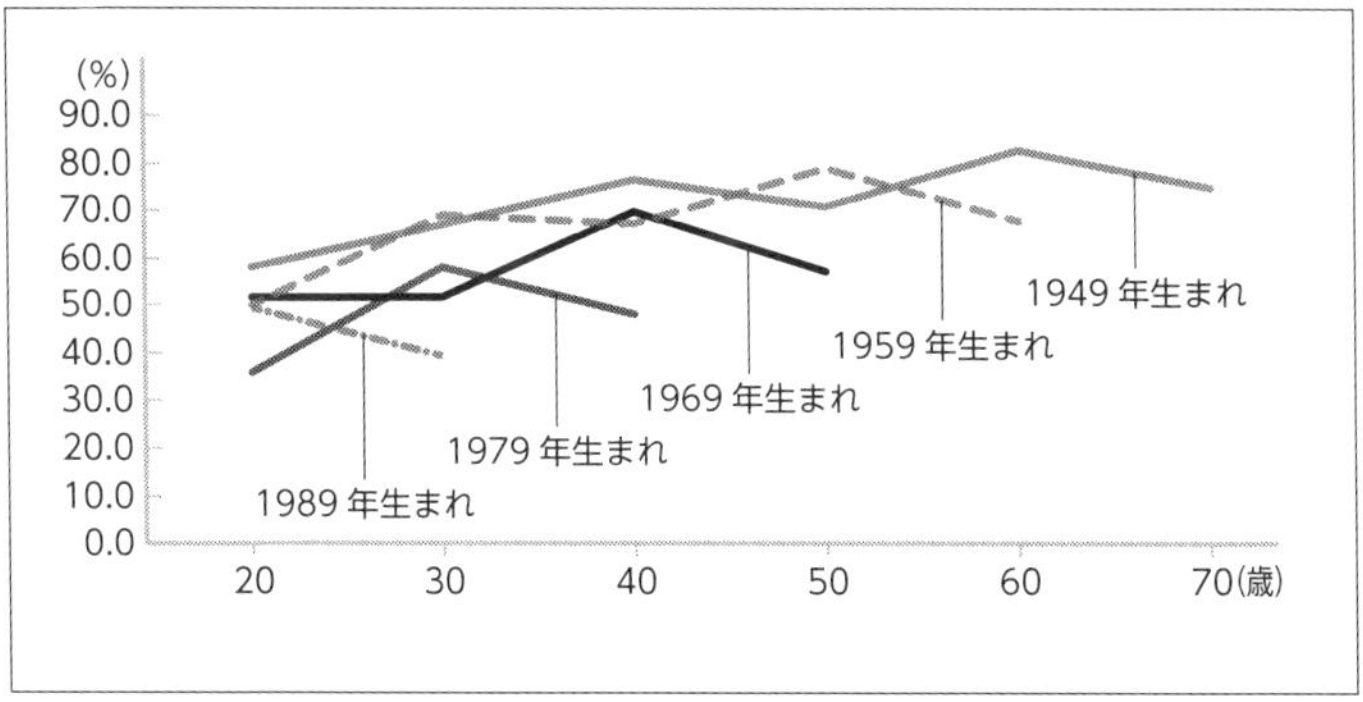

（出典）総務省資料により筆者作成

これはよく考えてみれば容易に分かります。政治に関心をもつためにはある程度の社会経験が必要であるということを意味しているに過ぎません。社会に出て、仕事をし、子育てをする中で、いろいろな経験を積めば、自分なりに社会に対する問題意識が出来上がり、それを解消する手段として投票に行く、ということになるからです。年を取れば案外政治というのは身近なものだと分かるのですが、若い頃はちょっと身構えてしまうのです。

実際、社会とのつながりが深まるのは、多くの場合は就職後です。**昔に比べて、高校・大学進学率が上昇し、社会との深い結びつきが当たり前ではなくなった今、若い世代の投票率が低いからといって、昔の若者が今の若者を叩く構図は明らかにおかしいのです**[66]。

例えば、団塊の世代が大学に進学した頃は、学生運動が盛んでした。したがって、他の世代の若い頃よりは政治や社会問題に高い関心を持っていたと思われるのですが、投票率を見る限りでは、同時代の他の世代より10ポイント以上も投票率は低かったのです。多くが学生運動に明け暮れた団塊の世代にとっても、投票所までの道のりは遠かったと言えそうです。

66……話は横道にそれますが、1993年に各世代とも5~10ポイント程度投票率を下げているのですが、この年の衆院選の結果、いわゆる55年体制が崩壊し、非自民政権の首班として細川護熙氏が首相になりました。55年体制の崩壊以降、若者の投票率がなかなか元の水準にまで戻ってこないというのも面白いですね。

◇若いときに選挙に行かなかった世代はその後の投票率も低迷する

図2のグラフからは、また、有権者年齢に達した後の国政選挙に初めて参加する年代で投票率が低迷した世代は、その後の国政選挙においても投票率がそうではない世代に比べて低く推移します。つまり、選挙権年齢に達した時点における投票に参加したか否かがその後の投票行動をある程度規定してしまうのです。

したがって、**投票することが重要であるのなら、政治に関心があるかないかにかかわらず、初めての選挙ではとにかく投票所へ足を運んでもらうことが重要になるのです。**

しかし、投票率を高めるには、特に初めての選挙で投票に行くことが大事だとは言っても、政治参加の経験がなきに等しい若者世代にとっては、誰に投票していいか分からないというのが正直なところでしょう。そうした場合には、一番身近な政治参加の先輩である親御さんといろいろ話し合いをし、情報交換することで投票先を決めればいいのです。それでも決められない場合は、絶対に当選してほしくない候補者、絶対に勝たせたくない政党の対立候補や対立政党に投票する手もあります。

もちろん、消極的な選択では失敗もあるかもしれません。というより、失敗の方が多いでしょう。しかし、今回の選挙で失敗したと思ったら次の選挙では失敗しないようにもっと慎重に投票先を決めればいいだけなのです。何より失敗したらリベンジするためにまた投票所へ足を運ぶことになり、投票所へ行く習慣が身につく効果も期待できます。とにかく白票ではなく誰でもいいから投票するという行為、あるいは投票したという事実が重要です。深刻になる一方の世代間の損得勘定からも明らかな通り、政治への無関心は自分で自分の首を絞めることにつながります。**政治家や政党から無視されず、自分たちの存在を存分にアピールするのが目的であれば、とにかく投票に行くことが重要なのです。**

◇投票率は高いほどよい？

マスメディアは、選挙のたびに、投票率の低さを問題視します。おそらく一般国民も同様に、「低投票率は悪いこと」という認識していることでしょう。

しかし、そもそも投票するのが当たり前で、棄権はよくないことなのでしょうか。あるいは投票率の高低にはどの程度の意味があるのでしょうか。極端に言えば、投票率は高ければ高いほど、究極的には100％が望ましい目指すべきあるべき姿なのでしょうか。

◇投票は「国民の義務」か「個人の自由」か？

そもそも投票を「国民の義務」だと考えるか、「個人の自由」だと考えるかで、投票に対する意識は自ずと違ってくるはずです。

財団法人明るい選挙推進協議会が前回衆院選に関して行ったアンケート調査によれば、国民の投票行為に対する意識は世代で大きく異なることが報告されています。つまり、年齢が高くなるほど投票は「国民の義務」であると考える者の割合が大きくなり（18、19歳では17・6％、20歳代では25・3％、70歳代では39・9％、80歳以上では42・2％、全体では29・5％）、したがって投票した者の割合が大きくなります。一方、年齢が低いほど「個人の自由」だと考える者の割合が大きくなり（18、19歳では52・9％、20歳代では47・8％、70歳代では16・6％、80歳以上では16・2％、全体では31・3％）、したがって棄権した者の割合が大きくなっています。しかも、この傾向は衆参、時代の別を問わず観察されるのです。

以上から、投票が「国民の義務」であると考える者（高齢世代に多い）から見れば棄権は悪ですし、したがって、若者批判はヒートアップしますが、逆に「個人の自由」と考える者（多くは若者世代）から見れば大した問題ではな

●図3：投票に関するスタンスと投票率との関係

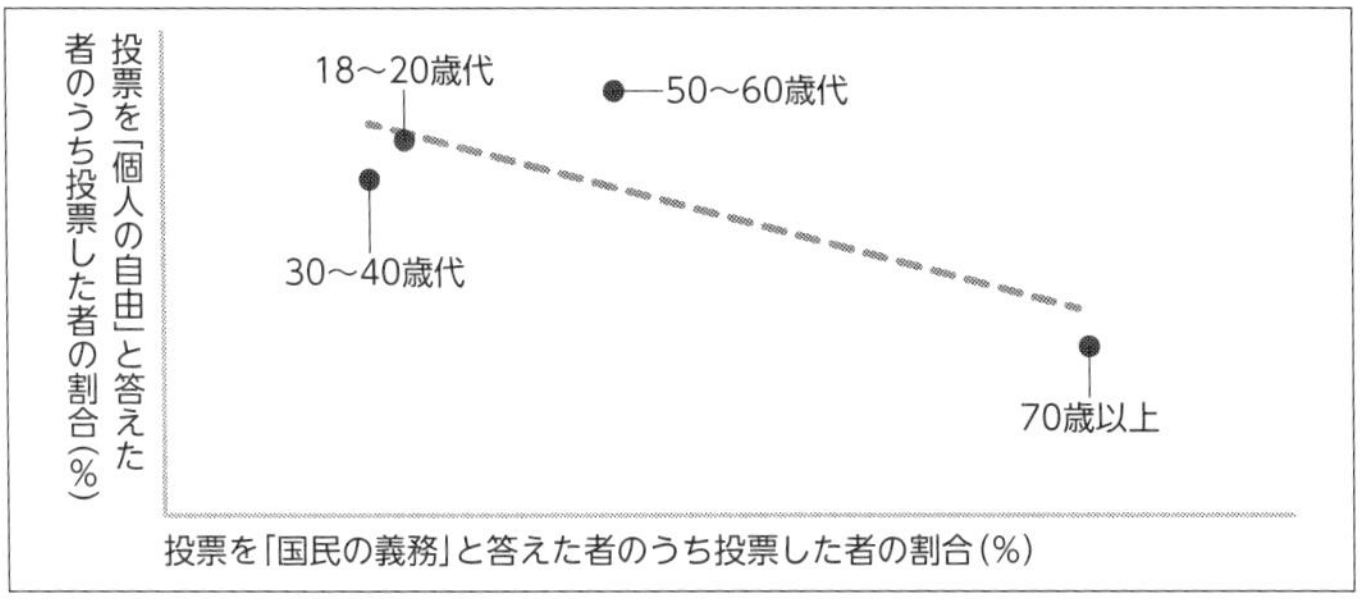

（出典）公益財団法人明るい選挙推進協会資料により筆者作成

く、なぜ無関係の者たちが目くじら立てて自分たちを怒るのかが理解できないことになります。投票をめぐる世代間ギャップと言えるでしょう。

投票が義務なのか権利なのかは、究極的には個人の哲学に根差しますので、どちらが正しく、どちらが間違っているかを決することはできません。したがって、投票率の高低の良し悪しを評価するには、もっと客観的な基準が必要になってきます。

◇「良い棄権」と「悪い棄権」

低投票率に対する批判とは、裏を返せば棄権率の高さが問題にされていると言えます。したがって、これまでの設問を言い換えれば、いついかなる場合も棄権はよくないのか？という問に置き換わります。

実は、棄権を問題視する方々は意外に思われるかもしれませんが、経済学的に考えれば、必ずしも棄権は責められる行為ではなく、合理的な場合もあり得るのです。

まず、棄権に積極的な意義を見出そうとする立場では、投票するか棄権するかは個人の自由意思に基づくと考え、投票も棄権もどちらも等しく当該個人の意見表明であるとみなします。つまり、棄権者は投票しない自由を行使しただけであり、その行為について他者が兎や角言う立場にはないということです。まして、投票率の高低になんらかの社会的意味付けを行うことはできなくなるのです。

次に、「良い棄権」と「悪い棄権」の区別です。つまり、一般的に、すべての人が強制的に投票させられる場合に実現する結果と同じことが、多くの有権者が棄権する時にも生じるとすれば、それは良い棄権と言えます。例えば、地方の首長選における与野党相乗り候補者と独立系候補者の一騎打ちの場合、選挙結果がかなりハッキリしているので投票率が低くなる、逆に言えば棄権率が高くなるような状況を指します。

いま、棄権者と投票者の政党に対する選好の分布が全く同一の場合、棄権は問題にはなりません。なぜなら、投票者の投票先政党支持割合が、例えば、A党50％、B党30％、C党20％で、棄権者のそれも投票者と同じである場合には、棄権者が仮に投票したとしても、選挙結果に全く変わりはないからです。この場合は、自分の意見表明を他者に託す消極的な投票行動、もしくは、ただ乗り的棄権であり、「良い棄権」と言えるかもしれません。

しかし、棄権者の選好が投票者のそれと異なるにもかかわらずなされる棄権は問題にされるべきです。例えば、いま有権者が１００人いて、投票率が60％、棄権率が40％であり、投票者の政党支持率はA党50％、B党30％、C党20％、棄権者のそれはA党10％、B党50％、C党40％であるとします。この場合、通常と同じく投票者だけの票数で選挙結果を考えれば、A党30票、B党18票、C党12票の順となります。しかし、棄権者がすべて投票に回るとすれば、A党4票、B党20票、C党16票が新たに各政党に割り振られることになり、選挙結果はA党34票、B党38票、C党28票となり、第1党と第2党の座が入れ替わってしまいます。

こうした事態を防ぎ、国民の真の選好を明らかにするために、棄権者の投票意欲を阻害、喪失させている要因を検討し取り除く努力が必要になります。このような棄権は「悪い棄権」と言えます。要するに、投票のコストが特定の有権者層に偏った形で生じていれば、そこで生まれる棄権は、そうでない有権者の選好を偏った形で投票結果に反映させることになり、悪い棄権となるのです。

このように、棄権が問題にされるとすれば、現状に不満がありながらも、棄権してしまう者がいる場合です。こうした棄権者は、これまでの経験から、自らが投票という形で意見（voice）を表明しても政治の側がそれを受け止めず、なんら現状が改善しないため、次第に意見を発する事自体に幻滅し、投票という場から退出（exit）つまり棄権してしまうと解釈することができます。こうした棄権が多ければ多いほど政治不信が大きいということになり、日本全体にとって不幸な状況なのです。

実際に、２０１７年に行われた第48回総選挙時の棄権者に対する財団法人明るい選挙推進協会のアンケート結果によれば、棄権した理由などは図４となっています。ここでは、「選

●図４：年齢別に見た選挙を棄権した理由

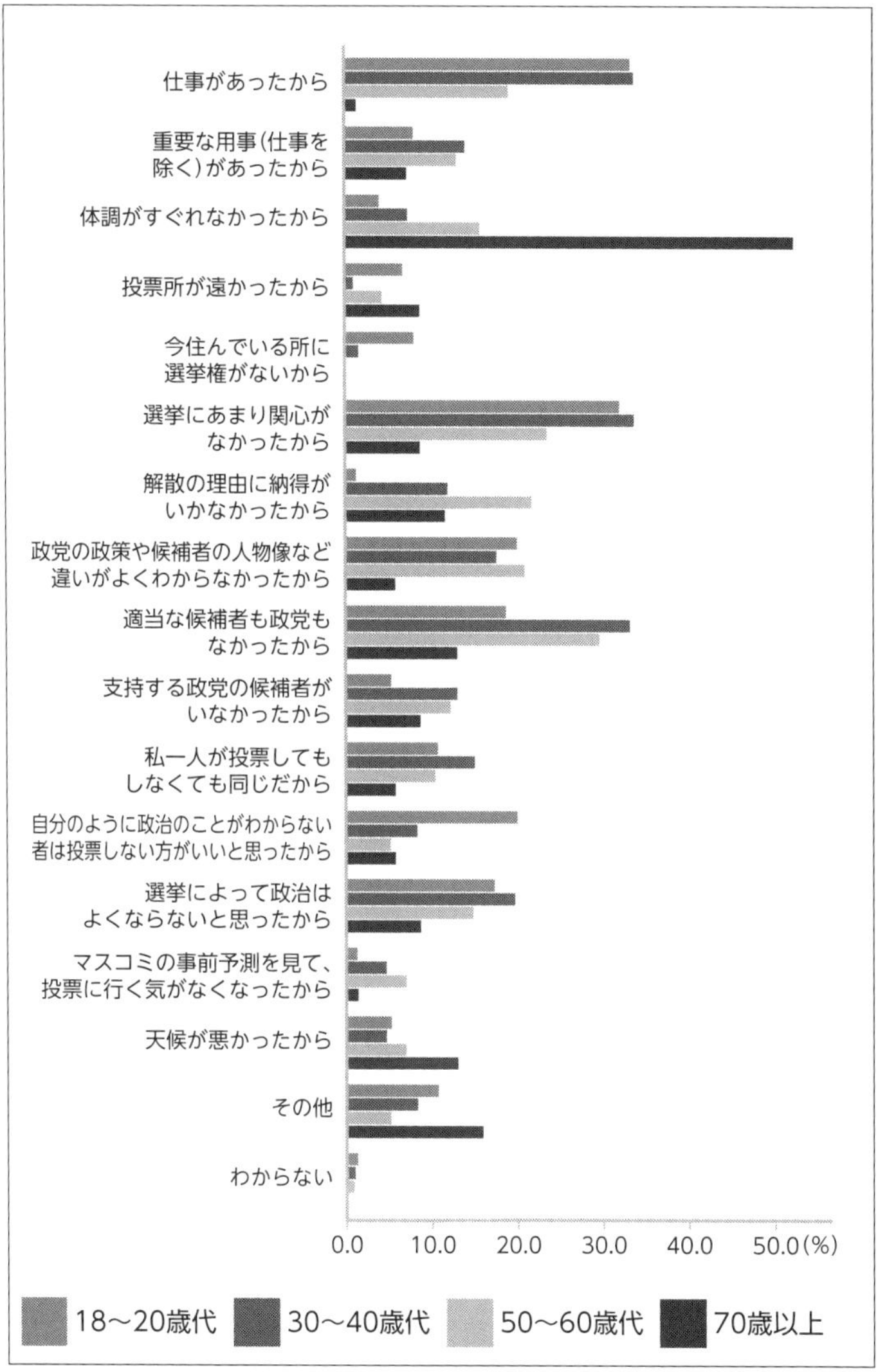

（出典）公益財団法人明るい選挙推進協会資料により筆者作成

挙にあまり関心がなかった」「政党の政策や候補者の人物像など違いがよくわからなかった」を政治的無関心、「適当な候補者も政党もなかったから」、「私一人が投票しなくても同じ」、「自分のように政治のことがわからない者は投票しない方がいいと思った」、「選挙によって政治はよくならないと思った」を政治的無力感とカテゴライズしています。こうした**政治的無関心、政治的無力感を理由とした棄権が多くなればなるほど、良い棄権は少なくなり、悪い棄権として問題視しなくてはならないのです。これは偏に投票する側ではなく投票される側、要すれば政治の問題でもあります。**

いずれにしても、政治的無関心、政治的無力感を理由とした棄権は若い世代ほど多く、つまり、若者ほど悪い棄権が多いと言えるのです。

◇投票行動に影響を与える要因

以下ではまた投票率に視点を戻して、投票行動に影響を与える要因を検討しつつ若者の低投票率の原因を考えてみることにしましょう。

ここでは、アメリカの政治学者であるライカーとオードシュックの理論にしたがい、投票行動を次のように定式化します。

$$R = P \times B - C + D$$

ここで、R：投票者が投票から得られるであろう満足感、P：自分の一票が投票結果を左右する可能性、B：投票から得られるであろう満足感の差、C：投票参加にかかるコスト、D：市民としての義務を果たすことから得られる満足感、です。

この式からは、⑴政党もしくは候補者間の違いが大きければ投票への参加可能性は高くなる、⑵有権者が自分の一票の価値を重く見るほど投票への参加可能性は高くなる、⑶投票のコストが高いほど投票への参加可能性は低くなる、⑷有権者の義務感が強いほど投票への参加可能性は高くなる、⑸それぞれの項目の絶対的水準が低いほど投票への参加可能性は低くなる、ことが分かります。

まとめると、このモデルによれば、投票率が上がる（逆に言えば棄権率が下がる）のは、①各政党や候補者の主張に明確な違いがあり、②有権者から見て自分の1票の影響力が大きく感じられ、③投票参加のためのコストが低い場合なのです。

若者に当てはめて考えてみれば、**各政党の公約を見ても若者向けの政策はほとんど記載されていないか、記載されていてもどれも似たり寄ったりの政策が多い現状では、政党や候補者はほぼ無差別となってしまいますから、若者は投票には行かなくて当然なのです。**

しかし、「若者の投票率は低くて当然」とするだけでは、事態はより悪化することが予想されます。つまり、少子化、高齢化の進行によってただでさえ若者の声が政治の現場に

伝わりにくくなっているにもかかわらず、投票率が低ければ、いっそう若者の声が届かなくなってしまう悪循環が生じるからです。

◇若者の一票の価値は低い

一方で、年齢別に見た投票率の高低とは別に、若者の声を政治の現場に伝えるためには、制度的な担保が必要です。なぜなら、少子化、高齢化の進行によって、若者人口が減る一方で高齢者人口が増えていくのですから、若者の政治的な声は相対的に弱まっていきますし、若者＝負担者、高齢者＝受給者という現行の社会保障制度の仕組みを前提にするならば、高齢世代による若者世代（将来世代含む）搾取が一層強化される可能性が高まるからです[67]。

いま、都道府県別の国会議員の定数の割り振りを見ると、人口の少ない非都市部で、有権者人口一人当たりの議員定数が多くなる、いわゆる「一票の格差」が存在しています。例えば、2019年現在、議員一人当たりの最も有権者数が多い選挙区は、東京都第13区の47・9万人に対して、最も少ないのは鳥取県第1区の23・5万人です。したがって、鳥取県第1区の有権者の投票権の価値を1とすれば、東京都第13区のそれは0・49（＝23・5÷17・9）と求められ、東京都第13区の有権者の一票の価値は鳥取県第1区の一票の価値で測ると、たったの0・49しかありません。ですから、誤解を恐れずに言いますと、東京都第13区の有権者は鳥取県第1区の有権者の価値の半分にも満たないのです。

さらに、**有権者人口が多い都市部ほど高齢化率が低く、有権者人口が少ない非都市部ほど高齢化率が高い現状を重ね合わせますと、結局、国民の代表であり、国民の声を国会に伝える議員定数の問題でも、高齢世代が優遇され、若者が冷遇されていることになり、やはり若者の声が政治の現場に届きにくくなっている現状があります。**

ですから、シルバーデモクラシーを問題視する立場からは、議員定数の配分からも、高齢者の政治的なパワーを削ぎ、若者世代の政治的パワーを強化するための方策が必要になってくるのです。このとき、一人当たりの議員定数が多く割り当てられている地方部に多い高齢者と、反対に一人当たりの議員定数が少ない都市部に多い若者の一票の価値のバランスを回復し、いわゆるシルバーデモクラシーに対抗するものと期待されているのが「一人一票の権利回復運動」なのです。

67……現行の制度を前提とするならば、今の若者も高齢者になれば高齢者として新しい若者（現時点での将来世代）を搾取することに他なりません。

◇なぜ一票の格差是正か？

では、なぜ一票の格差是正なのでしょうか？

この運動を主導するＮＰＯ法人一人一票実現国民会議のウェブで、その設立趣意書を拝見しますと、どうやら基本的人権の一つである、参政権に含まれる選挙権の価値の不平等を放置することは、民主主義の根幹を揺るがすことになってしまう、という危機感の発露からであるようです。

◇時代の実情に応じて決められていた「一人一票」

しかし、そもそも、一人一票はわれわれの固有の権利なのでしょうか。人類の歴史上、洋の東西を問わず、自然権思想が一般化していた時代にあっても、納税額の多寡に応じて投票権が付与された時代（所得の違い）、男性のみ投票権が付与された時代（性別の違い）、肌の色で投票権の有無が決まった時代（人種の違い）、など、誰が一票を持ち投票権を行使できるかは、実は、その時代の実情に応じて決められていました。

わたしの理解では、日本国憲法が保障しているのは、人類「固有の権利」としての投票権であり、一人一票まで規定しているものではありません。なぜなら、一人一票の反例としては、現行法制下では、自然権であるはずの投票権が、18歳未満の日本国民や成年後見制度利用者等には与えられていない事実を挙げることができます。一票の価値の格差どころか、18歳未満はそもそも一票の価値はゼロなのです。

また、最高裁の判例においては、衆議院に関しては2倍を超えると違憲状態（2009、2012、2014年の衆院選に関する判決）と判断し、是正を求めています。ただし、2018年12月19日判決では1・98倍で合憲としています。また、参議院に関しては、最高裁は、最大格差が5・00倍だった2010年通常選挙と4・77倍だった2013年通常選挙を「違憲状態」と判断しています。なお、国会は2015年に公職選挙法を改正し、翌年の通常選挙で「鳥取・島根」、「徳島・高知」で「合区」を導入し、一票の格差は3・08倍にまで縮まったため、最高裁は2017年の判決で「投票価値の不均衡状態を脱した」として「合憲」と判決しています。

したがって、最高裁の判断によれば、厳密な一人一票は求められておらず、合理的な理由さえあれば、一票の価値に格差があっても、憲法上も判例上も禁止されているとまでは言えないとも考えられます[68]。**結局、一人一票は、憲法上の問題というよりは政策上の問題であり、最高裁が一人一票でなくてもよいとの御墨付きを与えているとも言えるのです。**

68……さらに進めて考えるならば、憲法上、なんらかの方法で、投票権にウェイト付けする試みも、合理的な理由さえつけられれば、許容されているとも考えられます。

◇一人一票ではもたない

しかし、**今後都市部においても高齢化が進行するため、一人一票の価値を実現するだけでは、結局、若者の権利は保護されないことになるのは確実で、それが若者の政治的パワー回復の秘策であるとするならば、不十分と言わざるを得ません。他の対策が必要なのです。**

◇一人一票は「フィクション」

人類の歴史上、選挙権を誰に与えるかについては、その時代の実情に応じて決められていたという歴史の流れの中で、日本の歴史を位置付けますと、1889年に制定された衆議院議員選挙法では、満25歳以上の男性で直接国税15円以上を納めている者に選挙権を付与する制限選挙でありました。以降、2度にわたって納税要件が緩和され、選挙権は拡大されました。1925年には、普通選挙法が成立し、納税要件が撤廃され、25歳以上の男子に、次いで1945年の改正で日本国民たる20歳以上の男女に等しく選挙権が付与されることになったわけです。つまり、**それ以前の日本においても一人一票すら持てなかった時代もあったわけでありまして、選挙権というものはその他の多くの権利と同じくフィクションであるとも言えます。**

◇十八歳未満の投票権はゼロ票ですが？

一人一票の権利回復運動は、あくまでも現有権者内での投票価値の平等を目指しているに過ぎない点に注意が必要です。つまり、現在、日本の国内においては、選挙権を持てるのは18歳以上に限定されています。2018年時点で、日本国民の15％を占める18歳未満の1865万人は、ゼロ票しか持っていませんから、一票の格差は、なんと無限大になります。

このように、**現在18歳未満の若者たち**（世代間不平等の観点からはまだ生まれてない将来世代も含む）**は1票未満の票どころかゼロ票である「ゼロ票世代」のわけでして、意見表明の機会を与えられることもなく、そのくせ財政と社会保障の債務だけは押し付けられている状況です。**一人一票の権利回復運動が、日本国憲法で保障されている法の下の平等を根拠に訴え、現有権者間の同一的扱いを求めるのであれば、ゼロ票世代の権利保護についても対策を講じる必要があるのです。

つまり、先にも見ましたように、日本の世代間格差は、「若者世代と高齢世代の間の現在世代間での格差（第一の世代間格差）」、そして「現在世代と将来世代の間の格差（第二の世代間格差）」という二重構造になっていました。一票の格差是正は、高齢世代の政治力を削ぎ、若者世代の政治力を底上げするわけですから、第一の世代間格差の是正には役に立つ可能性はありますが、逆に、高齢世代と若者世代が暗黙裡に共謀して、ゼロ票世代を搾取する可能性も否定できません。ですから、ゼロ票世代の利益を守る仕組みを構築しなければならないのです。なぜなら、**現状のまま推移すれば、ゼロ票世代ほど重い税・保険料負担→低所得化→未婚、子供持てない→少子化→重税→日本の国力劣化という悪循環が続くことは容易に想像できます**し、アルゼンチンが英領フォークランド諸島に触手を伸ばし、スペインの石油大手レプソルのアルゼンチン子会社YPFの国有化計画を発表したのは、両国が財政逼迫の折国防予算が手薄になった間隙をついてのことでした。さらに、実質的に財政破綻したギリシャはEUやIMFによる財政支援の条件だった国有資産の民営化の一環として同国最大の港湾であるピレウス港を中国企業に売却しました。また、パキスタンやモルディブ、スリランカ等は中国による港湾整備に伴う膨大な債務が返済できず「半植民地化」されているとの指摘もあります。オーストラリアでは、米海兵隊の駐留拠点に近い港湾を中国企業に99年間貸与する契約が締結され、安全保障上の懸念が高まっていることも忘れてはいけません。

翻って日本の周辺環境を見てみると、竹島、尖閣諸島が他国からの侵略の危機にあったり、北方領土の実効支配強がロシアによって不当にも行われていますが、イギリス・スペインの例に鑑みれば、財政や社会保障制度の抜本的な改革なしには、経済・社会はおろか、国土さえ維持することは不可能となってしまいます。**日本を愛するのであれば、放漫な国家財政を**

戒め、いざ有事の時に速やかに国防行動に移れるように財政を整えたり、若者や将来世代に加重な負担を課すことで将来の日本国民を減らすことは避けるべきではないでしょうか。

◇日本国憲法からゼロ票世代を考える

ゼロ票世代の権利はいかにして守ることができるのでしょうか[69]。ここでは、日本国内の「最高法規」（日本国憲法第98条）として法秩序の頂点にあり、日本という国の統治の基本を定めた日本国憲法において、将来世代やその利益はいかなる扱いを受けているかを見てみます。

まず、憲法の前文も含めた全条文に将来世代を想起させる言葉、具体的には、「子孫」「将来」がいくつ出てくるかを調べてみたところ、「子孫」は憲法前文に1箇所、「将来」は第11条、第14条3項、第97条の全部で3箇所あります。このうち、第14条3項については勲章などの効力に関するものであり、直接将来世代の利益に結びつくものではありませんから除外することができます。したがって、憲法の中で、将来世代の利益に関して直接的に触れられていると考えられるのは、基本的人権を規定した第11条と、法の下の平等を規定する第14条1項ということになります。

憲法第11条の条文を見ると、同条後段で、「この憲法が国民に保障する基本的人権は、侵すことのできない永久の権利として、現在及び将来の国民に与へられる」と、基本的人権は、若い世代はもちろんのこと将来世代といった選挙権を有しない世代にも与えられていることを明言しています。

さらに加えて、憲法第25条1項では、「すべて国民は、健康で文化的な最低限度の生活を営む権利を有する」と定めています。これはよく知られているように、生存権を保障した規定です。この第1項を受けて第2項では、国に生存権を具体化するための諸施策を展開する努力義務を課しているのです。しかし、同条を根拠として、国民が政府に対してなんらかの具体的な権利を主張できるわけではなく、単に政府に政治的・道義的義務を課したに過ぎないというのが通説の見方です。いわゆる、プログラム規定説ですね。

したがって、同条の規定が直接的に将来世代の生存権に関する具体的権利を保障するものではもちろんありませんが、政府や国会に対して、少なくとも将来世代の生存権を保障する施策を展開する政治的義務を課しているとは言えるでしょう。ただし、実態はと言えば、将来世代は、生涯所得の8割近くを現在世代に差し出さなければならない状態にすでにあります。

次に、憲法第14条1項で規定される法の下の平等を見てみましょう。法の下の平等とは、国家は各々の国民を法的権利・義務関係において平等に取り扱われなければならないというものです。通説では、法が特定の国民を不平等に扱ってはいけないという法内容の平等と、法が課す義務の面で、同一条件、同一事情のもとでは平等に取り扱われるべきという相対的平等の概念などを含んでいるとされています。

したがって、この法の下の平等から直ちに、現在の国民と、現在の年少世代やその子供たち（ゼロ票世代）との間にある経済的不平等の完全な解消を要求する根拠が得られるわけではもちろんありませんが、現在世代と将来世代の世代間格差が「合理的な取り扱い上の違い」から生じたものでない場合には、憲法の趣旨に反するものとみなされる可能性が高くなるでしょう。

私見ではありますが、こうした憲法上の規定から解釈すると、将来世代をめぐる格差の現状は違憲状態にあると言っても過言ではありません。ベルギーの政治哲学者 Axel Gosseries 教授の２００８年の研究によると、憲法の中に将来世代の権利を謳っているのは、ノルウェーとボリビアと日本の３カ国しかなく、しかも日本が一番古いとのことです。日本国憲法が世界に誇れるのは、第９条だけではないのです。

こうした**日本国憲法の将来世代に関する規定を有名無実とするかいなかは、わたしたち現在世代の覚悟と行動にかかっているといえるでしょう。**

69……ゼロ票世代に将来世代も含むものと考えることにします。実際には、ゼロ票世代には、未出生の世代以外にも、18歳未満の世代も含まれますが、いずれも選挙権を持っておらず、政策決定に直接かかわることができず、自らの権利を自ら守ることができないという点では同一の存在と考えられるからです。

◇制度改革でゼロ票世代の利益の保護を

では、具体的にはどのような改革が考えられるでしょうか。

世代間格差は、高齢者など投票権を持つ世代の政治的影響力が強くなることで、発生し拡大するわけですから、投票制度を改革することで、高齢者の政治的影響力を削ぐことが真っ先に思い浮かびます。実際、そうした改革案としては、ドメイン投票制度や平均余命投票制度が提案されています。ドメイン投票制度は、有権者年齢に満たない子供の数に応じて親にその子供の投票権を行使させる投票制度であり、平均余命投票制度は、一定年齢以下の有権者に平均余命と現在の年齢の差に応じた票を与える投票制度です。また、選挙区割りとの関連では、年齢別選挙区制が提案されています。

以下では、各制度について具体的に見てみましょう。

(1)少子化の下での「ドメイン投票制度」

まず、ドメイン投票制度について考えてみましょう。

１９８６年にアメリカの人口学者ピーター・ドメイン教授は、未成年の子を持つ親に子の投票権を代理行使させるドメイン投票制度を提唱しました。

まず、ドメイン等制度が導入されていない場合には、国勢調査で見ると、50歳以上世代は、２０１５年時点で、有権者の63％程度を占め、２０５０年には65％程度と過半数を超えると予測されています。さらに、実際に投票したものの割合では、２０１５年時点では63％程度を占める50歳以上の世代のウェイトは、２０５０年には72％程度にまで上昇することになります。

このとき、同じ条件下において、ドメイン投票制度を導入すると、２０１５年の有権者に占める50歳以上世代のウェイトは44％程度と過半数を割り込むことになります。確かに、若者世代の政治勢力の回復に一役買っています。しかし、２０５０年には57％程度とやはり過半数を超えてしまいます。さらに、投票率を加味した場合は、２０１５年時点においてさえ、有権者に占めるウェイトでは53％程度、投票者に占める割合では64％程度、２０５０年時点ではそれぞれ57％程度、64％程度と、制度導入前より高齢世代の影響力は弱まってはいますが、**少子化が進行するため、ゼロ票世代の人口を加味したとしても、若い世代の政治的な発言力を増すための改革としては意味をなさない**ことが分かるでしょう。

(2) 平均余命投票制度

次に、平均余命投票制度を考えてみましょう。これは、投票時点において、各々の有権者に平均余命に応じて投票数を与え投票させるものです。一橋大学の竹内幹准教授が提唱しました。例えば、投票時点で各世代共通で平均寿命が80歳であるとすると、20歳には60票、60歳には20票与え、80歳以上には1票与える仕組みです。

この制度を導入した場合、２０１５年の有権者に占める50歳世代以上の割合は33％程度、投票者に占める割合は41％程度であり、２０５０年に至っても41％程度、50％程度、さらに２１１０年時点でも、それぞれ42％程度、51％程度と、世代間の政治勢力のバランスが拮抗します。

確かに**投票時点では一票の価値の平等は保たれないものの、生涯を通して見れば一票の格差はそれほど大きくはならないという利点もありますし、そもそも若い世代の方がある政策に対してより長く責任を負わなければならないため、若い世代の意見を強く反映させた方が合理的であるとも言えます。**

◇積極的な一票の格差の追求が必須

結局、ドメイン投票も平均余命投票も、人口の年齢構成のアンバランスに抗して相対的少数の世代の政治的権利を擁護するため、**一票の格差を解消するのではなく、反対に、一票の格差を積極的に追求していこうという姿勢が共通している**ことが分かります。

(3)年齢別選挙区

最後は年齢別選挙区です。東京大学の井堀利宏教授と慶應大学の土居丈朗教授がお二人の共著『日本政治の経済分析』（木鐸社）で提案されたのが最初です。

年齢別選挙の発想はかなり明快で、年齢別の投票率の高低にかかわらず、一定の世代代表を議会へ送りましょう、というものです。例えば、議員定数が10で20～30代（青年区）、40～50代（壮年区）、60代以上（老年区）の有権者人口比率がそれぞれ25％、35％、40％の場合、それぞれの世代別選挙区から選出される議員数は、青年区10×0・25≒3議席、壮年区10×0・35≒4議席、老年区10×0・40＝4議席となるわけです。

このやり方ですと、人口構成と各々の代表構成が投票率にかかわらず対応していることになります。ただし、選挙区内における年齢構造の変化がシルバーデモクラシーには重要なわけですから、例えば、改変型として、代表の数を人口構成に応じて割り当てるのではなく、アメリカの上院議員選挙の議員定数が州の人口規模にかかわらず各州同数の2となっているように、各世代共通の人数（先の例では4）にするという制度も考えられます。

⑷シルバーデモクラシーのパラドクス

いずれの改革案も、人口が減り続けていく若い世代のウェイトを人為的に大きくすることで高齢世代の政治的なプレゼンスを小さくしようとする試みであり、実際に導入されることになれば、一時的にも通時的にも、それなりの効果を持つでしょう。

しかし、第五章で筆者が否定したシルバーデモクラシーがもし存在していたとしても、よく考えてみれば明らかな通り、実は、このような高齢者の政治的プレゼンスを脅かす改革案は絶対に採用されることはないのです。なぜなら、高齢者が自分の利益しか顧みない利己的な存在であれば、自らの利益の源泉である政治的パワーを手放すわけはないからです。同様に、政治家も、高齢者の政治的パワーを削ぐ改革案を打ち出すことで、高齢者の不興を買えば自らの議席も政権も失われることになりかねませんから、政治を牛耳る高齢者の顔色をうかがい、こうした改革案を提案しませんし、賛同もしません。逆に言うと、もしこうした改革案が決定されるとすれば、そこにはシルバーデモクラシーは存在していないと言えるのです。なぜならば、シルバーデモクラシーはその定義から「高齢者の既得権を守ろうとする」ものであり、「高齢者の既得権を脅かすものには絶対反対」だからです。

まさに、これこそが、筆者が「シルバーデモクラシーのパラドクス」と呼ぶものでありまして、つまり、**「シルバーデモクラシーが存在すれば高齢者の政治的パワーを削ぐ投票制**

度改革は実現しないし、実現するのであればシルバーデモクラシーは存在しない」のです。

◇独立行政委員会の設置

これまでは、代表を決定する際にいかに高齢世代の政治的影響力を削ぐことができるかという視点から対策を考えてきました。ここでは、そうした代表を決定する段階ではなく、政策を決定する段階で、いかに高齢世代の影響を排除するかという視点で対策を考えてみたいと思います。

民意や民意に後押しされた政治が、民主主義的な手続きに則して、ゼロ票世代の搾取に傾くのであれば、民主主義の外側からそうした蛮行に歯止めをかければよいという発想も出てきます。つまり、民意を代表してゼロ票世代を搾取する政策を決定したり、あるいはそうした現状の改革を阻む議会に対して、議会の外側からそうした動きにストップをかける、いわゆる、非多数派機関を設置するのです。ただし、この場合も、シルバーデモクラシーや、あるいは高齢世代と現役世代が共謀することで、自分たちの特権を脅かそうとする非多数派機関の設置を潰そうとするでしょう。つまり、シルバーデモクラシーもしくは高齢世代と現役世代の暗黙の共謀が存在するのであれば、シルバーデモクラシーを是正する独立行政委員会の設置は議会を通らないでしょうし、設置されたとしても骨抜きの形ばかりのモノとなるはずです。シルバーデモクラシーのパラドクスは厄介ですね。

◇シルバーデモクラシーのパラドクスを超えて

このようにシルバーデモクラシーの潜在的脅威に対抗し、ゼロ票世代の権利保護を行うには、代表原理を含めた選挙制度の大変革が必要であるのは確かのですが、現在の経済学者による選挙制度改革は実現可能性を考慮に入れない机上の理論にとどまっているきらいがあります。

次では、高齢世代の反対を招きにくく、したがって、多数決型民主主義においても十分採用可能な改革案について考えます。

◇抽出熟議型投票

そもそも、これまで投票は全員参加であることが当然に要請されていたわけです。つまり、年齢という唯一の資格要件をクリアした有権者全員に各々の政治的意思表明をしてもらいましょうという形式なわけですが、実際には、棄権者がいます。そもそも、全員参加の前提が崩れているといいますか、これまでの日本の選挙史上、一度も実現したことはありません。しかも、選挙が終われば、ノーサイド。投票した者も、棄権した者も（「良い棄権」であれ、「悪い棄権」であれ）、投票先が与党になった者も野党になった者も、自分が参加していない選挙に基づいて構成された内閣が決定する法律に諾々としたがっています。であれば、全員参加にこだわる理由はどこにあるのでしょうか。さらに、選挙を前に各種マスコミが、出口調査（つまり、標本調査）をもとに、独自の手法と経験を活かし予想した選挙結果予測と現実の選挙結果を見ますと、かなり高い精度で予測と結果が一致しています。

つまり、全員参加型選挙からサンプリング型選挙に変更しても、選挙結果を再現するという意味では、大きなはずれはないでしょう。ただ、単に全員参加型選挙からサンプリング型選挙に変更するだけでは、ゼロ票世代の利益は保護されません。ですから、これに熟議型の投票を組み合わせると、各党の公約に対する理解が深まったうえで投票することになるわけです。

具体的には、有権者を、有権者の母集団の年齢構成が忠実に再現されるように無作為に抽出して、抽出された有権者代表に、選挙に際してピックアップされた重大な論点に関しては、各論点に関して複数の専門家や実務家から意見形成のために十分な情報提供を受けた上で、自ら各政党候補者のマニュフェスト、公約を吟味してもらって投票してもらうという形式です。そういう意味で、わたしは、抽出熟議型投票と呼んでいます。

それぞれの論点に関して、**利点だけでなく不利な点に関する情報が有権者に行き渡ったうえで意思決定を行うのであれば、「マニュフェストに騙された！」とかいう悲劇はなく**

なるのではないかと思いますし、投票率を少しでもアップするために余計な経費をかけてなくてもよくなります。

◇ゲームのルールの変更

日本の社会保障の大きな特徴は年齢によって、具体的には65歳を基準として、それより若ければ負担側、それ以上であれば受益側と、支え手や受け手がハッキリ区別されていることです。もちろん、65歳という年齢は適当に決められているわけではなく、65歳上は高齢者という国際的な認識があるからです。いま、「国際的な認識があるから」と申しましたのは、実は、65歳以上を高齢者と定義する医学的根拠はありません。では、なぜ65歳以上が高齢者とされたかと言えば、これも定説があるわけではありませんが、1956年に公表された国連の報告書「The Aging of Populations and Its Economics and Social Implication」で65歳上人口が総人口の7％を上回った社会を高齢化社会としたことによるとされています。

したがって、実は高齢者には明確な定義がなく、その国の歴史や実情に応じて決められています。実際、先進国の多くでは高齢者は65歳以上とされていますが、中国や開発途上国では60歳以上としている国もあります。

⑴高齢者の定義の変更

日本の社会保障の歴史を振り返ってみますと、国民皆保険・国民皆年金が確立した1961年には平均寿命が男性66・03歳、女性70・79歳だったわけで、それを前提に制度が設計されました。特に、当時の高齢者は戦争を経験した世代でもありますし、所得面で高度成長の恩恵を受けられなかった世代ですから、手厚い保護の対象とされたのも、当時の政策判断としては当然と言えます。しかし、ご承知の通り、日本人の平均寿命は一気に伸展しまして、2018年現在では、男性81・25歳、女性87・32歳と平均すると15歳以上伸びています。貧しく人口も少ない高齢者を対象に組み立てられた制度を前提にしたまま人口が増え、昔ほど貧しくもない高齢者を同じ制度で社会的に扶養するとなると、財政がパンクしても不思議ではなく、むしろ当たり前といえます。

さらに、厚労省の資料によりますと、健康寿命が2013年現在で男性71・19歳、女性74・21歳と国民皆医療・国民皆年金となった1961年の平均寿命を上回っています。確かに、その間、高齢者の年齢基準は65歳になってはいます。しかし、それでは不十分でしょう。つまり、制度ができた当時よりも、**健康で豊かな「高齢者」が圧倒的多数となったわけですし、そろそろ高齢者の年齢基準を現行の65歳から75歳にまで引き上げる時期に来ているのではないでしょうか**[70]。

次に、高齢者の数に着目してみましょう。元々、先にも述べたように1956年に国連の報告書が公表されて以来高齢化社会とは65歳以上の高齢者が全人口の7％を占める社会、高齢社会とは14％を占める社会を指していました。しかしながら、2018年10月1日現在の日本人の高齢化率は28・5％です。つまり、日本社会においては、高齢者の過剰が問題なっていて、この高齢者の過剰が、社会だけでなく、政治の世界にまで広がったのがシルバーデモクラシーなのです。そこで、65歳以上を高齢者とした社会や諸制度を作り維持するのではなく、例えば全人口の7％を占めることになる年齢以上を高齢者と定義し（ちなみに、2018年10月の日本人の人口データでは、83歳以上ではほぼ7％となり、75歳以上では14・4％と高齢社会の定義に近くなります）、それに合った制度設計－特に社会保障制度－を行えばよいことになります。当然、この場合も、民主主義的な手続きが必要になるわけですが、こうした改革に反対するのは現在高齢者と位置付けられ、さまざまな給付を受けているにもかかわらず、改革により突然高齢者から非高齢者とされてしまう世代（65歳から82歳までの世代）ですが、それ以上の年齢の世代は改革の前後で高齢者のままですので反対はしないでしょう。あるいは、すでに高齢者として認定されている65歳以上はそのまま高齢者としておき、新たに高齢者となるはずだった64歳以下の世代から新高齢者の定義を適用することも考えられます。

したがって、新高齢者の定義を遡及して適用するのか、新規に適用するのか、その制度設計にもよりますが、83歳以上の高齢者は全人口の7%ですから、残りの43%の賛成が得られれば改革は成立するはずです[71]。

もちろん、高齢者の年齢基準を引き上げるだけでは、年金を当てにして人生設計を行ってきた「元高齢者」の中には生活に困る方がたくさん出ますので、同時にそれまで安心して暮らしていける仕組みを構築しておく必要があります。

(2) 支える者と支えられる者の定義の変更

高齢者の年齢の定義の変更は、高齢者のバランスを修正するため、シルバーデモクラシーが存在していたとしても改革が可決される可能性が高まりますが、新高齢者の制度設計の仕切り如何によって確実にそうした改革が決定されるかは残念ながら不明です。シルバーデモクラシーの影響から確実に脱するには、年齢で給付と負担が分けられる現在の諸制度を、年齢によらず、政府からの支援の必要性・緊急性の度合いに比例するような制度に転換することが必要です。この場合、年齢ではなく主に所得(フロー)と保有資産(ストック)の多寡で給付と負担の区別がなされる制度改革が求められますから、高齢世代の間でも持てる者と持たざる者があり、非高齢世代でも同様なので、高齢世代と非高齢世代の持たざる者同士が手を握ることが可能となり、制度改革が進む可能性が高まるからです。

結局、**年齢を基準にあれこれ制度を作るのではなく、真に困っている人・支援が必要な人へ必要な支援を的確に届けられるようなエイジフリーな社会を作る必要があるのです。**

70……2017年、日本老年学会と日本老年医学会は、高齢者の身体状況や活動能力を科学的に検証した結果、10〜20年前と比較して5〜10歳の若返り現象が見られ、また社会的にも70歳以上あるいは75歳以上を高齢者と捉える意見も多いことから、従来の65歳から75歳以上を高齢者とし、65〜75歳を准高齢者、90歳以上を超高齢者と呼称することを提言しました。

71……18歳から49歳までの有権者で全体の44・4%を占め、18歳から48歳までだと42・6%となりますから、49歳以下の賛成が得られればよいことになります。

◇国民代表か委任代表か

最後に、代議制民主制の観点から、シルバーデモクラシーからの脱却について検討してみます。わたしたちは、選挙を通じてわれわれの代表を選ぶわけですが、その代表に対しては2つの見方があります。一つは、われわれの代表である国会議員は、いったん選挙で選ばれたならば、そうした個別の利益を代弁するのではなく、広く全国民のための代表として自由に行動できるとする見方、いわゆる国民代表です。こうした見方は、イギリスの政治家であり政治哲学者エドマンド・バークに端を発します。もう一つは、政治家はあくまでもわれわれから委任された存在に過ぎないのでわれわれの意向つまり民意を無視して行動するのは許されないとする見方、いわゆる委任代表です。これはフランスの政治哲学者ジャン＝ジャック・ルソーに端を発する考え方です。

委任代表の立場からすれば、シルバーデモクラシーは正当化され、逆に言えば、シルバーデモクラシー以外の選択肢は（実際にはそうではないにしても）相対的多数を占める有権者に対する冒涜であり、あり得ないことになります。一方、国民代表の立場からすれば、高齢化した民意を背景に当選したとしても、いったん当選したならば、高齢化した民意に縛られず、自由に全国民の利益になる政策を決定することこそが与えられた使命であり、エリートである自分たちにこそ、真に国民や国家のためになる政策や施策が判断でき、単に高齢化した民意にしたがうのみであるのはあり得ないことになってしまいます[72]。なお、日本国憲法第四十三条では「両議院は、全国民を代表する選挙された議員でこれを組織する」と規定されていますし、同第五十一条では、「両議院の議員は、議院で行つた演説、討論又は表決について、院外で責任を問はれない」と規定されていますから、あわせて解釈すれば、憲法上、国民代表を想定していることになります。

72……やや脱線しますが、経済学では、政治家を委任代表とみなして、政治家は民意を忠実に体現しなければならない、あるいは政治家をいかに民意から脱線させないようにその行動を縛るかを主に議論してきた伝統があります（例えば、プリンシパル・エージェンシー理論）。シルバーデモクラシーに警鐘を鳴らしている識者には経済学者が多いのも、そうした伝統に則しているためであるとも考えられます。

◇世代間格差問題で政府を訴えよう

以上のように、選挙制度の改革ではゼロ票世代の権利は、すでに投票権を有する世代の恩情に期待しなければ保護されない状況ですし、実際には、保護されていません。

実は、アメリカでは、8歳〜19歳の子供たちが、専門家のサポートのもと、「環境問題への対策を怠ってきたために若者や未来の世代の基本的人権を侵害している」として、政府に対し、早急に効果的な環境対策を求める訴訟を起こしています。環境問題も世代間格差問題も、現在世代の意思決定が、そうした意思決定に直接携わることのないゼロ票世代に大きな影響を及ぼすという点では、本質的に違いはありません。

一票の格差是正も、当初は立法府は及び腰でしたが、2011年3月に最高裁から衆議院小選挙区の区割規定及び参議院選挙区の定数配分規定に関する「違憲状態」判決がなされ、その後も「違憲状態」判決が相次いだことから、ようやく重い腰を上げました。

先に見ましたように、日本では、日本国憲法で将来世代の基本的人権が規定されています。したがって、**ゼロ票世代を組織し、世代間格差問題の専門家がサポートすることで、日本でも世代間格差問題で政府を訴えることができるかもしれません。しかも、この裁判に勝訴すれば世代間格差是正策の実行を、政府に迫ることが可能となります。**

おわりに

日本脱出のすすめ

●世代間対立は不可避

人口が減少し経済も低迷を続ける現代日本のような右肩下がりの社会では、世代間格差の是正は、高齢世代と若年世代、もしくは現在世代と将来世代の間のゼロサムゲームでしかありませんでした。高齢世代の得を維持しようと思えば若年世代の損が膨らみ、若年世代の損を軽減しようとするならば高齢世代の得を削減せざるを得ません。あるいは、若年世代及び高齢世代の得を増やすには、将来世代の損を膨らませるしかありませんし、将来世代の損を軽減するには、現在世代の得を削らなければなりません。したがって、**世代間格差問題に関して、どちらの側に立つにしても、必ず角が立ちます。全ての利害関係者がハッピーになる世代間格差改革なんて存在しないのです。**第二章や第四章で見た世代会計という手法は、わたしたちにとってそうした不都合な真実を可視化してくれました。

しかし、現在までのところ、現在世代の中で世代間格差が問題視されたとしても、高齢世代の負担を増やすことなく、赤字国債を発行することでゼロ票世代に負担を先送りし、現役世代への給付を拡充する財政赤字ファイナンスがうまくいっています。これこそが、現在政府が推進している全世代型社会保障の正体でした。これによって、現在世代内での世代間対立を起こさずにやってこられているのです。ツケを回されているゼロ票世代は、政治的には全く無力なので、対立が起きるはずがないのです。

しかし、いったん財政赤字ファイナンスが破綻すると、事情は大きく変わってきます。赤字国債で負担をゼロ票世代に先送りできなくなるのですから、高齢世代や現役世代の負担を重くするか、給付を削減してもらうしかありません。そうなると、高齢世代と現役世代とで、どちらがより多くの負担を負うのか、もしくは、どちらがより多くの給付を削るのかで、世代間戦争が勃発するでしょう。予算の現状で考えれば、25・4兆円赤字国債を発行しているわけですから、何らかのきっかけで全額未消化（買い手がつかない）となれば、同額だけ予算を削るか、増税する必要が出てきます。25・4兆円分の歳出は、公共事業費・教育（文教及び科学振興）費・防衛費を足し合わせた合計額や、地方交付税交付金の総額よりも大きいので、国民生活は確実にマヒしますから、高齢世代も現役世代も自分たちに関係する経費は削らないよう強く政治に要求するでしょう。また、25・4兆円は、消費税率に換算すると10%に相当しますから、やはり家計に直撃することになります。高齢世代は、消費増税ではなく所得増税を主張するでしょう。**いずれにしても、世代間対立は激化し、政治は大きく混乱してしまいます。**

●残された選択肢は2つ

要するに、**財政破綻した後の焼け野原になってから世代間格差を是正しようと思えば、**

どうしても（高齢世代の）民意と（現役世代の）民意のぶつかり合いにならざるを得ないのです。しかし、現在の少子化、高齢化の流れを前提とすれば、第6章で見た通り、現在の投票制度の下ではもとより、**どのような投票制度改革を行ったとしても、高齢投票者が現役の投票者を圧倒してしまいます。ゼロ票世代は当然、現役世代にとっても、投票という民主主義的な手続きは無力ですし、無駄なのです。**

●高齢者のダブルスタンダードを許すな!

２０１９年12月中国の武漢から発生したとされる新型コロナウィルス感染症（ＣＯＶＩＤ－１９）は、２０２０年4月現在、日本でも猛威を振るっています。東京都の小池百合子都知事は、新型コロナウィルス感染症との闘いで世代を問わず一致団結すべき時に、「行動力のある若い人は感染している自覚がないまま活動している」と、若者に対して当事者意識を持てと上から目線で説教を垂れていました。もっぱら高齢者相手のテレビや新聞などのメディアも若者のクラスター化の恐れを盛んに報じています。しかし、最初に新型コロナウィルスを拡めたのは高齢者でした。その事実を無視しています。政治もメディアも高齢者の味方なのです。

しかも、スーパーやドラッグストアで、マスクや紙製品、食料品などを必要以上に買い占めるために、開店前から行列しているのは、時間もお金もある高齢者です。高齢者が朝の早いうちに買い占めを行えば、日中働いていて夕方や夜しか買い物に行けない若者には必要な物資が届かなくなります。じつは、こうした買い占めと世代間格差は本質的に同じなのです。

高齢者が現役世代やゼロ票世代の資源（財源）を独り占めしてしまえば、現役世代やゼロ票世代の使える資源が枯渇してしまうのです。本書でもこれまで散々見てきた若者奴隷社会に対して、高齢者は当事者意識を持って行動すべきとそっくりそのままお返ししなければなりません。実に自分本意な言い草です。高齢者のダブルスタンダードを許してはなりません。

●現代版「一揆」「逃散」のすすめ

民主主義的手続きが役に立たないのならば、若者世代は、黙って、高齢世代の奴隷として搾取され続けるしかないのでしょうか。

日本で最初に世代間格差の存在が公的に指摘されたのは、１９９５年に公表された「経済白書」においてでした。すでに25年経過しています。わたしも微力ながら世代間格差について世の中に問題提起をし続けてはきましたが、結局、ゼロ票世代への付け回し構造を維持したまま、高齢世代への手厚い給付はそのままに現役世代への給付を拡充する全世代型社会保障というキメラが生まれてしまいました。わたしは心底落胆しましたが、すぐに落胆は怒りに転じました。いまは怒りよりも嫌気が差しています。政治も有権者も、若者奴隷社会[73]を維持する道を選んだわけですから。

わたしが、中学生や高校生だった頃、学校の部活動では、上級生が下級生をしごいたり奴隷のように扱う悪しき伝統がありました。世代間格差は学校の部活で代々受け継がれるしごきのようなものです。誰もがよくないとは分かっていながら、自分もしごかれたから下級生もしごく。それに耐えられないのは甘えに過ぎない、と自らを正当化してしまうため、負の連鎖が続くのです。今の高齢者に搾取されているから、自分もより若い世代を奴隷のごとく搾取する。まさに、若者奴隷社会です。

本書を終えるにあたって、わたしは、若者やゼロ票世代に、日本という若者奴隷社会から抜け出すため、現代版の「一揆」と「逃散」というやや過激な提案をしたいと思います。

【提案1】現代版「一揆」

遅々として進まない気候変動対策に対して、2018年のスウェーデンで一人の当時15歳の女子学生が立ち上がりました。彼女が始めたたった一人の異議申し立ては、燎原の火のごとく瞬く間に燃え広がり、いまでは世界中の若者はもちろん、名だたる政治家や企業家も彼女の運動を支持するに至っています。

気候変動問題などの環境問題は、地球の持続可能性に直結しています。そして対策が、遅れれば遅れるほど、わたしたちの生命にとっても重大な危機をもたらします。ですから、残りの人生が長い若者ほど、より深刻な問題なのです。グレタさんに若者の支持者が多いのはそのためです。

翻って日本の現状を考えてみれば、環境問題も当然重要ではありますが、それと同様に、財政や社会保障制度の持続可能性も生命にかかわる重要な問題です。わたしたちが享受できているのと同じレベルの社会保障を次世代に引き渡す義務をわたしたちは負っているはずです。しかし、環境問題には熱心な人でも、財政や社会保障の問題には冷淡な人が多いのもまた事実です。

環境問題は、（因果関係は必ずしも明らかではないものの）多発する異常気象や自然災害など、目に見えて深刻化しているのが実感できるのに対して、財政・社会保障の問題は、数字上は世界史上でも稀に見るひどい状況なのですが、現状では、目に見えた弊害が出ていないのも問題を難しくしてしまっています。

しかし、目に見えないからと言って問題が発生していないわけではなく、目に見えないからこそたまりにたまったひずみの反動は大きくなるのです。いったん財政・社会保障が危機的状況に陥れば、甚大な被害こうむるのは環境問題と同じく、いまの若者たちです。

壮年世代以上の人々は、すでに財政や社会保障制度の恩恵にどっぷりと浸かり、現状維持のバイアスが強過ぎて、変革を指向するという点では、全く頼りにならないのは第四章でみたとおりです。**現状を変える力を結集できるのは、グレタさんのような、まだ本格的に給付を受け取ってはいないけれども、将来的に負担だけは押し付けられることが確実になっている若者の中にこそ、いるはずです。**

73……若者奴隷社会というフレーズは山野車輪氏が2010年に公刊した著作のタイトルからお借りしています。

●スーパーマンは現れない

自分で声を発しない限り、自分から行動しない限り、どこからか正義のスーパーマンが颯爽とやってきて、万事解決してくれることは、アニメやドラマの世界以外あり得ません。世の中では、ポピュリズムは唾棄される存在として扱われていますが、国民の声を政治の現場に届ける政治家は、多かれ少なかれ民意にしたがわざるを得ない存在です。民主主義は突き詰めて考えればポピュリズムに他なりません。ですから、「政治に

のトップ大学の経済学のポストを辞して、欧米の大学に転籍する例も増えています。こうした頭脳流出は、一般的に、低賃金や研究費不足の開発途上国で発生するものです。

バブル崩壊以降の失われた30年の間、残念ながら日本社会は、財政、社会保障、働き方、女性の活躍、そして世代間格差とまったく変わりませんでした。いえ、変化をかたくなに拒否してきたとも言えます。ガラパゴスのように特異な環境に沿って独自に適応した結果、いつのまにか世界の変化から取り残され、開発途上国と同じような位置付けに堕ちてしまったのです。

未来明るい若者が、わざわざ沈み行く日本で、既得権の死守に汲々とする高齢者と心中しなければならない理由は全くありません。若者は日本を捨て、海外を目指すべきでしょう。

●覚悟はあるか？

若者やゼロ票世代が、わたしたちの奴隷としてではなく、自分たちの生活を取り戻すための二つの提案を挙げましたが、いまわたしは、大変むなしい気持ちでいっぱいです。わたしたちは、若者が希望を持つことが許されない若者奴隷社会しか若者たちに残すことはできないのでしょうか。

本来、わたしたちが作り上げた莫大な負の遺産を、より若い世代に遺してはいけませんし、その解決を若い世代に押し付けるべきでもありません。少々下品な言葉ではありますが、「自分のケツは自分で拭わなければならない」のです。

しかし、これまでの流れを見る限りにおいては、日本の社会は世代間格差の深刻さに端的に示される若者奴隷社会を解決する意思も能力もないようです。少なくともスピード感が全くありません。

若者が首尾よく若者奴隷社会をぶっ壊せば、わたしたちの生活は苦しくなりますが、若者やゼロ票世代の生活は向上します。あるいは、若者がどんどん海外に流出を続ければ、稼ぎ手もいなくなりますし、経済・社会の支え手もいなくなるわけですから、あとに残されるわたしたちの生活は立ちいかなくなるでしょう。つまり、生活の破綻です。しかし、いずれもわたしたちが招いた事態ですので、自業自得です。逆説的にはなりますが、**わたしたちが、自分より若い世代を奴隷のごとく扱う若者奴隷社会を維持し続けるのであれば、近い将来確実に訪れる破滅を従容として受け入れる覚悟を決めなければなりません。その覚悟がないのなら、今からでも遅くはありません。年金削減にしても、消費税引き上げにしても、移民の受け入れにしても、痛みは伴いますが、世代間格差是正に資する政策を断行していくことが必要です。**

【著者】島澤　諭（しまさわ・まなぶ）

富山県魚津市生まれ。東京大学経済学部卒業。1994年、経済企画庁（現内閣府）入庁し、日本経済の実証分析と経済政策の企画立案に携わる。2001年内閣府退官。秋田大学教育文化学部准教授等を経て、2015年4月より中部圏社会経済研究所研究部長。法政大学兼任講師、関東学院大学非常勤講師も務める。内閣府経済社会総合研究所客員研究員、財務省財務総合政策研究所客員研究員等を兼任。現在は、マクロ経済や地域経済の分析や政策提言を行うとともに、世代間格差問題に関して、経済学、政治学、法律学等の観点からの分析も行っている。主な著書に、『シルバー民主主義の政治経済学』（日本経済新聞社）、『年金「最終警告」』（講談社現代新書）。

若者は、日本を脱出するしかないのか

2020年 6 月26日　初版第1刷発行

著　者　島　澤　　諭
発行者　中　野　進　介

発行所　株式会社ビジネス教育出版社

〒102-0074　東京都千代田区九段南4-7-13
TEL 03(3221)5361(代表)／FAX 03(3222)7878
E-mail▶info@bks.co.jp URL▶https://www.bks.co.jp

印刷・製本／中央精版印刷株式会社
ブックカバーデザイン／飯田理湖　本文デザイン・DTP／有留　寛
落丁・乱丁はお取替えします。

ISBN 978-4-8283-0820-3